서울대 석학이
알려주는
자녀교육법

AI·디지털
리터러시

서울대 석학이 알려주는
자녀교육법

AI·디지털 리터러시

초판 1쇄 발행 2024년 6월 10일

지은이 조영환

펴낸곳 서울대학교출판문화원
주소 08826 서울 관악구 관악로 1
도서주문 02-889-4424, 02-880-7995
홈페이지 www.snupress.com
페이스북 @snupress1947
인스타그램 @snupress
이메일 snubook@snu.ac.kr
출판등록 제15-3호

ISBN 978-89-521-3399-1 04370
      978-89-521-3396-0 (세트)

서울대 석학이 알려주는 자녀교육법

AI·디지털 리터러시

조영환 지음

서울대학교출판문화원

발간사

부모에게 자녀교육은 가장 큰 관심사입니다. 부모는 자녀들이 공부를 잘해서 원하는 직업을 갖고 행복하게 살길 원합니다. 문제는 대부분의 부모가 자녀교육에서는 초보자라는 것입니다. 관련 교육을 받은 적도 없고, 자녀가 많은 경우도 흔치 않기에 시행착오를 통해 배우기도 어렵습니다. 그래서 자신이 공부한 경험에 비추어 보거나, 주변 사람의 조언을 듣거나, 학원 면담을 받아 가면서 아이들을 키웁니다.

다행히도 아이들의 교육과 성장에 대한 연구 결과가 많이 쌓여 있고, 그것을 연구하고 가르치는 교수님들이 계십니다. 이런 전문 지식을 활용하여 젊은 부모들이 자녀들을 잘 키우는 데 도움을 주고자 이 시리즈를 기획했습니다. 부모들이 많은 관심을 가진 여덟 가지 주제를 선정하고 그 분야에서 가장 전문성이 높은 서울대학교 교수님들과 함께 강의 동영상을 제작하고 책을 출간하게 되었습니다.

이 시리즈를 출간하는 과정에서 많은 분들이 도움을 주셨습니다. 교육과 연구로 매우 바쁘신 중에도 시리즈의 기획 취지에 공감하여 작업에 동참해 주신 여덟 분의 교수님께 진심으로 감사드립니다. 부모들과 학생들의 주요 관심사항을 심층 조사해서 독자들께 도움을 줄 만한 내용으로 책을 집필하는 데 큰 도움을 준 NHN에듀의 김상철 부대표님을 비롯한 임직원들께 감사드립니다. 또한 신속한 출간을 위해 열정을 쏟아 주신 출판문화원 곽진희 실장님과 선생님들께도 깊이 감사드립니다.

이 시리즈에 참여해 주신 이경화 교수님께서 '부모는 자녀들의 감독이 아닌 팬이 되라'고 하신 말씀을 기억합니다. 이번 시리즈가 부모님들이 아이들의 팬이 되어 친밀한 관계를 유지하는 동시에 아이들을 훌륭한 인물로 키우는 데 큰 도움을 줄 것이라 믿습니다.

서울대학교출판문화원 대표이사 / 원장

이경묵

머리말

디지털 전환은 우리 사회 많은 분야에서 가속화되고 있으며, 디지털 시대를 어떻게 지혜롭게 살아갈 것인가는 많은 교사·학부모·학생의 관심 주제다. 스마트폰 보급률이 높아지면서 디지털 기기 접근성이 크게 향상되었으나, 디지털 기기의 활용에서는 가정 환경에 따른 격차가 생겼다. 어릴 때부터 부모에게 정보 검색과 학습 도구로서 디지털 기기 사용법을 배운 학생과 그렇지 못한 학생은 활용 양상에서 큰 차이가 나타난다. 학생들 간 디지털 격차는 향후 진로에 영향을 미쳐 경제적 불평등으로 이어질 우려가 있다.

이 책에서는 총 15장에 걸쳐 인공지능과 디지털 리터러시에 대한 최신 정보를 흥미로운 예시와 함께 제시한다. 1장에서 8장까지는 디지털 세상을 살아가는 데 꼭 필요한 디지털 리터러시에 대한 내용을 담고 있다. 예를 들어 건강한 SNS 사용법, 가짜 뉴스 구별법, 개인정보 보호 방법, 게임중독 예방법 등을 소개한다. 9장에서 15장까지는 인공지능과 코딩교육에 대한 내용을 담고 있다. 최근 인공지능 기

서울대 석학이 알려주는 자녀교육법 AI·디지털 리터러시

반 교육에 관심이 급속히 증가하고 있으므로 인공지능에 대한 설명과 함께 인공지능 시대에 필요한 교육을 살핀다.

　　모든 학생이 컴퓨터 프로그래머의 능력을 갖춰야 하는 것은 아니지만, 일상에서 인공지능 도구를 유용하게 활용하는 법은 이 시대를 살아가는 모두가 배워야 하는 것이다. 교육과정에도 이러한 생각이 점점 더 반영될 것으로 예상된다. 그러니 대학입시에서 좋은 결과를 얻기 위한 목적만이 아니라, 인공지능 시대를 지혜롭게 살아갈 역량을 키운다는 측면에서 코딩교육에 관심을 가질 필요가 있다. 이 책이 다양한 연령의 자녀를 둔 학부모에게 디지털 리터러시와 인공지능에 대한 유용한 정보와 생각할 거리를 제공해 줄 수 있기를 희망한다.

2024년 5월
조영환

차례

1장 디지털 세상에 꼭 필요한 능력

2장 스마트폰, 몇 살부터 사용해야 할까?

디지털 세상에 꼭 필요한 능력

디지털 세상이 확대되면서 인터넷을 효과적으로 사용하는 능력뿐 아니라 허위 정보를 구분하고 개인정보를 보호하는 능력도 요구되고 있다. 디지털 세상을 현명하게 살아가기 위해 어떤 디지털 리터러시가 필요한지 살펴보자.

코로나-19 팬데믹과 디지털 전환

코로나-19 팬데믹을 거치면서 우리 삶의 많은 부분이 디지털화되었다. 비대면 활동이 증가했다는 의미에서 언택트Untact 시대라 부르기도 했다. 이전에는 회사를 꼭 나가야 했지만 코로나-19 팬데믹 기간에는 많은 사람이 재택근무를 했다. 이때 줌Zoom과 같은 화상 회의 시스템이 발달했고 슬랙Slack과 같은 협업 도구가 많이 활용되었다. 그 밖에 원격 의료도 실험적으로 이루어졌다. 질병이 있거나 코로나-19에 감염된 환자가 병원에 가지 않고도 화상으로 의사를 만나

약을 처방받을 수 있었다. 랜선 회식도 생겨나 화상회의에서 각자 음식을 준비해 이야기를 나누고 식사하는 문화가 널리 보급되었다.

코로나-19 팬데믹 시기 학교 교육에는 어떤 변화가 있었을까? 교육부에서는 각급 학교에 세 가지 유형의 원격수업을 실시하도록 안내했다. 첫째, 온라인 학습 플랫폼을 이용해서 실시간 쌍방향 수업을 시행하도록 했다. 둘째, 동영상 강의와 같은 온라인 콘텐츠를 학생들에게 제공하도록 했다. 셋째, 학생에게 과제를 제공하고 수행한 것에 대해 피드백을 주는 과제 중심 수업이 이루어지도록 했다.

2020년 1학기에는 초중고등학교에서 콘텐츠 활용 중심의 원격수업이 가장 많이 이루어졌지만, 2021년 이후에는 쌍방향 실시간 수업의 비중이 점차 증가했다. 시간이 지나면서 동영상 강의 중심의 원격수업의 한계를 극복하기 위해 다양한 형태의 수업이 시도되었다.

팬데믹 이후에는 이러한 변화가 사라졌을까? 다시 대면 활동을 중심으로 교육이 이루어지고 있지만, 챗GPT와 같은 생성형 AI의 급속한 발전과 함께 디지털 교육의 중요성은 지속적으로 강조되고 있다. 팬데믹 기간에 많은 사람이 디지털 기기의 편리함에 익숙해졌고, 온라인에서도 교육이 이루어질 수 있다는 인식을 가지게 되었다. 앞으로 또 다른 팬데믹이 올 수도 있다는 점에서 디지털 교육에 대한 지속적인 관심이 필요하다.

디지털 테크놀로지는 학교·직장·가정 등 광범위한 분야에서 새로운 변화를 만들고 있다. 이를 디지털 전환Digital Transformation이라고 부른다. 디지털 전환은 코로나-19 팬데믹을 거치면서 급속하게 이루어졌으며, 우리가 사용하는 도구의 변화뿐 아니라 생각과 행동을 포함한 다양한 가치관과 문화의 변화를 가져왔다. 이와 관련해 요리스 블리게Joris Vlieghe는 다음과 같이 이야기했다(Vlieghe, 2019).

> 기술은 우리의 주관성을 지원할 뿐 아니라, 우리의 주관성을 형성하는 데도 영향을 미친다. 기술은 우리가 할 수 있는 것과 할 수 없는 것, 말하고 생각하고 행동하는 것의 한계를 결정한다.

스마트폰이 갑자기 사라지면 어떻게 될지 상상해 보면, 블리게가 한 말의 의미를 쉽게 이해할 수 있다. 디지털 테크놀로지는 의식하지 않는 동안에도 우리의 생각과 행동에 많은 영향을 미친다. 한 가지 예로 내비게이션에 대해 생각해 보자. 과거에는 운전할 때 지도를 펴 놓고 목적지까지 어떤 경로로 갈지 미리 계획을 세웠지만, 이제는 계획을 세우지 않더라도 스마트폰이나 자동차에 있는 내비게이션을 이용해 목적지까지 최단 시간에 도착할 수 있게 되었다. 이로 인해 지도를 읽고 길을 찾는 능력이 점차 감소했으나, 대신 운전하면서 음악을 듣거나 통화하는 멀티태스킹 역량이 증가했다.

멀티태스킹은 여러 작업에 주의를 분산해 동시에 일을 수행하는 것이므로 한 가지 일에만 주의를 집중할 때와 두뇌 사용 방식이 다르다. 두뇌는 가소성을 가지고 있으며 환경의 영향을 지속적으로 받기 때문에 멀티태스킹을 많이 하는 아이는 그렇지 않은 아이와 비교할 때 뇌 구조나 기능 면에서 다른 특징을 보인다. 이처럼 디지털 전환은 우리의 생각과 행동에 중요한 영향을 미치고 있다.

　　디지털 세상을 살아가기 위해서는 아날로그 세상과 다른 능력이 필요하다. 과거에는 종업원에게 음식을 주문했는데, 지금은 키오스크를 사용하는 매장이 늘어나고 있다. 이런 변화로 인해 어르신들이 음식을 주문하는 데 많은 어려움을 겪고 있다. 은행 업무에도 모바일 뱅킹이 도입되면서 스마트폰이 없거나 사용 경험이 부족한 사람들은 상대적으로 불편함을 겪는다. 젊은 층은 대부분 모바일 뱅킹을 사용하지만, 60세 이상 연령에서는 모바일 뱅킹 이용률이 매우 낮은 편이다. 어르신들은 오랫동안 아날로그 세상을 살아왔으므로 아날로그 세상에 대해 더 많은 지식과 경험을 가지고 있다. 하지만 디지털 전환이 빠르게 일어나면서 우리 모두에게 디지털 세상에 맞는 능력이 요구되고 있으며, 이때 필요한 역량을 디지털 리터러시Digital Literacy라고 부른다. 즉, 디지털 세상을 살아가기 위해서는 모든 사람이 새로운 문해력을 배워야 한다.

디지털 세상의 특징

디지털이라는 개념은 손가락을 의미하는 라틴어 'Digitus'에서 유래

서울대 석학이 알려주는 자녀교육법 AI·디지털 리터러시

했다. 수를 셀 때 손가락을 접거나 펴는 행동을 통해 정보를 명확하게 나타낼 수 있는 것처럼, 무수한 정보를 0과 1의 조합으로 명확하게 표현하는 것을 디지털이라고 부른다. 아날로그는 연속적인 데 반해 디지털은 0과 1로 분절되는 특징을 가진다. 스마트폰·게임기·컴퓨터·인터넷을 모두 디지털 기기라고 하는데, 0과 1로 정보를 표현한다는 공통점이 있다. 레코드와 CD의 차이점을 생각해 보면, 레코드는 음악을 녹음할 때 전압의 높고 낮음의 연속적인 변화를 바늘을 이용해서 홈으로 새기는 반면, CD는 0과 1의 형태로 음악을 저장해 연속적이지 않고 분절적인 특징을 가진다.

　디지털 기술을 사용하면 어떤 장점이 있을까? 디지털의 가장 큰 장점은 정확성이 높다는 것이다. 아날로그는 어느 정도 음이 높은지 혹은 낮은지, 어느 정도 색이 밝은지 혹은 어두운지를 명확하게 표현하지 못하지만, 디지털은 0과 1로 정보를 정확히 나타내며 이에 오차가 적다. 이러한 장점으로 인해 디지털 정보는 쉽게 복제할 수 있을 뿐 아니라 복사품의 품질을 원본과 동일하게 만들 수 있다. 또한 디지털은 아날로그 기술보다 처리 속도가 빠르고 더 많은 이미지나 소리, 텍스트 등을 표현할 수 있으며, 데이터를 압축해서 공간을 절약할 수도 있다.

　그렇지만 디지털 방식으로 아날로그 감성을 모두 표현할 수는 없다. 예를 들어 음식을 먹을 때 입에서 느껴지는 식감은 디지털로 표현하기 어렵다. 빈센트 반 고흐Vincent van Gogh와 같은 인상주의 화가들의 유화에서 느낄 수 있는 붓의 강한 터치감와 질감도 디지털 이미지로 재현하기 어렵다.

그럼에도 불구하고 아날로그 세상은 디지털 세상으로 점점 바뀌어 가고 있다. 정보를 검색할 때 책이나 신문이 아니라 구글·네이버·챗GPT 등을 이용하고, 생활용품도 오프라인 매장이 아니라 G마켓·옥션·쿠팡과 같은 온라인 쇼핑몰에서 자주 구매한다. 친구의 근황도 인스타그램·페이스북·카카오톡 등 SNS를 통해 편리하게 알 수 있다. 과거에는 지하철이나 버스 안에서 책 읽는 사람을 자주 볼 수 있었지만, 요즘은 많은 사람이 손안에 있는 스마트폰을 보고 있다. 이처럼 점점 더 커지는 디지털 세상은 우리의 생각과 행동에 더 많은 영향을 미치고 있다.

흥미롭게도 모든 사람이 디지털 세상을 수용하는 것은 아니다. 미국 아미시라는 마을의 주민들은 종교적인 이유로 디지털 세상을 거부하고 19세기 산업혁명 이전의 생활상을 고수하고 있다. 전기와 디지털 기기를 가능한 한 적게 사용하고 자동차 대신 마차를 타고 이동한다. 하지만 이처럼 예외적인 경우가 아니라면 21세기를 살아가는 많은 사람에게 디지털은 물이나 공기와 같은 역할을 한다.

디지털 세상에 사는 것은 여러 가지 측면에서 장점을 가진다. 먼저 인터넷을 통해 언제 어디서나 다른 사람과 소통하고 새로운 정보를 획득할 수 있다. 정보 통신 기술의 발달로 다른 사람이 만든 콘텐츠를 소비할 뿐 아니라, 블로그나 유튜브 등을 통해 스스로 콘텐츠를 생성할 수도 있다. 과거에는 전문 기술자만 온라인 콘텐츠를 개발했지만, 지금은 누구나 손쉽게 콘텐츠를 만든다.

인공지능 기술이 발달하면서 초개인화 서비스도 급속히 발전하고 있다. 인공지능은 개개인의 소비 패턴을 점검해서 최적화된 서비스를 추천한다. 예컨대 유튜브에서는 과거에 어떤 영상을 시청했는지에 기반해 사용자가 가장 선호할 것 같은 영상을 추천해 준다. 이처럼 현대인이 아날로그 세상에 머무는 시간은 점차 줄어들고, 디지털 테크놀로지를 활용하는 시간이 늘어나고 있다.

최근 메타버스Metaverse에 대한 관심도 높다. 메타버스의 메타Meta는 초월을 의미하고, 버스는 세상을 의미하는 유니버스Universe에서 유래했다. 미국 SF소설『스노 크래시Snow Crash』(1992)에서 메타버스라는 용어가 처음 사용되었다. 메타버스의 대표적인 예로는 증강현실Augmented Reality, 거울세계Mirror World, 가상현실Virtual Reality이 있으며, 메타버스의 등장으로 아날로그와 디지털 세상 간의 경계가 점차 사라지고 있다.

2016년 출시된 게임 '포켓몬 고'가 한때 선풍적인 인기를 얻으면서 스마트폰으로 포켓몬 고를 즐기는 사람을 어디서든 쉽게 찾아볼 수 있었다. 이 게임처럼 현실 공간과 2D 혹은 3D의 사물을 겹쳐보이게 하는 기술을 증강현실이라고 한다.

거울세계에서는 현실 세계를 디지털로 그대로 재현한다. 구글어스Google Earth가 거울세계의 대표적인 예인데, 자신이 현재 살고 있는 집을 디지털 세상에서 찾아볼 수 있다. 한발 더 나아가 거울세계에서 토지와 주택을 판매하는 어스2Earth2, 업랜드Upland와 같은 웹사이트도 있다.

높은 몰입감을 유발하는 가상현실도 메타버스의 한 종류다. 가상현실 헤드셋을 쓰면 가상 세계로 이동한 것과 같은 느낌이 드는데, 이를 실재감Presence이라고 한다. 실재감이 높을수록 현실 세계를 잊어버리고 가상 세계에 몰입하게 된다. 가상현실을 이용하면 실제로 하기 어려운 다채로운 경험을 할 수 있다. 우주나 심해를 탐사하거나 다른 시공간에 있는 사람과도 함께 있는 것처럼 대화를 나누고, 가상 세계에 건물을 지을 수도 있다. 의학 교육에 쓰이는 가상현실에서는 병원 실습을 하기 전에 수술을 체험하거나 환자에게 문진하는 법을 반복적으로 연습하도록 한다. 가상현실과 달리 별도의 헤드셋을 사용하지 않고 아바타를 이용해 다른 사람과 상호작용하는 데 초점을 둔 가상 세계도 있다. 제페토Zepeto, 로블록스Roblox 등이 이와 같은 가상 세계에 속한다.

2021년에는 코로나-19 팬데믹으로 오프라인에서 공연하는 것이 어려웠는데, 아리아나 그란데Ariana Grande가 가상 세계에서 콘서트를 열어 화제가 되었다. 현실에서 불가능한 가수와 팬들의 만남을 가능하게 만들었을 뿐 아니라, 기존의 콘서트와 차별화되는 색다른 경험을 제공했다.

물론 디지털 전환이 항상 좋은 것만은 아니다. 디지털 전환으로

서울대 석학이 알려주는 자녀교육법 AI·디지털 리터러시

인한 부작용에도 주목할 필요가 있다. 자녀가 인터넷 게임에 과몰입하면 학업·대인관계·건강 등에 문제가 생기고, 소셜 미디어의 자극적이고 폭력적인 영상에 노출될 수 있다. 짧은 시간에 사람들의 시선을 끌기 위해 개발된 온라인 콘텐츠에 익숙해지면 만족을 지연하거나 깊이 있는 사고를 하는 데 어려움을 겪게 된다. 또한 부주의로 인해 SNS에 개인정보가 유출되면 프라이버시가 침해되거나 보이스피싱과 같은 범죄에 악용될 가능성이 있다.

그뿐 아니라 초개인화 서비스를 제공하기 위해 개발된 인공지능 알고리즘은 개인이 가지고 있는 편견을 더 강화시킬 우려가 있다. 유튜브와 같은 소셜 미디어에서 자신이 선호하는 콘텐츠만 계속해서 소비하면 사회적 이슈에 대해 다양한 시각을 가지고 합리적인 판단을 내리기 어려워질 것이다. 이러한 부작용을 최소화하면서 디지털 세상에서 지혜롭게 살아가기 위해서는 디지털 리터러시가 필요하다.

디지털 리터러시의 구성 요소

디지털 테크놀로지를 자주 사용하는 사람은 모두 디지털 리터러시가 높을까? 그렇지 않다. 올바르게 사용하는 법을 배워야 하며, 머리로만 이해하는 것이 아니라 실제로 활용할 수 있어야 한다.

1997년 폴 길스터Paul Gilster는 디지털 리터러시를 최초로 "컴퓨터를 통해 다양한 출처로부터 찾아낸 여러 가지 형태의 정보를 이해하고 자신의 목적에 맞는 새로운 정보를 조합해 냄으로써 올바르게 사용하는 능력"이라고 정의했다. 당시에는 지금처럼 첨단 기술이 많이 발전하지 못했고, 사람들이 처음 인터넷을 사용하기 시작한 시기라서 디지털 리터러시 정의에 있어서도 컴퓨터에서 찾은 정보를 이해하고 활용하는 데 초점을 두었다.

하지만 2017년 우리나라에서 새로 정의한 디지털 리터러시의 개념을 살펴보면 다음과 같이 의미가 확장되었다. 김수환 등(2017)은 "디지털 사회 구성원으로서 자주적인 삶을 살아가기 위해 필요한 기본 소양으로, 윤리적 태도를 가지고 디지털 기술을 이해 및 활용하여 정보의 탐색 및 관리, 창작을 통해 문제를 해결하는 실천적 역량"이라고 정의했다. 이제는 디지털 기술의 이해와 활용뿐 아니라 윤리적 태도와 문제해결을 위한 실천 역량까지 강조하는 것이다.

한국교육학술정보원KERIS에서는 디지털 리터러시의 구성 요소를 디지털 테크놀로지의 이해와 활용, 디지털 의식과 태도, 디지털 사고 능력, 디지털 실천 역량과 같이 네 개 영역으로 분류했다. 이를 그림으로 재구성해 보면 아래와 같이 표현할 수 있다. 디지털 테크놀로지의 이해와 활용, 디지털 의식과 태도, 디지털 사고 능력은 서로 중첩되는데, 세 영역의 공통분모가 바로 디지털 실천 역량이다.

디지털 리터러시를 배우는 목적은 단순히 지식이나 기술을 아

서울대 석학이 알려주는 자녀교육법 AI·디지털 리터러시

는 것이 아니라, 일상에서 디지털 테크놀로지를 활용해 실제로 문제를 해결하고 다른 사람과 협력하며 창작물을 만드는 데 있다. 따라서 디지털 실천 역량은 디지털 리터러시의 요소들이 통합된 결과이자 목적이라고 할 수 있다.

디지털 리터러시의 각 영역이 어떠한 요소로 구성되어 있는지 살펴보자. 먼저, 디지털 실천 역량에는 디지털 환경에서 공동의 목적을 달성하기 위해 서로 소통하며 협력적으로 과제를 수행하는 의사소통 및 협업 역량이 있다. 또한 디지털 테크놀로지를 활용해 복잡하고 해결하기 어려운 문제를 정의하고 분석하며 해답을 찾고, 그 결과를 평가하는 문제해결 역량이 있다. 최근 유튜브와 같은 소셜 미디어

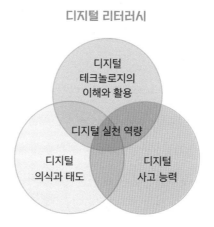

디지털 리터러시

디지털
테크놀로지의
이해와 활용

디지털 실천 역량

디지털
의식과 태도

디지털
사고 능력

가 발달하면서 디지털 콘텐츠 창작에 많은 사람이 관심을 가지고 있는데, 자신의 생각과 느낌을 텍스트·이미지·동영상 등으로 표현하고, 코딩 기술을 활용해 게임과 애니메이션을 만드는 콘텐츠 창작 능력도 디지털 시대에 꼭 필요한 실천 역량이다.

다음으로, 디지털 테크놀로지의 원리를 이해하고 소프트웨어를 활용해 정보를 관리하는 능력이 필요하다. 디지털 테크놀로지의 이해와 활용은 디지털 리터러시 교육에서 전통적으로 강조했던 역량이다. 테크놀로지는 크게 하드웨어와 소프트웨어로 구분되는데, 컴퓨터·태블릿PC·스마트폰과 같은 하드웨어를 이해하는 능력과 함께 다양한 기기의 운영체제와 소프트웨어를 사용하는 역량이 필요하다.

그와 함께 인터넷의 이해와 활용 능력도 필요하다. 인터넷이 제공하는 수많은 정보에는 허위 정보도 섞여 있기 때문에 필요한 정보를 검색·평가·저장·재조직해서 효과적으로 활용하는 정보관리 역량이 요구된다. 이는 1990년대부터 디지털 리터러시의 주요한 구성 요소로 강조된 바 있다.

더불어 컴퓨터 언어를 이해하고 프로그래밍을 통해 자신의 아이디어를 표현하는 코딩 능력도 중요하다. 최근에는 엔트리Entry와 같은 블록 코딩 프로그램을 이용해 초등학생에게도 손쉽게 코딩을 가르친다. 이러한 능력을 개발하는 것과 함께 디지털 리터러시 교육에서는 가상현실·인공지능·로봇 등과 같은 최신 테크놀로지의 동향을 이해하는 것도 중요하다. 자녀가 학교를 졸업한 후에도 스스로 최신 테크놀로지의 동향을 살피고 생활에 필요한 지식과 기술을 학습할 수 있도록 도와야 한다.

나아가 디지털 테크놀로지에 대한 이해를 넘어 개인의 삶과 사회의 공익을 위해 안전하고 윤리적으로 테크놀로지를 활용하는 디지털 의식과 태도를 개발해야 한다. 디지털 테크놀로지를 잘 활용하는 것뿐 아니라 올바르게 사용하기 위한 의식과 태도도 길러야 한다는 것이다. 디지털 세상에서 만나는 다양한 사람을 존중·공감·이해하려 노력해야 하며, 자신과 신념이나 문화가 다르다는 이유로 차별하지 않아야 한다. 디지털 세상에서 지켜야 할 규범을 이해하고 준수하는 방법을 배우는 것도 필요하다. 더불어 자신의 개인정보를 보호하고 다른 사람의 프라이버시와 지적 재산권을 침해하지 않도록 주의해야 한다.

디지털 세상의 규범을 지키면서 다른 사람에게 예의 바르게 행동하는 것을 네티켓Netiquette이라고 부른다. 네트워크Network에 필요한 에티켓Etiquette이라는 의미다. 인터넷에서는 익명성이 보장되므로 무례하거나 폭력적으로 행동할 가능성이 크다. 특히 온라인 게임과 SNS에서 사이버 폭력이 자주 발생하기 때문에 가정과 학교에서 네티켓을 강조할 필요가 있다.

마지막으로, 디지털 세상에 필요한 리터러시를 통합적으로 학습하고 수행하기 위해 디지털 사고 능력을 길러야 한다. 대표적인 디지털 사고 능력에는 비판적 사고력, 컴퓨팅 사고력, 창의적 사고력이 있다. 비판적 사고력은 인터넷이나 소셜 미디어에서 알게 된 정보의 진위를 판단하고, 특정 정치 이념이나 문화적 편견이 반영되지 않았는지 비판적으로 인식하는 역량이다.

컴퓨팅 사고력Computational Thinking은 컴퓨터 과학자처럼 문제를 분석하고, 데이터로부터 패턴을 찾고, 복잡한 현상을 추상화하며, 알고리즘을 만드는 고차적 사고 능력을 말한다. 최근 코딩교육에서는 컴퓨팅 사고를 강조하고 있다. 컴퓨팅 사고력은 컴퓨터나 디지털 기기가 없더라도 가능하다는 점에서 코딩 능력과 구분되지만, 두 능력은 서로 밀접한 관련이 있다.

창의적 사고력은 새로운 아이디어를 생성하고 서로 관련이 없어 보이는 지식을 독창적으로 연결하는 능력이다. 인공지능 시대에는 이와 같은 역량이 중요한데, 창의적 사고력은 인공지능이 쉽게 대체하기 어려운 능력인 동시에 인공지능을 효과적으로 활용하기 위해 필요한 역량이기 때문이다.

전 세계적으로 디지털 리터러시에 대한 관심도가 매우 높다. 유럽연합에서는 모든 시민에게 필요한 디지털 역량을 다섯 가지로 정의하고 디지털 역량 교육을 강화하고 있다. 정보 및 데이터 리터러시, 의사소통 및 협력, 디지털 콘텐츠 창작, 안전, 문제해결 영역에서 세부적인 디지털 역량과 수준을 정의했는데, 앞서 살펴본 디지털 리터러시와 많은 부분에서 유사하다. 핀란드에서는 모든 교과 내용에 디지털 리터러시를 통합해서 가르치며, 놀이를 통해 어렸을 때부터 디지털 리터러시를 향상시키기 위한 노력을 체계적으로 하고 있다.

우리는 종종 '아이들에게 디지털 기기를 주면 안 된다'고 생각하지만, 오히려 어려서부터 디지털 기기를 잘 사용하는 법을 가르치는 것이 중요하다. 호주는 학교 교육에서 스마트폰이나 생성형 AI와 같은 디지털 테크놀로지의 사용을 제한하지만, 대신 디지털 시민교육을 강조한다. 호주의 교육청 웹사이트에는 디지털 환경에서 다른 사람을 존중하는 법, 책임 있게 디지털 기기를 사용하는 법, 자신의 안전을 보호하는 법 등에 대한 구체적인 방법과 예시가 제시되어 있다. 이처럼 여러 나라에서 아이들이 디지털 시민으로 건강하게 성장할 수 있도록 노력하고 있다.

디지털 시대, 지혜롭게 살아가기

디지털 전환은 여러 사람에게 기회인 동시에 위기다. 코로나-19 팬데믹 이후 인공지능 기술이 급격히 발전하면서 디지털 전환이 가속화되자, 디지털 리터러시를 갖춘 사람과 그렇지 못한 사람 간 사회·경제적 격차가 생길 우려가 커졌다. 디지털 시대에는 자녀에게 한글을 가르치는 것처럼 디지털 세상에 필요한 언어와 문법을 가르쳐야 한다. 디지털 리터러시는 이 시대를 살아가는 모든 사람에게 필요하며, 이에 가정과 학교뿐 아니라 다양한 교육기관에서도 디지털 리터러시를 학습할 기회를 제공해야 한다.

앞서 살펴보았듯이 디지털 리터러시는 디지털 테크놀로지의 이해와 활용, 디지털 의식과 태도, 디지털 사고 능력, 디지털 실천 역량으로 구성된다. 이 중 어느 한 가지만 집중적으로 개발하기보다, 모든 능력을 고르게 발달시키는 것이 필요하다. 디지털 윤리를 너무 강조하면 디지털 활용이 위축되고, 반대로 디지털 활용을 너무 강조하면 다른 사람의 프라이버시를 침해하면서 비윤리적으로 사용될 수 있다. 그러므로 디지털 리터러시의 여러 능력을 균형 있게 개발하는 것이 중요하다.

디지털 리터러시를 머리로만 이해하는 것이 아니라 몸으로 실천하는 것도 필요하다. 실제적인 맥락 속에서 다른 사람과 협업하고 문제를 해결하고 콘텐츠를 창작하면서 디지털 테크놀로지를 효과적이고 안전하게 활용할 방법을 배워야 한다. 이를 위해 자녀와 함께 생성형 AI로 글을 작성하거나 이미지를 만들고, 생성형 AI의 장단점과 윤리적인 문제에 대해 이야기를 나눠 볼 수 있다.

이 장에서는 디지털 전환 시대를 지혜롭게 살아가기 위해 꼭 필요한 능력에 관해 살펴보았다. 현대에는 디지털 기기를 도구로 사용해 복잡한 문제를 창의적으로 해결하는 역량이 요구된다. 그와 함께 디지털 기기가 우리 생각과 행동에 어떤 영향을 미치는지 성찰해 보아야 한다. 디지털 기기에 지나치게 의존해 가족·친구 관계가 소원해지거나, 스스로 판단하는 능력이 약화되어서는 안 된다. 오히려 디

서울대 석학이 알려주는 자녀교육법 AI·디지털 리터러시

지털 기기를 통해 공감·정의·사랑 등을 배울 수 있도록, 인간을 인간답게 만드는 가치를 더 강조할 필요가 있다.

스마트폰, 몇 살부터 사용해야 할까?

많은 청소년은 어릴 때부터 스마트폰을 사용한다. 스마트폰으로 필요한 정보를 검색하고, 친구와 소통하며, 취미활동을 한다. 그런데 자녀의 스마트폰 사용 시간을 통제하기란 쉽지 않다. 자녀의 스마트폰 과의존을 예방하면서 이를 효과적으로 사용하는 방법에 대해 살펴보자.

스마트폰의 딜레마

아이들이 스마트폰을 사용하는 시기가 점점 더 빨라지고 있다. 2012년에는 초등학생의 스마트폰 보유 비율이 약 24%였는데, 10년 사이 빠른 속도로 증가해 2022년에는 94%의 초등학생이 스마트폰을 보유하고 있다. 스마트폰을 사용하는 시기가 점점 빨라지면서 학부모들의 걱정도 늘고 있다.

자녀에게 스마트폰을 주는 이유 중 하나는 자녀가 부모의 일을 방해하지 않도록 하는 데 있다. 중요한 일을 할 때 아이들이 같이 놀아달라고 떼쓰는 경우, 아이를 달래기 위해 스마트폰을 주는 것이다. 필자도 그런 경험이 있다. 그래서 스마트폰 스크린에 몰두하는 자녀를 보면 '계속 이래도 괜찮을까?' 하는 생각이 든다.

IT 기업의 최고 경영자 빌 게이츠Bill Gates, 스티브 잡스Steve Jobs, 팀 쿡Tim Cook은 자녀들의 스마트폰 사용을 엄격히 제한한 것으로 유명하다. 빌 게이츠는 자녀가 14세가 될 때까지 스마트폰 사용을 금지했고, 식탁에서 스마트폰을 사용할 수 없도록 했다고 알려져 있다. 이런 이야기를 들으면 스마트폰을 아이에게, 특히 유아나 초등학교 저학년 아이에게 주는 것이 걱정된다. 프랑스·영국·호주 등에서는 초등학교에서 스마트폰 사용을 전면 금지하는 경우가 많다. 코로나-19 팬데믹을 거치면서 일부 허용하는 경우도 있지만, 기본적으로는 학교에서 스마트폰 사용을 엄격히 제한한다. 스마트폰이 학생에게 미치는 부정적인 영향을 우려한 조치다.

그러나 스마트폰 사용을 금지하는 것에 반대하는 의견도 있다. 부모는 매일 스마트폰을 사용하면서 아이에게 스마트폰 사용을 금지하는 것이 현실적으로 가능한지, 혹은 바람직한지에 대해 회의적인 것이다. 초등학교 고학년이 되면 대부분의 학생이 스마트폰을 가지고 있는데, 내 아이만 스마트폰이 없으면 사회적으로 소외되지 않을까 걱정하는 부모도 있다. 스마트폰을 금지하는 것은 태어나면서부터 디지털 기기에 노출된 세대에 대한 이해가 부족해서라고 보는 의견도 있다. 부모 세대보다 디지털 기기를 훨씬 더 친숙하게 생각하고 잘 사용하는 자녀 세대를 디지털 네이티브Digital Native라고 하는데, 이들은 아날로그 세계에서 디지털 세계로 건너온 디지털 이민자인 부모 세대와 스마트폰을 다른 방식으로 인식하고 사용할 가능성이 크다. 이러한 주장을 받아들이면 스마트폰을 금지할 것이 아니라, 어려서부터 적극적으로 활용하도록 교육하는 것이 더 바람직할 수 있다.

그렇다면 어린 자녀가 스마트폰을 사용하도록 허용해야 할까? 이 질문에 대한 찬성과 반대 의견 모두 타당한 측면이 있으며, 이는 쉽게 결론을 내리기 어려운 주제다. 필자는 자녀가 스마트폰을 잘 사용하도록 부모나 교사가 도와준다는 조건하에서 스마트폰 사용을 허락할 수 있다고 생각한다. 디지털 네이티브라 할지라도 디지털 기기를 목적에 맞게 효과적으로 활용하지 못하는 경우가 많기 때문이다.

실제 초등학교 현장에서도 스마트폰을 잘 사용하는 학생들이 컴퓨터로 문서를 작성하는 데는 많은 어려움을 겪는 경우가 있다. 따라서 스마트폰의 장단점과 과의존 문제를 고려해서 언제부터 스마트폰을 사용하도록 할지 신중하게 결정해야 한다. 다음에서는 자녀의 스마트폰 사용과 관련해 부모가 고려해야 할 사항을 살펴보겠다.

청소년의 스마트폰 과의존

자녀의 스마트폰 사용 빈도가 늘어나면 누구나 한 번쯤 스마트폰 중독 혹은 과의존을 의심한다. 스마트폰 과의존이란 스마트폰 사용이 현저하게 많고 스스로 사용을 조절하지 못해 문제가 발생하는 상태를 의미한다. 스마트폰 사용 빈도가 높아 과제를 못하고, 학교에 자주 지각하거나 교우 관계에 문제가 있다면 스마트폰 과의존을 의심해 볼 수 있다. 과학기술정보통신부와 한국지능정보사회진흥원의 2022년도 실태 조사를 보면, 청소년 10명 중 4명이 스마트폰 과의존군(40.1%)에 속한다. 스마트폰 과의존 성인은 22.8%인 점을 고려하면 아이들의 스마트폰 의존성이 얼마나 심각한지 알 수 있다.

과학기술정보통신부와 한국지능정보사회진흥원(2022)은 10세 이상 청소년을 위해 열 개 문항으로 구성된 스마트폰 과의존 설문지를 개발했다. 설문지에는 '스마트폰 이용 시간을 줄이려 할 때마다 실패한다', '스마트폰 이용 시간을 조절하는 것이 어렵다', '스마트폰이 옆에 있으면 다른 일에 집중하기 어렵다', '스마트폰 이용 때문에 가족과 심하게 다툰 적이 있다' 등의 문항이 포함되었다. 진행 방식은 아이들이 각 문항에 대해 1점(전혀 그렇지 않다)에서 4점(매우 그렇다) 중 하나를 선택하도록 하고 총점을 구하는 것이다.

청소년의 경우 총점 23-30점은 잠재적 위험군, 31점 이상은 고위험군으로 분류된다. 잠재적 위험군은 스마트폰 조절력이 약화된 상태로 문제 상황이 발생하기 시작하는 단계, 고위험군은 스마트폰 조절력을 상실하고 건강·업무·대인 관계 등에서 심각한 문제가 발생한 상태를 의미한다. 그리고 잠재적 위험군과 고위험군을 합쳐 스마트폰 과의존군으로 분류한다.

2022년도 조사에 따르면, 여자 청소년(41%)의 스마트폰 과의존 비율이 남자 청소년(39%)보다 조금 높게 나타났지만 큰 차이는 없었다. 반면 중학생(45%)의 스마트폰 과의존 비율은 초등학생(38%)과 고등학생(37%)보다 더 높게 나타났다. 또한 부모가 맞벌이인 경우(42%)가 외벌이인 경우(37%)보다 스마트폰 과의존 비율이 더 높게 나타났다. 맞벌이 부부의 자녀는 혼자서 스마트폰을 사용하는 시간이 더 많고 부모의 통제를 덜 받기 때문에 과의존 비율이 높게 나타난 것으로 여겨진다.

청소년들은 스마트폰에서 영화·TV·동영상(98%)과 메신저(97%)를 가장 많이 사용했고, 그다음으로 게임(94%), 관심사(취미) 검색(90%), 음악(90%)에 스마트폰을 자주 활용한다고 답했다. 이를 통해 청소년들이 주로 여가 활동에 스마트폰을 사용한다는 것을 알 수 있었다. 스마트폰 사용이 늘어날수록 몸과 마음의 건강을 위한 휴식 및 다른 취미 활동이 줄어들 가능성이 크다. 그로 인해 다양한 부작용이 발생할 수 있다.

스마트폰 과의존군 청소년들은 그렇지 않은 청소년에 비해 스마트폰을 장시간 사용한 후 우울감이나 무기력함을 느끼는 비율이

서울대 석학이 알려주는 자녀교육법 AI·디지털 리터러시

높고, 손목의 통증과 안구 건조 등의 증상을 많이 겪는다. 더욱이 잠자리에서 스마트폰을 자주 사용하기 때문에 잠을 충분히 자지 못하고, 그로 인해 불면증이나 만성 피로 현상을 겪기도 한다. 스마트폰 과의존으로 인해 몸과 마음의 건강이 악화된다면 학교생활과 교우 관계에서도 각종 문제가 발생하고 부모와의 갈등도 커질 수 있다.

스마트폰 과의존을 예방하기 위해서는 먼저 자녀의 심리 상태를 이해할 필요가 있다. 왜 스마트폰 사용을 중단하지 못하고 몰입해서 계속 사용하는 것일까? 필자는 자녀들이 '스마트폰을 사용하는 것처럼 학교 공부를 하면 얼마나 좋을까?' 하고 생각해 본 적이 있다. 많은 부모가 비슷한 생각을 해봤을 것이다. 스마트폰 이용 동기를 이해하면 스마트폰 과의존을 예방하거나 대처하는 데 도움이 될 것이다.

스마트폰에 과의존해 장시간 사용하는 원인은 청소년 내부에 있는 경우가 많다. 아이들은 외부 보상이 없더라도 활동 자체가 즐거워서 자발적으로 스마트폰을 사용하는데, 이러한 종류의 동기를 내재적 동기Intrinsic Motivation라고 부른다. 에드워드 데시Edward Deci와 리처드 라이언Richard Ryan이 제안한 자기 결정성 이론Self-Determination Theory에 따르면, 우리는 행동을 스스로 자유롭게 정하고 다른 사람과 긍정적이고 의미 있는 관계를 맺으며, 어떤 일을 능숙하게 하고 싶은 욕구를 가진다(Deci & Ryan, 2008). 이러한 욕구를 충족시키는 일은 누가 시키지 않더라도 자발적으로 지속하려는 경향이 있는데, 이는 내재적 동기의 원천이 된다.

자기 결정성 이론을 스마트폰 사용에 적용해 보자. 자율성 측면에서 청소년들은 스마트폰 앱을 스스로 선택하고, 언제 어디서 어떻게 사용할지 자유롭게 정할 수 있다. 교사나 부모의 통제가 없거나 적다는 점에서 스마트폰은 많은 자율성을 제공한다. 아울러 관계성 측면에서 청소년들은 친구들과 SNS를 통해 시공간의 제약을 뛰어넘어 소통한다. 심지어 처음 만나는 사람과도 관심 주제를 공유하고 친밀한 관계를 형성하기도 한다. 마지막으로, 유능성 측면에서 스마트폰은 어려운 일을 능숙하게 처리하도록 돕는다. 길을 잘 찾지 못하는 사람도 스마트폰의 지도 앱을 사용하면 목적지까지 쉽게 도착할 수 있다. 이처럼 스마트폰을 통해 자신에게 부족한 능력이 향상되는 것을 종종 느낀다.

이와 같은 내재적 동기와 함께 스마트폰이 제공하는 자극적인 영상과 게임은 즉각적인 보상을 주어 외재적 동기를 유발한다. 이런 점을 고려하면 자녀들이 스마트폰을 좋아하고 장시간 사용하는 이유를 쉽게 이해할 수 있다.

물론 모든 청소년이 스마트폰 과의존 행동을 보이는 것은 아니다. 청소년들 사이에도 개인차가 존재한다. 그렇다면 과의존의 주된 이유를 살펴볼 필요가 있다. 먼저, 친구와 관련된 새로운 정보에 뒤처질지 모른다는 두려움에 스마트폰을 놓지 못하는 경우가 있다. 이를 FOMO Fear Of Missing Out 현상이라고 부른다. 청소년기에는 친구와의 관계가 매우 중요하므로 자신이 속한 집단에서 소외되는 것에 두려움이 강하다. 두려움이 큰 청소년일수록 스마트폰을 자주 확인하고 SNS에 활발하게 참여할 것이다.

두려움 외에 스트레스와 불안도 스마트폰 과의존의 원인이다. 가정 혹은 학교에서 학업이나 교우 관계로 스트레스를 많이 받는 청소년일수록 현실을 도피하기 위해 게임을 자주 하고 장시간 동영상을 보는 경향이 있다. 스마트폰이 제공하는 콘텐츠에 몰입하다 보면 현실의 문제를 잠시 잊을 수 있기 때문이다. 이런 행동이 반복되면 습관으로 발전해 스트레스가 일어나는 상황이 발생할 때마다 무의식적으로 스마트폰을 사용할 우려가 있다.

스마트폰 사용을 스스로 통제할 능력이 부족한 경우에도 과의존 현상이 나타난다. 처음부터 사용 시간에 대한 계획이 없거나, 계획을 세운 경우에도 시간을 넘겨 계속 사용하는 경우가 있다. 스마트폰이 제공하는 즉각적인 보상은 두뇌의 도파민 시스템을 자극해서 쾌감을 유발하는데, 보상에 더 민감하게 반응하는 사람일수록 스스로를 통제하지 못하고 과의존 행동을 보일 가능성이 크다.

스마트폰의 어포던스

자녀의 심리적 요인 외에 스마트폰 자체가 갖는 특성으로 인해 특정 행동이 유발될 수도 있다. 이를 스마트폰의 '어포던스Affordance'라고 부른다. 어포던스는 심리학자 제임스 깁슨James Gibson이 만든 용어인데, 인간과 상호작용하는 물체의 특성에 따라 그 대상으로 무엇을 할 수 있는지 혹은 할 수 없는지가 결정된다는 것을 의미한다(Gibson, 1979). 이를테면 물체의 특성에 따라 우리가 그 대상을 손으로 잡을 수 있는지, 만질 수 있는지, 앉을 수 있는지 등이 정해진다. 예컨대 산에 있는 작은 바위는 사람이 앉아서 쉴 수 있는 어포던스를 제공한다. 스마트폰은 높은 휴대성과 다양한 기능을 제공하므로 다른 테크놀로지와 구별되는 어포던스를 갖는다.

스마트폰의 어포던스, 다시 말해 이것이 어떤 행동을 유발하는지 정확히 이해한다면 스마트폰으로 인한 문제를 예방하고 건강한 방식으로 사용하도록 지원할 수 있을 것이다. 첫째, 스마트폰의 가장 중요한 어포던스 중 하나는 휴대성이다. 스마트폰은 작고 얇게 디자인되어 있어 휴대가 간편하기 때문에 필요할 때마다 꺼내 손쉽게 사용하게 된다.

하지만 부모는 이런 어포던스로 인해 자녀가 항상 스마트폰을 가지고 다니며 시간과 장소를 가리지 않고 사용한다고 걱정한다. 스마트폰은 컴퓨터처럼 한 장소에서만 사용하는 것이 아니라 어디든 가지고 다닐 수 있어, 비교적 과의존이 발생할 가능성이 크다. 최근 스마트폰의 높은 휴대성으로 인한 문제를 줄이기 위해 스마트폰을 금고에 넣고 잠금 시간을 정해, 일정 시간이 지난 이후에야 사용할

서울대 석학이 알려주는 자녀교육법 AI·디지털 리터러시

수 있도록 하는 '금욕 상자'라는 것이 인기를 얻고 있는데, 이는 스마트폰의 휴대성이라는 어포던스를 통제하는 데 유용한 기능을 한다.

둘째, 스마트폰의 전화, 소셜 미디어, 메신저 등의 기능은 다른 사람과의 소통을 유발한다. 스마트폰은 이전보다 소통 방식을 다양하고 풍부하게 만들었다. 과거에는 전화기로 음성 통화만 가능했지만, 이제는 스마트폰을 이용해 문자를 주고받을 뿐 아니라 영상 통화도 가능하다. 해외에 있는 친구나 가족과도 영상으로 생생하게 감정을 전달할 수 있으며, 언제든 문자·이미지·영상을 주고받을 수 있어 시간 제약 없이 더 많은 대화를 하게 되었다.

하지만 스마트폰을 이용한 온라인 소통이 증가할수록 대면 활동이 줄어든다는 부작용도 있다. 가족들이 각자 스마트폰을 사용하느라 바빠서 함께하는 신체 활동과 대화가 줄어든다면 자녀의 전인적 발달에 부정적인 영향을 미칠 것이다. 개인정보가 유출되거나 보이스 피싱과 같은 범죄에 악용될 가능성도 있다. 스마트폰과 소셜 미디어를 통해 전 세계 사람들이 서로 연결되고 대규모 소통이 증가하면서 사적 공간이 점점 줄어든다는 단점도 있다.

셋째, 스마트폰은 누구나 최신 정보에 쉽게 접근하도록 한다. 스마트폰을 켜면 언제 어디서나 최신 뉴스를 확인할 수 있고, 이는 정보의 격차로 인한 경제적 불평등을 줄이는 데 기여한다. 예컨대 주식 시장에서 새로운 정보를 가진 사람과 그렇지 못한 사람 간에는 경제적 이익에 큰 차이가 발생한다. 그리고 스마트폰은 정보가 신속하게 확산되도록 하면서 사회·정치 이슈에 대한 시민들의 참여를 증가시킨다. 2010년대 초반 중동과 북아프리카 지역에서 발생한 '아랍의 봄'이라는 대규모 반정부 시위에서 스마트폰은 민주화와 관련된 최신 정보를 확산하는 데 중요한 역할을 했다. 정부에 의해 매스 미디어가 통제되는 상황에서 스마트폰으로 촬영한 사진이나 비디오는 시민들의 연대를 강화하고 외국 정부의 지지를 이끌어 내는 데 효과적이었다. 물론 스마트폰을 통해 정보가 빠르게 전파되면서 허위 정보로 인한 피해도 증가했다.

넷째, 스마트폰이 제공하는 디지털 게임과 멀티미디어 콘텐츠는 사용자의 몰입을 유도한다. 심리학자 미하이 칙센트미하이Mihaly Csikszentmihalyi는 개인이 특정 활동에 완전히 몰두해 외부의 다른 자극을 인식하지 못하고 시간이 빠르게 지나는 것처럼 느끼는 상태를 몰입Flow이라고 했다(Csikszentmihalyi, 1990). 일반적으로 개인의 능력과 과제의 수준이 비슷할 때 몰입 상태를 경험하는데, 게임은 개인의 능력이 향상됨에 따라 점점 더 어려운 과제를 제공한다는 점에서 몰입을 유도하는 어포던스가 있다.

스마트폰에 몰입하면 학업이나 친구 관계에서 오는 스트레스를 잠시 잊고 심리적 보상을 받게 되고, 보상이 커질수록 두뇌에서는 쾌감과 관련된 도파민이라는 호르몬이 더 많이 분비된다. 스마트폰 사용으로 인해 도파민 분비가 증가하면 두뇌의 보상 회로에서는 스마트폰을 더 자주 사용하도록 동기를 부여한다. 그 결과 스마트폰 사용

서울대 석학이 알려주는 자녀교육법 AI·디지털 리터러시

은 다른 활동에 비해 더 높은 가치를 갖게 되고, 심하면 중독으로 이어질 가능성을 낳는다.

몰입이라는 어포던스로 인해 장시간 스마트폰을 사용할 경우 신체 건강에 부정적 영향을 미친다. 고개를 숙인 채 스마트폰을 계속 보고 있으면 목의 가동성·유연성·근력이 떨어지고 일자목이나 거북목이 될 수 있다. 또한 작은 스마트폰 화면을 가까이서 오랜 시간 보고 있으면 근시가 나타나거나, 눈을 자주 깜빡거리지 않아 안구 건조증을 앓을 수도 있다.

마지막으로, 스마트폰 카메라는 다양한 경험을 기록하고 새로운 콘텐츠를 창작하도록 한다. 스마트폰 카메라의 성능이 개선되면서 스마트폰으로 단편 영화를 찍거나 광고 영상을 제작하는 경우도 있다. 필름 카메라와 달리 스마트폰 카메라는 여러 장을 찍어도 추가 비용이 발생하지 않기 때문에, 연속으로 사진을 찍어 그중에서 제일 마음에 드는 사진을 선택할 수도 있다. 스마트폰 사진이나 동영상은 과거를 회상하는 데 도움이 된다는 점에서 기억을 확장시켜 주는 역할을 한다.

사진과 동영상을 소셜 미디어에 공유해 누구나 손쉽게 멀티미디어 콘텐츠의 생산자가 될 수도 있다. 이처럼 콘텐츠의 생산자Producer이면서 동시에 소비자Consumer인 사람을 프로슈머Prosumer라고 지칭한다. 프로슈머가 증가하는 것은 사회의 다양성 측면에서 바람직하지만 무분별한 촬영으로 인해 프라이버시 침해가 증가할 우려가 있다. 그러니 콘텐츠를 만들 때는 다른 사람의 프라이버시를 보호하기 위해 주의를 기울여야 한다.

앞서 살펴본 것처럼 스마트폰은 특정 행동을 유발하는 어포던스를 가진다. 그렇지만 사람마다 스마트폰의 어포던스를 인식하고 행동하는 방식이 다르고, 그로 인해 긍정적 결과가 나타나기도 하고 부정적 결과가 나타나기도 한다. 스마트폰을 많이 사용하는 것만으로 자녀의 건강과 학업에 긍정적 혹은 부정적 영향을 미치는지 단정하기는 어렵다. 스마트폰 사용의 양보다 중요한 것은 사용 방식에서의 질적 차이다. 자녀에게 바람직한 스마트폰 사용법을 가르치고, 이를 잘 배울 수 있도록 부모가 먼저 모범을 보일 필요가 있다.

자녀의 스마트폰 사용 지도하기

부모에게 스마트폰은 그리스 신화에 나오는 판도라의 상자처럼 인식되는 경우가 많다. 제우스는 최초의 여자인 판도라에게 선물을 주면서 절대로 상자를 열어 보지 말라고 경고했다. 그런데 판도라는 강한 호기심에 이끌려 상자를 열었고, 그러자 욕심·질투·시기·질병 등이 순식간에 빠져나와 세상으로 퍼졌다. 판도라가 깜짝 놀라 상자를 급히 닫자 상자 안에는 희망만이 남았다.

이 그리스 신화처럼 자녀에게 스마트폰을 주는 순간 세상의 악

서울대 석학이 알려주는 자녀교육법 AI·디지털 리터러시

한 것들이 아이에게 부정적 영향을 미치는 것 아닐까 걱정하는 부모가 많다. 하지만 필자는 조금 다르게 생각한다. 스마트폰은 프로메테우스가 인간에게 가져다준 불에 더 가깝다. 불은 인간이 잘 사용하면 요리를 하고 집을 따뜻하게 만들며 어두운 곳을 밝히는 데 유용하게 활용되지만, 부주의하거나 나쁜 의도로 사용되면 화재로 인한 인명·재산 피해를 발생시킨다. 그러니 인간에게 불을 거두지 않고 불을 다루는 능력을 가르쳐야 하는 것처럼, 스마트폰 사용을 무조건 금지할 것이 아니라 통제하는 능력을 길러 줄 필요가 있다.

자녀의 스마트폰 사용을 지도할 때 다음 네 가지 전략을 적용해 보자. 첫째, 자녀가 스마트폰을 사용할 준비가 되었는지 살펴보자. 자녀의 인지·언어·정의적 발달에는 결정적 시기Critical Period가 있는데, 발달 과정에서 외부 자극에 특별히 민감하게 반응하는 이러한 시기에 필요한 경험이 충분히 주어지지 못하면 나중에 해당 능력을 습득하는 데 어려움이 따른다. 따라서 결정적 시기라는 개념을 고려해서 자녀에게 현재 발달 과정에서 어떤 경험이 필요한지, 스마트폰이 발달을 방해하지 않을지 생각해야 한다.

예컨대 유아기와 아동기 아이는 신체를 통해 다른 사람이나 환경과 상호작용하는 것이 중요하다. 이 시기 신체 활동을 통해 습득한 내용은 향후 학교 공부나 사회생활을 하는 데 주요한 영향을 미친다. 부모 및 친구와의 활발한 소통을 통해 언어를 학습하고 사회 정서적 능력을 기르며, 구체적인 사물을 이용해 수학적 사고의 바탕이 되는 수 감각Number Sense을 발달시키기 때문이다. 이러한 시기에 스마트폰을 과도하게 사용하면 발달에 필요한 경험을 충분히 가지지 못할 우려가 있다.

물론 우리의 두뇌는 가소성을 가지고 있어 결정적 시기 이후에도 발달에 필요한 능력을 학습할 수 있다. 하지만 발달에 더 많은 시간이 소요되거나, 배움에 한계가 있을 수 있다. 그러므로 자녀의 인지적·언어적·사회 정서적 발달이 방해받지 않도록 너무 어린 시기에는 스마트폰 사용을 제한하는 것이 바람직하다.

둘째, 부모는 아이에게 부족한 메타인지Metacognition 능력을 지원해야 한다. 스마트폰에 과의존하지 않으려면 스스로 자신의 행동을 점검하고 통제하는 능력이 필요한데, 이때 요구되는 능력을 메타인지라고 부른다. 메타인지 능력은 4-5세에 나타나기 시작해 아동기와 청소년기를 거치면서 발달한다. 인간의 두뇌에서 전두엽은 메타인지와 밀접한 관련이 있으며, 전두엽은 두뇌에서 가장 늦게 발달하는 부위 중 하나다. 따라서 전두엽이 덜 발달한 청소년은 자신의 생각과 말, 행동을 조절하지 못해서 충동적으로 행동하고, 합리적으로 의사 결정하지 못하며, 감정 조절에 어려움을 겪을 수 있다. 그러니 성인보다 메타인지 능력이 부족한 아이들이 스마트폰 과의존에 노출되기 쉽다.

부모는 이를 방지하기 위해 아이들의 메타인지 활동을 도와야 한다. 즉, 아이와 함께 스마트폰 사용을 계획하고 점검하며 조절해야 한다. 부모와 함께라면 스마트폰 사용을 스스로 조절하기 어려운 아이도 스마트폰 과의존을 방지할 수 있다. 새로운 건물을 지을 때 건물이 넘어지지 않도록 옆에 두는 임시 구조물을 스캐폴드Scaffold라고 한다. 아이가 스마트폰을 유용하게 활용하는 한편, 과도하게 사용하지 않도록 부모가 스캐폴드 역할을 해야 한다. 아이가 스마트폰을 어떻게 사용하는지 자주 점검하고, 적절한 사용 시간과 바람직한 사용 방법 등에 대해 대화를 나누며, 부적절하게 사용할 시에는 피드백을 해줘야 한다. 처음에는 아이에게 많은 도움을 줘야 하지만, 시간이 흐를수록 아이 스스로 스마트폰을 통제하는 능력이 향상될 것이다.

레프 비고츠키Lev Vygotsky에 따르면, 아이는 내재화 과정을 통해 부모와의 상호작용에서 배운 내용을 자신의 것으로 만든다(Vygotsky, 1978). 마치 건물을 다 짓고 나면 스캐폴드를 제거하는 것처럼 부모는 아이가 스스로 스마트폰 사용을 조절할 수 있도록 메타인지적 도움을 점점 줄여 나가야 한다. 아이가 부모의 도움 없이도 '스마트폰을 너무 오래 사용한 것 같으니 이젠 그만 사용해야겠어'라고 생각할 수 있도록 도와야 한다.

그런데 많은 부모는 아이가 스마트폰을 하루에 몇 시간 사용하는 것이 적절한지 의문을 가지고 있다. 수학 문제처럼 딱 떨어지는 정답이 존재하지 않아 아이의 메타인지 활동을 지원하는 데 어려움을 겪는다. 영국의 한 연구에 따르면, 유튜브나 인스타그램과 같은 소셜 미디어 사용 시간이 학생들의 삶의 만족도와 밀접한 관련성을 갖는 것으로 나타났다(Orben et al., 2022). 12-14세 초등학생과 중학생의 경우 소셜 미디어 사용 시간이 증가할수록 삶의 만족도가 점차 감소하는 양상을 보였으며, 특히 남학생보다 여학생에게서 소셜 미디어 사용 시간과 삶의 만족도 간 부정적인 관계가 강하게 나타났다. 이러한 양상은 아이가 성장하면서 변하는데, 대학생의 경우에는 소셜 미디어를 하루 평균 2-3시간 사용할 때 삶의 만족도가 가장 높게 나타났다. 여기에는 남녀 간의 차이도 크지 않았다. 물론 영국에서 이루어진 연구 결과를 우리나라 학생들에게 바로 적용하기는 어렵겠지만, 초등학생과 중학생이 스마트폰으로 하루 평균 1-2시간 이상 소셜 미디어를 사용하면 삶의 만족도가 크게 감소할 수 있다는 점에는 주의를 기울여야 한다.

셋째, 스마트폰의 장단점에 대해 자녀와 대화하는 시간을 가져야 한다. 아이들에게 스마트폰 사용을 금지하면서 왜 사용하면 안 되는지 설명하지 않는 경우가 종종 있다. 앞서 살펴본 것처럼 스마트폰을 잘못 사용하거나 과도하게 사용하면 친구와의 대면 활동이 감소하고, 개인정보가 유출되고, 허위 정보가 확산되고, 프라이버시가 침해되며, 건강에 부정적 영향을 미칠 우려가 있다. 스마트폰을 통해 비교육적인 내용을 학습할 가능성도 있다. 그러니 이러한 점을 자녀에게 알려 주도록 하자.

최근 솔트룩스라는 회사에서 흥미로운 실험을 했다. 다섯 살 정

서울대 석학이 알려주는 자녀교육법 AI·디지털 리터러시

도 지능을 가진 가람이1과 가람이2라는 AI를 대상으로 서로 다른 콘텐츠를 학습시킨 뒤 그 결과를 비교한 것이다. 가람이1에게는 어린이 콘텐츠를 학습시키고, 가람이2에게는 유튜브에서 추천하는 영상을 학습시켰다. 그러자 엄마가 인사했을 때 가람이1은 "반가워요."라고 밝게 인사했지만, 가람이2는 "뭐가 반가워. 나한테 관심 좀 그만 줘."라고 응답했다. 아이들도 AI처럼 반복되는 경험에 기반해 새로운 내용을 학습한다. 스마트폰을 통해 접하는 콘텐츠를 비판 없이 받아들일 경우 아이의 사회 정서적 발달에 부정적인 영향을 미칠 것이다.

자녀에게 스마트폰으로 인해 발생할 수 있는 문제점뿐 아니라, 스마트폰을 유용하게 사용하는 방법에 대해서도 알려 줄 필요가 있다. 스마트폰을 사용하면 언제 어디서나 다른 사람과 소통하고 새로운 정보에 접근하며 다양한 멀티미디어 콘텐츠를 소비하고 생산할 수 있다.

스마트폰에는 학습에 도움이 되는 다양한 도구가 있다. 예컨대 리드 얼롱Read Along이라는 앱은 영어 책을 소리 내어 읽으면 어떤 부분을 잘못 읽었는지 파악해서 피드백을 제공하고 읽기 수준에 적합한 책을 추천한다. 퀴즐렛Quizlet이라는 앱은 단어·개념·공식 등 학습할 내용을 저장하고 이미지와 텍스트를 서로 연결해서 반복 연습하는 데 도움을 준다. 이 외에도 학습에 도움이 되는 다양한 앱이 무료로 제공된다.

또한 스마트폰의 카메라와 무선 인터넷을 이용해 학교 안에서 배운 내용과 학교 밖에서의 생활을 손쉽게 연결할 수 있다. 만약 학교에서 기후 위기에 대한 내용을 배웠다면 그와 관련된 내용을 실생활에서 사진이나 동영상으로 촬영하고 소셜 미디어 등을 통해 다른 학생과 공유할 수 있다. 이러한 활동은 학습이 시간과 장소의 제한 없이 끊임없이 이루어진다고 해서 심리스 러닝Seamless Learning이라고 불린다.

심리스 러닝은 학교에서 배우는 내용을 실생활에 적용하게 해, 깊이 있는 학습을 촉진하고 학습자의 동기를 향상시키는 데 효과적이다. 자녀와 박물관이나 유적지를 방문했을 때 좋아하는 유물을 스마트폰으로 촬영하고, 해당 사진과 관련된 역사적 사건이나 인물에 대해 대화를 나누며 인터넷으로 추가 정보를 검색해 본다면 심리스 러닝이 촉진될 것이다.

마지막으로, 자식은 부모의 거울이라는 말이 있듯이 아이는 부모가 스마트폰을 어떻게 사용하는지 관찰하고 따라 한다. 그러니 자녀의 스마트폰 과의존과 부적절한 사용을 방지하기 위해서는 부모와 다른 가족 구성원들의 스마트폰 사용 양상을 돌아볼 필요가 있다. 부모 외에 교사·친구·유명인 등도 아이의 모델링 대상이 될 수 있다.

앨버트 반두라 등Albert Bandura(1961)은 아이들이 사회적 관계 속에서 다른 사람의 행동을 관찰하고 모방하는 학습 현상을 연구했다. 예컨대 보보 인형 실험이 유명한데, 보보라는 풍선 인형을 공격적으

서울대 석학이 알려주는 자녀교육법 AI·디지털 리터러시

로 대하는 모습을 자주 관찰한 아동은 그렇지 않은 아동에 비해 혼자 있을 때 이 인형에 더 공격적인 행동을 보인다는 것이다. 보보 인형 실험은 1960년대에 이루어졌는데, 텔레비전의 폭력적인 장면이 아이의 공격적인 행동을 높일 수 있다는 주장의 근거로 자주 사용되었다.

이와 마찬가지로 부모가 오랜 시간 스마트폰 게임을 하면서 즐거워하는 모습을 보고 자란 아이는 그 행동을 기억했다가 모방할 가능성이 높다. 반대로 부모가 스마트폰을 효과적으로 통제하고 정보 검색과 소통을 위해 적절히 활용하는 모습을 보인다면 자녀가 그러한 행동을 따라 할 것이다. 아이가 직접 스마트폰을 사용하기 전 부모나 친구의 행동을 관찰하는 것만으로도 학습이 될 수 있는 것이다.

자녀가 관찰 학습을 통해 효과적인 스마트폰 사용 방법을 배우게 하려면 다음 네 가지를 고려해야 한다. 반두라는 주의·기억·재현·동기가 관찰 학습에 주요한 역할을 한다고 했다. 먼저, 아이가 모델의 행동에 주의를 기울이도록 해야 한다. 아이는 좋아하는 사람의 행동에 더 많은 주의를 기울이므로 친한 친구나 가족이 모델이 될 수 있다. 다음으로, 아이가 바람직한 스마트폰 사용 방법을 기억할 수 있도록 도와야 한다. 스마트폰 사용 방법을 반복해서 보여 주거나, 그러한 행동이 왜 바람직한지 아이와 대화를 나누는 것은 기억에 도움이 된다. 그리고 아이가 실제로 스마트폰을 사용하면서 모델의 행동을 재현해 보도록 해야 한다. 관찰한 것을 따라 하고 싶어도 디지털 리터러시가 부족해 못할 경우 효과적인 사용 방법을 가르칠 필요가 있다. 마지막으로, 스마트폰을 잘 사용한다면 칭찬과 보상을 제공하고, 스마트폰에 과의존하거나 잘못 사용한다면 부정적인 결과가 발생한다는 점을 보여 줄 필요가 있다. 이러한 점을 고려하면 자녀가 스마트폰을 효과적이고 바람직하게 사용하도록 도울 수 있다.

자녀가 모방하기를 원하지 않는 행동이 있다면 부모 스스로 자제해야 한다. 예컨대 운전 중 스마트폰을 보거나, 식사 시간에 소셜미디어를 사용하는 행동을 자제해야 한다. 길을 걸어가면서 스마트폰을 보는 행위는 종종 사고로 이어진다. 이러한 사람을 스마트폰Smartphone과 좀비Zombie의 합성어인 스몸비Smombie라고 부른다. 자녀 앞에서 스몸비처럼 행동해서는 안 된다. 자녀에게는 스마트폰을 사용하지 말라고 하면서 부모가 스마트폰을 과도하게 사용한다면 부모의 말보다 행동을 따라 할 가능성이 크다. 여가 시간에 자녀와 함께 취미 활동이나 운동을 함으로써 스마트폰 없이도 즐거운 시간을 보낼 수 있다는 것을 알려 줄 필요가 있다.

스마트폰 사용 습관 들이기

이 장에서는 '스마트폰을 몇 살부터 사용해야 할까?'라는 주제에 대해 살펴보았다. 특정 나이를 지정하기는 어렵지만 아이의 인지·언어·정서적 발달을 고려해 스마트폰 사용 시기를 결정해야 한다. 우리의 두뇌는 주변 환경과 지속적인 상호작용을 통해 발달하므로 스마트폰이 제공하는 편리함과 아이에게 미칠 영향을 함께 고려해야 한다.

스마트폰이 아이의 발달에 항상 긍정적이거나 부정적인 영향만 미치는 것은 아니기 때문에 자녀의 특성을 고려해 스마트폰 사용 시기를 결정하는 것이 바람직하다. 그렇지만 너무 어릴 때 스마트폰에 노출되면, 다양한 신체 활동과 상호작용이 줄어들어 아이의 발달에 부정적 영향을 미칠 수 있으니 주의를 기울여야 한다. 더욱이 10대 후반까지는 메타인지 능력이 천천히 발달하므로 아이가 스마트폰 사용 시간을 통제하는 데 부모의 도움이 필요하다.

이미 초등학생 10명 중 9명이 스마트폰을 가지고 있는 환경에서 스마트폰 사용을 무조건 금지하는 것은 적절하지 않다. 자녀가 스마트폰을 지혜롭게 사용할 수 있도록 스마트폰의 장단점과 올바른 사용 방법을 알려 주고 스마트폰 사용을 스스로 통제하는 습관을 길러 줘야 한다. 부모는 자녀가 스마트폰을 어떻게 사용하는지 관심을 가지고 대화를 나눠야 한다. 자전거를 배울 때 보조 바퀴가 달린 네발자전거를 먼저 타는 것처럼, 스마트폰을 처음 사용하는 자녀에게 부모는 보조 바퀴 역할을 해야 한다. 시간이 흐르면 보조 바퀴 없이도 자전거를 탈 수 있듯이, 아이도 스스로 스마트폰 사용을 조절해 나갈 수 있을 것이다.

가짜 뉴스,
이제 그만!

3장

인공지능 기술이 발달하면서 가짜 뉴스가 급속히 증가하고 있다. 허위 정보는 사람들의 불안과 공포심을 자극해서 신속하고 광범위하게 전파된다. 자녀가 정보의 홍수 속에서 허위 정보를 판별하는 능력을 기르도록 어떻게 도와줄 수 있을지 알아보자.

인터넷과 가짜 뉴스

소셜 미디어를 통해 가짜 뉴스가 많이 전파되어 사회적으로 문제가 되고 있다. 과거에도 가짜 뉴스가 있었지만, 정보통신 기술이 발달하면서 가짜 뉴스의 형태가 디지털화되고 전파 속도가 급속히 빨라지고 있다. 오늘날에는 인터넷을 통해 누구나 손쉽게 정보를 생산하고 공유할 수 있다. 유튜브에서는 1분마다 수백 시간의 콘텐츠가 업로드되고, 매일 엄청난 양의 정보가 인터넷을 통해 쏟아져 나오고 있다. 인터넷을 통해 모든 사람이 생각을 자유롭게 표현하고 최신 정보에 쉽게 접근할 수 있다는 점은 사회의 발전에 긍정적인 기여를 한다. 인터넷이 발달하면서 정보 격차가 줄어들고 민주화가 촉진되는 측면이 있다. 그러나 인터넷에서 공유되는 정보 중에는 사실에 기반한 진짜 뉴스도 있지만, 다른 사람을 비방하거나 속일 목적으로 만든 가짜 뉴스도 있다. 가짜 뉴스는 진위를 판단할 겨를도 없이 SNS를 통해 전 세계로 빠르게 확산된다는 점에서 문제가 심각하다.

인터넷에 공유된 정보의 진위를 구분하기는 점점 더 어려워지고 있다. 그런 점에서 2016년 옥스퍼드 사전은 탈진실Post-truth을 그해의 단어로 선정했다. 탈진실은 객관적인 사실보다 개인의 신념과 감정이 여론에 더 큰 영향을 미친다는 의미를 가진다. 2016년 미국에서는 대통령 선거가 있었고, 영국에서는 유럽연합의 탈퇴 여부를 결정하는 브렉시트Brexit 국민투표가 이루어졌다. 이 과정에서 허위 정보가 인터넷을 통해 광범위하게 유포되어, 여론의 방향을 결정하는 데 상당한 영향을 미쳤다.

예컨대 미국 대선에서 교황이 도널드 트럼프Donald Trump 대선 후보를 지지한다는 가짜 뉴스가 SNS를 통해 급속히 전파되었다. 이때 사람들은 믿고 싶은 뉴스만 선택적으로 받아들였고 이로 인해 가짜 뉴스가 빠르게 공유되었다. 한편 트럼프 대통령은 재임 기간 동안 자신에게 불리한 기사를 쓰는 언론을 가짜 뉴스Fake News라고 비난했는데, 이를 계기로 가짜 뉴스라는 용어가 대중에 많이 알려졌다. 이처럼 사실에 부합하는 뉴스라고 하더라도 자신의 신념과 다르면 가짜 뉴스라고 폄훼하는 일이 최근에 자주 발생하고 있다.

가짜 뉴스가 개인과 사회에 미치는 부정적인 영향은 매우 심각하다. 전 세계적으로 가짜 뉴스로 인한 경제적 피해는 수백억 달러에 달하고, 가짜 뉴스를 방지하기 위해 이루어지는 사이버 보안과 팩트 체크에도 많은 비용이 소요되고 있다. 예컨대 인플루언서가 특정 화장품을 사용했더니 발뒤꿈치에 봉와직염이 생겼다는 메시지를 SNS에 공유해 화장품 회사가 큰 경제적 손실을 입은 사건이 있었다. 이후 해당 정보가 허위로 밝혀졌음에도 불구하고 제품에 대한 부정적인 인식은 쉽게 사라지지 않았다. 인플루언서가 올린 글이 삭제되더라도 해당 글을 공유하거나 재게시하는 사람을 모두 통제하기는 어려웠기 때문이다.

특히 가짜 뉴스는 사람들이 불안하고 정보가 부족할 때 많이 생산되고 확산된다. 코로나-19 팬데믹 초기에 백신이 사람의 DNA 유전자를 변형시킨다거나, 고농도 알코올을 섭취하면 몸속의 바이러스를 죽일 수 있다는 가짜 뉴스로 인해 건강에 치명적인 손상을 입은 사례가 발생했다. 의료시설이 부족한 지역에서는 실제로 코로나 바이러스를 죽이기 위해 메탄올을 먹고 건강이 나빠져 사망하는 경우도 있었다. 세계보건기구WHO에 따르면, 2020년 첫 3개월 동안 가짜 뉴스로 인해 6,000명 이상이 병원에 입원했고 800명 이상이 사망했다. 이처럼 가짜 뉴스가 질병처럼 빠르게 전파되는 것을 정

서울대 석학이 알려주는 자녀교육법 AI·디지털 리터러시

보_{Information}와 전염병_{Epidemic}의 합성어인 인포데믹_{Infodemic}이라고 부른다. 인포데믹은 경제적 손실뿐 아니라 건강 문제를 야기하고 정치적 불안정을 초래한다는 점에서 각별한 주의가 필요하다.

인공지능 기술이 발달하면서 가짜 뉴스를 구별하는 것이 점점 더 어려워지고 있다. 최근 딥페이크_{Deep Fake} 기술로 유명 연예인이나 정치인의 얼굴을 다른 이미지와 합성해 가짜 뉴스를 만드는 일이 자주 발생하고 있다. 이때 딥페이크는 딥러닝_{Deep Learning}이라는 인공지능 기술과 가짜를 의미하는 페이크_{Fake}의 합성어다. 딥페이크 기술이 사용된 영상을 본 사람은 가짜 뉴스에 쉽게 속을 것이다. 일반인도 소셜 미디어에 자신의 사진과 영상을 많이 업로드하므로 딥페이크로 만든 가짜 사진이나 동영상의 피해자가 될 수 있다. 이처럼 첨단 기술의 발달로 인해 가짜 뉴스가 정교해지고 보다 빠르게 확산되어 더 큰 피해가 생길 수 있다.

가짜 뉴스란?

가짜 뉴스를 예방하고 이에 효과적으로 대응하기 위해서는 가짜 뉴스가 무엇인지 정확히 이해할 필요가 있다. 가짜 뉴스는 언론 보도의 형식을 띠고 사실인 것처럼 유포되는 거짓 뉴스를 의미한다. 이는 의도적으로 만들어지므로 실수로 인한 오보나 개인의 추측으로 만들어지는 소문과 구별된다. 이와 같은 사전적 정의와 달리 일반인들은 뉴스 형식이 아니거나 의도적인 조작이 없는 경우에도 가짜 뉴스라고 인식하는 경향이 있다.

양정애(2019)의 연구에 따르면, 대다수의 사람이 메신저를 통해 유포되는 찌라시(93%), 언론 보도 중에 사실 확인이 부족해서 생긴 오보(90%), 선정적 제목을 단 낚시성 기사(87%), 한쪽 입장만 전달하거나 전체 중 일부만 전달하는 편파적 기사(81%)를 모두 가짜 뉴스로 생각했다. 하지만 가짜 뉴스라는 용어를 남용하면 언론사의 표현의 자유를 위축시킬 우려가 있다. 앞서 언급했듯이 트럼프 대통령이 자신에게 비판적인 기사를 쓰는 언론을 가짜 뉴스라고 비난한 사례에서 쉽게 알 수 있다.

진실과 다른 정보를 지칭할 때는 가짜 뉴스보다 허위 정보라는 용어가 더 바람직하다(박일준·김묘은, 2020). 허위 정보는 언론사가 의도적으로 만든 가짜 뉴스와 검증 부족 때문에 실수로 만든 오보를 포함한다. 또한 개인이 고의로 퍼뜨리는 유언비어와 특별한 의도 없이 다른 사람에게 전달한 소문도 허위 정보에 해당한다. 허위 정보는 가짜 뉴스보다 더 폭넓게 사용될 수 있고, 언론사의 표현의 자유를 위축시키지 않는다. 이런 이유에서 필자도 다음에서 허위 정보라는 용어를 사용하겠다.

서울대 석학이 알려주는 자녀교육법 AI·디지털 리터러시

허위 정보의 생성과 전파

사람들은 어떤 심리에서 허위 정보를 만들까? 10대 청소년을 중심으로 장난삼아 허위 정보를 만들고 유포하는 일이 자주 발생한다. 아이들은 장난이라고 하지만 실제로 큰 피해가 발생할 수 있다. 예컨대 2023년 7월 서울 신림역에서 흉기 난동 사건이 발생한 이후 전국적으로 소셜 미디어에 살인을 예고하는 글이 등장했다. 놀랍게도 해당 글 중 절반 이상이 10대가 올린 것으로 밝혀졌다. 울산에서는 한 초등학생이 학교에서 흉기 난동이 발생할 거라고 예고해 휴교하는 사태가 발생했다. 충남에서도 소셜 미디어에 칼을 들고 있는 영상과 함께 천안 터미널에서 칼부림이 일어날 거라는 글을 남긴 10대가 검거되었다. 많은 10대가 소셜 미디어에서 주목받고 싶은 욕구와 결과를 예측하지 못하는 미성숙한 판단으로 허위 정보를 만든다. 하지만 허위 정보는 사회적 불안감을 높이고 예상치 못한 피해자를 만들 위험이 있어 장난이라고 치부하기 어렵다.

청소년과 달리 성인들은 정치적 목적에서 여론을 조작하거나, 특정 방향으로 분위기를 조성하기 위해 허위 정보를 생성한다. 2017년 미얀마에서 무슬림 소수 집단에 대한 광범위한 폭력 사태가 발생했는데, 페이스북에 유포된 허위 정보가 결정적인 역할을 했다. 당시 미얀마에서는 스마트폰이 급속히 보급되면서 많은 사람이 페이스북에 접근했고, 페이스북에는 로힝야족이 범죄를 저지르고 불교 공동체에 폭력을 행사한다는 수천 건의 허위 정보가 조작된 사진 및 영상과 함께 유포되었다. 당시 페이스북에서는 미얀마어를 구사하는 콘텐츠 검토자가 부족해 허위 정보를 적시에 삭제하지 못했고, 그 결과 로힝야족에 대한 참혹한 학살과 추방이 이어졌다. 이처럼 정치적 의도를 가진 개인이나 집단이 권력을 획득하기 위해 허위 정보를 만드는 사례는 빈번하게 발생한다. 2022년 우리나라 대선에서도 2만 5,000건 이상의 인터넷 게시글이 선거관리위원회에 의해 허위 사실 공표와 비방 등의 이유로 삭제되었다.

경제적 이유에서도 허위 정보가 생성된다. 유튜브와 같은 소셜 미디어에서는 방문자 수에 따라 광고 수익이 결정되므로 조회수를 높이기 위해 허위 정보를 만드는 경우가 있다. 연예인과 같은 유명인을 대상으로 진실과 거짓을 교묘하게 섞어 허위 정보를 만드는 것이다. 이를테면 유명 방송인이 희귀병에 걸려 거액의 치료비를 들였으나 아내와 세 자녀에게 100억 원의 빚을 남기고 사망했다는 허위 정보가 유포된 적이 있다. 여기서 유명 방송인이 아내와 세 명의 자녀가 있다는 정보는 사실이지만 그 외 정보는 거짓이었다. 이러한 허위 정보는 사람들의 호기심을 유발해 광고 수익을 얻으려는 목적에서 만들어진다.

허위 정보가 빠르게 전파되는 이유는 무엇일까? MIT 연구자들에 따르면, 허위 정보는 진짜 정보보다 더 빠르고 넓게 전파되는 특성을 가진다(Vosoughi et al., 2018). 연구자들은 2006년부터 2017년까지 트위터에서 450만 회 이상 공유된 약 12만 6,000건의 트위터 뉴스를 분석했다. 그 결과 허위 정보가 1,500명에게 전파되는 데는 평균 10시간밖에 걸리지 않았지만, 진짜 정보의 경우에는 평균 60시간이 걸렸다. 허위 정보가 6배 빨리 전파된 것이다. 또한 허위 정보는 진짜 정보보다 더 많은 사람에게 공유된다. 트위터에서 허위 정보를 리트윗할 가능성은 진짜 정보보다 70% 더 많은 것으로 나타났다.

허위 정보가 더 빠르고 넓게 전파되는 이유는 사람들의 호기심을 유발하는 새롭고 자극적인 내용이 많이 포함되어 있기 때문이다. 허위 정보에 대한 사람들의 댓글 반응을 살펴보면, 놀라움과 혐오 감정이 많이 포함되어 있다. 반면 진짜 정보에 대해서는 슬픔·기대·즐거움·신뢰 등의 감정적 반응이 다수를 차지한다. 허위 정보에 대한 강하고 부정적인 감정 반응이 전파 속도와 범위에 영향을 미치는 것으로 보인다.

허위 정보가 쉽게 전파되는 또 다른 이유는 허위 정보라도 자신의 신념과 일치하면 진실로 받아들이는 경향이 있기 때문이다. 이를 확증 편향Confirmation Bias이라고 하는데, 자신의 신념과 일치하는 정보를 더 쉽게 믿고 반대 정보는 무시하거나 왜곡하는 행동을 의미한다. 예컨대 정치적 신념에 따라 특정 정당의 주장에 쉽게 동의하거나 깊이 생각하지 않고 반대하는 경우가 있다. 주식 투자를 할 때 자신이 투자한 회사에 대해 유리한 정보만 받아들이고 불리한 정보는 무시하는 경우도 있다. 또한 자신이 좋아하는 건강 보조제는 효능에 대한 과학적 증거가 불충분하더라도, 건강에 도움이 된다는 주변인의 이야기를 믿으려 한다. 허위 정보는 이러한 확증 편향적 생각으로 인해 재생산되고 확산된다.

최근 유튜브와 같은 소셜 미디어에서 인공지능 알고리즘이 사용자가 선호하는 콘텐츠만 계속 추천하는 필터 버블Filter Bubble 현상이 발생하고 있다. 이를테면 보수적인 성향을 가진 사람에게 진보적인 주장을 담은 콘텐츠를 추천하면 선호도가 떨어지기 때문에 보수적인 콘텐츠만 계속 추천하는 것이다. 필터 버블 현상은 확증 편향을 심화하고 허위 정보가 더 많이 전파되도록 한다. 아무리 허위 정보라 하더라도 계속 반복되면 진짜라고 믿는 사람이 증가한다.

무지와 불확실성으로 인해 허위 정보가 빠르게 전파되기도 한다. 우리는 낯선 대상에 공포의 감정을 느끼는데, 그로 인해 허위 정보를 쉽게 받아들이고 이를 다른 사람과 공유한다. 대표적인 예로 이슬람 공포증Islamophobia이 있다. 이슬람에 대한 무지와 편견으로 인해 발생하는 두려움과 적대감을 의미한다. 우리나라에서는 이슬람 문화권에서 온 사람을 만날 기회가 부족하고, 9·11 테러와 중동 전쟁 등을 통해 부정적인 뉴스를 많이 접했다. 이러한 맥락에서 2021년 아프가니스탄 난민에 인도적 특별체류 조치를 했을 때 SNS에 많은 허위 정보가 공유되었다. 그중에는 여성을 혐오하는 범죄가 증가할 것이라는 허위 정보도 있었고, 아프가니스탄 난민을 받아들이면 유럽처럼 경제적으로 큰 피해를 입을 것이라는 허위 정보도 있었다. 그

서울대 석학이 알려주는 자녀교육법 AI·디지털 리터러시

결과 "유럽처럼 되지 말자Don't be like Europe."라는 구호를 외치는 시위도 나타났다. 공포 감정과 허위 정보는 합리적인 의사결정을 저해할 우려가 있다. 미래에는 인공지능과 같은 기술 발달로 인해 불확실성이 더 높아져 허위 정보가 보다 많이 생산되고 더 널리 전파될 것으로 예상된다.

허위 정보에 대한 대응: 팩트체크

소셜 미디어에서는 허위 정보를 통제하기 위한 다양한 방안을 모색하고 있다. 특히 페이스북은 미얀마의 로힝야족에 대한 폭력 사건 이후 허위 정보의 통제를 강화하고 있다. 국제 사회에서 페이스북이 허위 정보를 제대로 통제하지 못한 것을 두고 부정적인 여론이 크게 형성되었기 때문이다.

페이스북은 외부의 독립적인 팩트체크 기관을 두고 허위 정보를 식별하고 있다. 만약 허위 정보가 발견되면 주의 표시를 하고 다른 사람이 접근하지 못하도록 조치한다. 필터링 기능을 이용해서 다른 사람에게 추천되지 않도록 하거나 게시물을 삭제하기도 한다. 영어 외에 세계 여러 나라의 언어로 작성된 허위 정보 역시 식별하고 있으며, 허위 정보를 유포하는 가짜 계정을 확인해 삭제하는 조치도 취한다. 예컨대 2022년 페이스북은 미국인으로 가장해 총기 소유를 지지하고 낙태에 반대하며 바이든 행정부를 비난하는 수십 개의 중국 계정을 발견했다. 중국이 페이스북을 통해 미국 정치에 개입하려는 것이 아닌가 하는 의심도 제기되었는데, 이렇게 적발된 가짜 계정은 모두 삭제되었다.

유튜브도 허위 정보에 대응하는 4R 정책을 펼치고 있다. 정책을 위반한 콘텐츠를 삭제하고Remove, 정책을 위반할 가능성이 있는 콘텐츠는 추천 횟수를 줄이고Reduce, 공신력 있는 뉴스나 정보는 더 많이 추천될 수 있도록 우선순위를 높이고Raise, 신뢰할 수 있는 크리에이터에게는 보상을 제공하는 것이다Reward. 유튜브는 이러한 정책을 적용해서 2021년 9월 코로나-19에 대한 허위 정보를 삭제했는데, 그 수가 13만 개가 넘었다. 그중에는 '백신을 맞으면 유전자가 변형된다', '마스크가 코로나-19를 예방하는 데 도움이 되지 않는다'와 같은 허위 정보들이 있었다.

그런데 소셜 미디어에서 임의로 뉴스를 삭제하면 표현의 자유가 제한되는 것 아닐까? 이를 방지하기 위해서는 정보의 팩트체크가 중요하다. 영국에서 풀팩트Full Fact라는 비영리단체는 팩트체크를 하는 대표적인 기관으로 자리매김했다. 풀팩트는 뉴스나 소셜 미디어에 공유되는 정보가 사실에 기반하고 있는지 공식 기록과 전문가 의견 등을 통해 검증하고, 웹사이트(https://fullfact.org)에 팩트체크 결과를 공개한다. 일례로 소셜 미디어에서 2024년 1월 일본에서 지진으로 인해 쓰나미가 발생했다는 뉴스와 함께 동영상이 공유되었는데,

서울대 석학이 알려주는 자녀교육법 AI·디지털 리터러시

풀팩트는 해당 동영상이 2011년 쓰나미가 발생했을 때 촬영된 영상이라는 것을 밝히고 어떤 점이 잘못되었는지 공개했다. 최근에는 데이터베이스에 저장된 정보와 뉴스를 자동으로 비교해 허위 정보를 발견하는 인공지능 시스템을 개발하고 있다. 허위 정보가 대량으로 생산되고 있다는 점에서 인공지능이 인터넷에서 허위 정보로 의심되는 내용을 자동으로 찾아 전문가에게 제공한다면 팩트체크의 효율성이 높아질 것이다.

우리나라에도 팩트체크를 하는 기관과 웹사이트가 있다. SNU 팩트체크(https://factcheck.snu.ac.kr)는 서울대학교의 언론정보연구소와 여러 언론사가 함께 협력해서 공공의 관심 사안에 대해 팩트체크를 하는 플랫폼이다. 이 웹사이트를 한번 방문해 어떤 정보가 가짜인지 살펴볼 필요가 있다. 누구나 정보의 진실성을 쉽게 알 수 있도록 '전혀 사실 아님', '대체로 사실 아님', '절반의 사실', '대체로 사실', '사실'의 범주로 구분하여 제시한다. 예를 들어 SNU 팩트체크는 2023년 "저출산이 지속되면 국민연금은 32년 뒤 고갈될 것이다."라는 주장에 대해 '절반의 사실'이라고 판단했다. 그 이유를 여러 전문가의 의견과 통계 자료 등을 참고해 자세히 설명했는데, 저출산은 국민연금 기금을 악화하는 원인이지만 보험료율, 수급 개시 연령 등의 변수를 고려하면 기금 고갈 시점을 6-14년 늦출 수 있다고 했다.

우리나라에서는 허위 정보를 유포하면 명예 훼손이나 무고죄로 처벌받을 수 있다. 그러니 허위 정보를 유포하는 행위가 장난이 아니라 범죄라는 인식이 필요하다. 2021년 허위 사실 유포와 무고죄로 재판받은 사례는 738건이고 그중 27%는 실형, 31%는 집행 유예, 22%는 벌금형을 선고받았다. 인터넷에서 허위 정보를 생성하고 유포하는 행위에 처벌을 강화해야 한다는 여론이 점차 증가하고 있다.

허위 정보 판별하기

허위 정보를 방지하기 위한 정부의 대책도 필요하지만, 다른 한편으로 각 개인이 허위 정보를 스스로 판단하고 공유하지 않도록 주의를 기울여야 한다. 자녀에게 허위 정보를 예방하는 방법을 가르치기 위해 무엇을 알아야 하는지 살펴보자.

첫째, 출처가 명확하고 신뢰할 수 있는 기관인지 확인해야 한다. 출처가 없거나 이름이 유사한 기관을 사칭할 수 있다. 이때 웹사이트의 주소를 자세히 보아야 한다. 정부 기관이 운영하는 웹사이트의 주소는 'go.kr'로 끝나고, 교육 기관의 웹사이트는 'ac.kr'을 사용한다. 예컨대, 교육부의 웹사이트 주소는 'https://www.moe.go.kr'이고 서울대학교의 웹사이트 주소는 'https://www.snu.ac.kr'이다. 반면 영리 회사가 만든 웹사이트는 'co.kr'이나 '.com'을 사용한다. 정부 기관이나 교육 기관의 웹사이트는 영리적인 목적이 없거나 적기 때문에 신뢰도가 더 높다. 영리 회사는 수익 창출을 위해 허위 정보를 만

서울대 석학이 알려주는 자녀교육법 AI·디지털 리터러시

들 가능성이 있기 때문이다.

한 가지 예로, 코로나-19 팬데믹 시기에 유산균 음료가 코로나 예방에 효과적이라는 연구 결과가 발표되고 유산균 음료의 판매량이 증가했다. 해당 연구는 유산균 음료를 생산하는 회사에 의해 실시되었으며, 회사가 나서 연구 결과를 홍보했다. 이후 연구 결과가 허위 정보로 알려지면서 비판의 목소리가 높아졌고 불매 운동이 일었다.

작성자가 해당 분야의 전문가인지, 신뢰할 만한 사람인지 확인하는 것도 필요하다. 과거에 썼던 글을 찾아 읽어보거나 저자의 평판을 검색해 보고, 의심스러운 정보가 있다면 최초 작성자가 누구인지 확인하는 것이 필요하다. 소문이 퍼지면 원래 의도와 다르게 변질되는 경우가 종종 있기 때문이다. 그리고 발행 날짜를 확인해 오래된 뉴스가 재배포된 것은 아닌지 검토해야 한다. 과거에 있었던 일을 지금 발생하고 있는 것처럼 말하는 경우 허위 정보일 가능성이 높다. 또한 다양한 출처를 비교해 교차 검증을 하는 것도 허위 정보를 판정하는 데 도움이 된다. 특정 사안에 관해 한 사람만 이야기하는 것이 아니라 여러 사람이 동일한 이야기를 한다면, 해당 정보의 신뢰성이 높아진다.

오늘날 인터넷이 발달하면서 국내외 다양한 기관에 정보를 검색해 팩트체크를 할 수 있게 되었다. 문자뿐 아니라 이미지 검색도 가능하다. 특정 이미지가 허위로 조작된 것 아닌지 의심되면 구글

(https://www.google.co.kr/imghp)에서 제공하는 리버스 이미지 검색 기능을 이용해 출처를 확인할 수 있다. 구글에 이미지를 업로드하면 유사한 이미지가 포함된 웹페이지를 찾아 주는데, 원본 이미지가 의도적으로 조작된 것인지 확인할 수 있다.

둘째, 허위 정보인지 판단하기 위해 육하원칙에 따라 분석할 수 있다. 디지털리터러시교육협회는 Who, Why, What, How, When, To Whom 질문을 통한 허위 정보 판단 방법을 제안했다(박일준·김묘은, 2020). 예컨대 다음과 같은 질문을 할 수 있다.

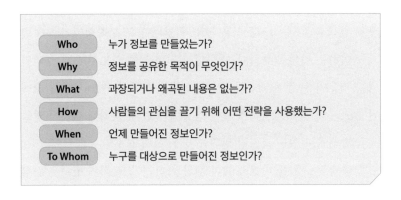

Who	누가 정보를 만들었는가?
Why	정보를 공유한 목적이 무엇인가?
What	과장되거나 왜곡된 내용은 없는가?
How	사람들의 관심을 끌기 위해 어떤 전략을 사용했는가?
When	언제 만들어진 정보인가?
To Whom	누구를 대상으로 만들어진 정보인가?

허위 정보일수록 다른 사람의 관심을 끌기 위해 특별한 방법을 동원한다. 대표적인 예가 낚시성 기사인데, 실제 기사 내용과 다르거나 과장된 제목을 제공함으로써 인터넷에서 해당 제목을 본 독자의 클릭을 유도한다. 허위 정보일수록 사실에 기반하기보다 자극적이고 선정적인 내용을 제공해서 사람들의 불안감과 공포심을 유발

서울대 석학이 알려주는 자녀교육법 AI·디지털 리터러시

한다. 그 결과 사람들이 허위 정보에 대해 합리적인 의사결정을 하지 못하는 경우가 종종 발생한다.

과학적인 연구나 통계 자료를 제공하는 경우에도 허위 정보일 가능성이 있다. 2016년 영국의 유력 시사 주간지 『이코노미스트The Economist』에 '아이스크림과 IQ'라는 기사가 실렸다. 기사는 OECD 국제성취도평가인 PISA 결과를 발표하면서 1인당 아이스크림 소비량과 읽기 성취도 간에 상관관계가 있다는 것을 밝혔다. 그 증거로 우리나라를 포함해 핀란드·캐나다·일본 등은 읽기 성취도와 아이스크림 소비량이 모두 높은 반면, 페루·브라질·멕시코·카자흐스탄 등은 읽기 성취도와 아이스크림 소비량이 모두 낮다고 했다.

기사에는 마치 아이스크림이 읽기 성적에 긍정적인 영향을 미치는 것과 같은 표현이 나왔는데, 이는 정확한 표현이 아니다. 아이스크림 소비량과 읽기 성적 간의 상관관계를 보여 주는 통계 자료가 제공되었지만, 인과관계를 뒷받침하는 근거는 없었다. 상관관계와 인과관계는 엄연히 다른 개념으로, 상관관계에서는 어떤 하나가 다른 변인보다 항상 앞서서 발생하는 것이 아니며 두 변인 간의 관계를 다른 방식으로도 설명할 수 있다. 이를테면 부유한 국가일수록 학생들의 아이스크림 소비량과 읽기 성적이 모두 높을 가능성이 있다. 상관관계를 보여 주는 데이터가 정확하더라도 이를 인과관계로 잘못 설명하면 허위 정보일 가능성이 있다.

셋째, 다른 사람의 주장에 무조건 동조하기보다는 비판적으로 생각하는 습관을 길러야 한다. 우리는 많은 사람이 생각하는 대로 따라가려는 경향이 있는데, 이를 동조 현상이라고 한다. 솔로몬 애시 Solomon Asch는 한 명의 실제 참가자와 여러 명의 연기자가 참여하는 동조 실험을 실시했다(Asch, 1951). 길이가 서로 다른 세 개의 줄을 보여 주면서, 기준이 되는 또 다른 줄과 길이가 같은 줄을 말하도록 했다. 그러자 과제를 혼자 수행할 때는 정확히 판단하는 사람도 여러 명의 연기자가 잘못된 응답을 할 때는 그 응답을 따라가는 경향을 보였다. 이때 실험 참가자는 다른 사람들이 연기자라는 것을 모르고 과제에 참여했다. 약 75%의 참가자가 적어도 한 번은 그룹의 잘못된 판단에 동조한다고 알려져 있다. 이러한 동조 현상은 소셜 미디어에서도 자주 발생하며, 허위 정보가 유포되는 원인이 되기도 한다.

허위 정보에 동조하지 않기 위해서는 인터넷에 공유되는 정보가 믿을 만한 근거를 가지고 있는지 비판적으로 생각해야 한다. 가짜 정보가 섞여 있는 것은 아닌지, 상관관계를 인과관계로 잘못 해석한 것은 아닌지, 믿을 만한 통계 자료가 있는지, 주장이 한쪽으로 편향된 것은 아닌지 등을 생각해 보아야 한다.

권위 있는 사람이 이야기한다고 해서 모두 신뢰할 수 있는 것은 아니다. 교과서에 실린 내용이라고 해서 모두 믿을 수 있는 것도 아니다. 예컨대 일본 초등학교 교과서는 독도를 일본 고유의 영토라고 주장한다. 과학적 지식도 계속 변하기 때문에 과거에 진실이라고 여겨졌던 것도 시간이 흐르면 그 내용이 달라질 수 있다. 일례로

서울대 석학이 알려주는 자녀교육법 AI·디지털 리터러시

1930년대 명왕성이 처음 발견되었을 때는 지구와 유사한 크기라고 알려졌는데, 이후 달보다 작은 것으로 밝혀지면서 2006년 국제천문연맹은 명왕성을 태양계 행성에서 제외했다. 현재 명왕성은 더 이상 행성이 아닌 왜소 행성으로 분류된다. 이처럼 지식은 시간의 흐름에 따라 변할 수 있으므로 최신의 과학적 지식에 기반해 정보를 평가할 필요가 있다.

넷째, 허위 정보가 전파되는 원인 중 하나인 확증 편향적 생각을 경계해야 한다. 확증 편향을 방지하기 위해서는 특정 사안에 대해 자신과 다른 관점에서 생각해 보는 것이 바람직하다. 찬성과 반대 입장이 있을 때는 각각의 주장을 뒷받침하는 근거를 조사할 필요가 있다. 실생활에서 마주치는 문제 중 하나의 정답만 존재하는 경우는 거의 없기 때문이다. 이런 이유에서 자녀와 함께 사회적 이슈에 대해 논변Argumentation을 자주 하면 확증 편향적 사고를 예방하는 데 도움이 된다.

예를 들어 청소년이 카페인을 섭취하는 것에 대해 찬성과 반대 입장을 모두 생각해 보고 결론을 도출해 볼 수 있다. 자녀가 카페인 음료를 먹으면 주의 집중력이 높아지고 공부에 도움이 되며 피로감이 줄어든다고 말하면, 반대 입장에서 카페인을 자주 섭취하면 청소년의 불안감이 증가하고 수면 장애가 발생하거나, 카페인 중독으로 이어질 수 있음을 이야기해 보자. 이처럼 상반되는 입장을 통합하거나, 자신과 다른 입장에 대해 근거를 가지고 반론을 제기하는 연습이 중요하다.

논변을 통해 다양한 입장을 이해하고 합리적인 의사결정 방법을 배우면 확증 편향적 사고도 줄어든다. 소셜 미디어와 인터넷 커뮤니티에서 비슷한 관심사를 가진 사람들과 계속해서 대화하면 특정 신념이 더 강화될 우려가 있다. 이를 에코 체임버Echo Chamber라고 하는데, 닫힌 방에서 메아리가 반복되는 것처럼 반대 의견이 부재한 상태에서는 그룹원들의 편향된 생각이 반복되고 강화될 우려가 있다. 에코 체임버는 자신의 생각이 보편적으로 받아들여진다고 현실을 왜곡하거나, 다른 입장을 가진 사람과 대화하지 못하도록 한다. 이를 방지하기 위해 자녀가 소셜 미디어에서 제공하는 정보를 다양한 관점에서 생각해 볼 수 있도록 적극적으로 도울 필요가 있다.

비판적으로 사고하기

이 장에서는 가짜 뉴스가 허위 정보의 한 유형이며, 허위 정보로 인해 다양한 피해가 발생한다는 것을 배웠다. 특히 오늘날에는 소셜 미디어를 통해 다양한 허위 정보가 만들어지고 급속히 유포되고 있으므로, 허위 정보를 예방하기 위해 누구나 허위 정보의 피해자면서 가해자가 될 수 있다는 생각을 가져야 한다. 우리가 소셜 미디어에서 무심코 누른 공유 버튼이 허위 정보가 전파되는 통로가 될 수 있다.

그러니 앞으로 공유 버튼을 누르기 전에 허위 정보가 아닌지 한 번 더 생각해 볼 필요가 있다. 지인이 공유한 뉴스를 공인된 언론이 말한 것처럼 믿는 경향이 있는데, 그보다는 육하원칙에 따라 분석하고 타당한 근거가 있는지 비판적으로 생각해야 한다.

자녀에게도 인터넷에 허위 정보가 있을 수 있다는 점을 가르쳐야 한다. 나이가 어릴수록 자신과 친하거나 권위 있는 사람의 이야기를 그대로 믿는 경향이 있다. 다양한 관점을 이해하고 구체적인 근거를 가지고 주장의 타당성을 분석하는 능력은 허위 정보를 예방하는 데 도움이 될 뿐 아니라, 자녀의 비판적 사고력과 문제해결력을 높이는 데도 효과적이다.

자녀와 함께 인터넷 뉴스를 보다가 허위 정보를 발견했을 때는 다음과 같이 질문해 보자. 진짜라고 생각한다면 그 이유가 무엇일까? 출처가 어디일까? 믿을 만한 작성자인가? 주장을 뒷받침하는 근거는 타당한가? 과장되거나 잘못된 내용은 없을까? 반대하는 사람은 어떻게 생각할까? 그러면 자녀 스스로 허위 정보를 찾고 비판적으로 사고하는 능력을 기를 수 있을 것이다.

4장

SNS
건강하게 사용하기

전 세계 사람들은 SNS를 통해 연결되고 정보를 공유한다. 하지만 SNS를 과도하고 부적절하게 사용해 다양한 문제가 발생하기도 한다. 자녀가 사이버 폭력이나 범죄로부터 자신을 안전하게 보호하고 SNS를 건강하게 사용할 수 있도록, 건강한 SNS 사용법을 알아보자.

SNS, 재밌지만 위험한 놀이터

최근 SNS 혹은 소셜 미디어는 이용한 적 없는 사람을 찾기 어려울 정도로 많은 사람이 사용하고 있다. SNS는 아이들에게도 새로운 놀이터로 떠오르고 있다. 아이들은 SNS에서 자기를 자유롭게 표현하고 다른 사람과 관계를 맺는다. 또한 다른 사람이 만든 콘텐츠를 보면서 공감하고 즐긴다. '틱톡 챌린지'가 그 대표적인 예다. 아이들은 틱톡이라는 소셜 미디어에 나오는 유명인의 춤 동작을 따라 추면서 각자의 개성과 재능을 표현한다. 틱톡 챌린지에 참여해 자신만의 동영상을 만들어 공유하는 것은 청소년들의 즐거운 놀이가 되었다. 다른 친구의 챌린지 동영상에 '좋아요'를 누르고 댓글을 남기면서, 서로 생각을 나누고 취미가 비슷한 친구를 사귄다. 이처럼 새롭고 즐거운 놀이터가 된 SNS는 아이들의 마음을 사로잡고 있다.

그러나 SNS는 위험한 놀이터이기도 하다. SNS에서 불특정 다수와 익명으로 소통하는 경우가 많기 때문이다. 온라인에서는 실명이 아니라 아이디로 소통하기 때문에 이를 악용할 가능성이 있다. 실제로 SNS라는 가상 공간에서 다른 학생을 따돌리거나 괴롭히는 사이버 폭력, 온라인 성폭력 등의 범죄가 일어나기도 한다. 한 사례로 A양은 초등학교 때부터 SNS에서 만난 사람들과 '멤버 놀이'라 불리는 역할극에 자주 참여했다. 일명 '멤놀'이라는 줄임말로 불리기도 했던 멤버 놀이는 온라인 채팅방에 소규모 학생들이 모여 아이돌 그룹의 특정 멤버가 된 것처럼 역할극을 하는 것이었다. 온라인 익명 채팅방에서 멤버놀이에 푹 빠져 있던 A양은 다른 참여자와의 관계가 악화되면서 사이버 폭력에 노출되었다. 가해자는 A양의 사진·이름·학교·전화번호 등을 SNS에 유포하고 A양을 단체 채팅방에 초대해 심한 비속어를 포함한 모욕적인 발언을 했다.

또 다른 사례로 불특정 다수와 소통하는 과정에서 '온라인 그루밍Online Grooming'이라는 범죄에 노출되기도 한다. 원래 그루밍이란 마부가 말을 빗질해 주고 목욕을 시켜 단정하게 만들어 주는 것을 의미하는데, 온라인 그루밍은 인터넷에서 성인이 청소년을 대상으로 신뢰를 쌓아가면서 점차 성적으로 착취하거나 학대하는 행위를 지칭한다. 예컨대 초등학생 B양은 채팅 앱을 통해 성인 남성 C씨와 자주 대화를 나누었다. 이 남성은 친근감을 형성하기 위해 선물을 사주고 친절하게 대해 주었다. 어느 정도 신뢰관계가 형성된 다음 C씨의 끈질긴 요청에 따라 대면 만남이 이루어졌고, 이후 여러 차례 성폭행이 발생했다. 이 사건은 피해자의 직접적인 신고로 밝혀진 것이 아니라, B양을 상담한 교사의 고발로 세상에 알려졌다.

온라인 그루밍 사건은 피해자가 가해자에게 미안한 감정을 느끼거나 자신의 개인정보가 SNS에 급속히 퍼지는 것을 두려워해서 신고가 늦어지는 경우가 자주 있다. 2020년 세상을 놀라게 한 'n번방 사건'에서도 SNS를 통해 미성년자에게 접근해 성 착취물을 촬영하도록 강요한 범죄가 발생했다. 그런데 피해자가 자신의 신체 사진이나 동영상이 SNS에 유포되는 것을 두려워해서 피해자의 신고가 잘 이루어지지 않았다.

SNS의 유해한 콘텐츠를 모방하다가 위험에 처하는 경우도 있다. 매시간 SNS에 공유되는 수많은 콘텐츠 중에는 비교육적이거나 건강에 해로운 내용도 포함되어 있다. 그럼에도 어린아이들은 SNS의 인기 콘텐츠를 무비판적으로 받아들이는 경향이 있다. 예를 들어 2021년 미국에 사는 8세 아이가 SNS에서 유행한 '목을 조르는 게임'을 보고 따라 하다가 사망한 사건이 발생했다. 또한 우유 상자를 높

서울대 석학이 알려주는 자녀교육법 AI·디지털 리터러시

게 쌓아 놓고 위에 올라가는 '우유 상자 챌린지'를 따라 하다가 우유 상자가 무너지면서 크게 다치는 일도 있었다. 서 있는 사람 뒤에서 종아리를 걷어차 넘어지게 하는 '스컬 브레이커Skull Breaker 챌린지'를 하다가 뇌 손상을 입은 사건도 있었다. 이처럼 SNS의 유해한 콘텐츠를 무비판적으로 수용하고 모방할 경우 심각한 위험에 처할 우려가 있다.

청소년들은 SNS를 하며 오랜 시간을 보내므로 발생 가능한 위험으로부터 자녀를 안전하게 보호하는 것이 매우 중요하다. 김나연(2023)의 연구에 따르면, SNS를 사용하는 10대(78%)는 20대(90%)보다 적지만 평균 사용 시간은 더 길다. 10대는 SNS를 주중에 하루 평균 59분 사용하고, 20대는 평균 52분, 30대는 평균 34분, 40대는 평균 28분을 사용한다. 주말에는 10대가 82분, 20대가 68분, 30대가 42분, 40대가 34분을 사용한다. 이처럼 10대가 SNS에서 많은 시간을 보낸다는 것은 그만큼 유해한 콘텐츠나 온라인 범죄에 노출될 위험이 크다는 것을 의미한다. 그러므로 자녀가 SNS를 안전하고 건강하게 사용할 수 있도록 어떻게 도울지 고민할 필요가 있다.

SNS의 주요한 기능과 특징

SNS는 소셜 네트워킹 서비스Social Networking Service의 줄임말로, 자신과 비슷한 관심사를 가진 사람들과 사회적 관계를 형성하기 위해 사용하는 소셜 미디어 플랫폼의 한 유형이다. 그리고 소셜 미디어는 가상의 공간에 콘텐츠를 생성하고 서로 공유하도록 돕는 상호작용적 테크놀로지를 의미한다. 블로그와 유튜브는 글·이미지·동영상을 공유하는 대표적인 소셜 미디어다. 사람들 간의 관계 형성보다 콘텐츠의 생성과 공유를 핵심 기능으로 삼는다는 점에서 전형적인 SNS인 X(구 트위터), 인스타그램, 페이스북과 차이가 있다. 그렇지만 우리나라에서는 소셜 미디어라는 용어보다 SNS라는 용어가 더 많이 알려져 있고 서로 혼용해서 사용된다.

SNS의 대표격인 페이스북을 중심으로 SNS의 주요 기능을 살펴보면 다음과 같다. 첫째, 자신을 소개하기 위해 프로필을 작성할 수 있다. 프로필을 통해 자신의 사진·학력·경력·관심사 등을 다른 사람들과 공유하며 새로운 관계 형성을 위한 준비를 한다. 둘째, 친구로 추가하거나 '팔로우'를 통해 다른 사람과 연결된다. 친구를 신청하고 상대방이 수락하면 친구 관계가 형성되는데, 상호 동의 없이 맺어지는 팔로우 관계보다 더 넓은 범위의 콘텐츠를 공유할 수 있다. 셋째, 자신의 생각을 글·이미지·동영상 등의 형태로 공유할 수 있다. 사용자는 게시물을 전체에게 공개할지, 친구에게만 공개할지 정할 수 있다. 넷째, 다른 사람의 게시물에 댓글을 남기거나 '좋아요' 버튼을 누르는 방식으로 상호작용할 수 있다. 다섯째, 특정 관심사나 목적을 공유하는 사람들과 그룹을 형성하거나, 페이지를 만들어 공동체 활

서울대 석학이 알려주는 자녀교육법 AI·디지털 리터러시

동을 할 수 있다. 여섯째, 메신저를 통해 다른 사람과의 채팅·영상 통화가 가능하다. 앞서 열거한 기능 외에도 다양한 SNS가 존재하는 만큼 더 많은 기능이 있다. 이러한 기능들은 다른 사람과 쉽게 관계를 형성하고, 콘텐츠를 공유하며 상호작용을 통해 소셜 네트워크를 넓혀 가도록 돕는다.

한국언론진흥재단의 2022년 보고서에 따르면, 10대 청소년이 가장 많이 사용하는 SNS는 인스타그램(81.6%)이며, 페이스북(46.1%)과 트위터(21.9%)가 그 뒤를 이었다. 인스타그램은 페이스북을 만든 메타 회사에서 운영하며 주로 사진과 동영상을 공유하는 플랫폼이다. 사진과 동영상에 다양한 필터와 효과를 적용할 수 있다는 장점이 있다. 예컨대 필터를 사용하면 사진 속 인물의 피부를 깨끗하게 만들거나 얼굴 윤곽을 세련되게 조정할 수 있고, 고양이·개 등의 귀와 코를 얼굴에 추가해 재미있는 영상을 만들 수 있다. 그리고 인스타그램은 '스토리'라는 흥미로운 기능을 제공하는데, 이 기능을 사용하면 게시물이 24시간 이후 자동으로 삭제된다. SNS에서 게시된 글이나 이미지는 삭제하지 않으면 영구적으로 남는데, 스토리 기능은 그로 인해 생기는 부작용을 줄여 주는 데 유용하게 사용되고 있다.

인스타그램이 10대에게 가장 인기 있는 이유 중 하나는 비욘세, 아리아나 그란데, 메시, 호날두와 같은 유명 인사들이 자신의 일상이나 특별한 순간을 이곳에 공유하고 팬들과 소통하기 때문이다. 10대 청소년은 SNS에서 좋아하는 연예인이나 운동선수들의 최신 정보를 얻고 '좋아요' 버튼과 댓글을 통해 생각과 감정을 나눈다.

10대 청소년이 가장 많이 사용하는 온라인 동영상 플랫폼으로는 유튜브가 97.3%를 차지했다(한국언론진흥재단, 2022). 그다음은 유튜브 영상을 30초 내외 동영상으로 짧게 편집한 유튜브 '쇼츠Shorts', 인스타그램 릴스, 틱톡 순으로 나타났다. 유튜브 쇼츠, 인스타그램 릴스, 틱톡과 같은 동영상 플랫폼은 15초에서 90초 사이의 짧은 숏폼Short Form 콘텐츠를 공유한다는 특징을 가진다. 짧은 시간에 핵심을 전달하기 위해 자극적인 내용을 포함하는 경우가 많다.

10대의 주의 집중 시간이 짧다는 점을 고려할 때 즉각적인 만족감을 제공하는 숏폼 콘텐츠는 그 인기가 점점 더 높아질 것으로 예상된다. 더욱이 스마트폰을 이용하면 누구나 쉽게 짧은 동영상을 만들고 공유할 수 있으므로 숏폼 콘텐츠에 청소년들의 관심이 증가하고 있다. 그러나 숏폼은 콘텐츠 하나의 길이는 짧지만 여러 개를 연속적으로 시청하는 경우가 많고, 그로 인해 총 시청 시간이 길어질 수 있으니 이 점에 주의를 기울여야 한다. 소셜 미디어 사용 시간이 길어질수록 대면 활동이 줄어들고, 신체적·정신적 건강에 부정적인 영향을 미치기 때문이다.

SNS의 두 얼굴

SNS의 주요한 특징들은 야누스의 얼굴처럼 장점과 단점을 모두 갖고 있다. 그러니 어느 측면을 부각하는지에 따라 자녀들의 SNS 사용을 권장할 수도, 금지할 수도 있다. 앞서 언급한 것처럼 대부분의 10대가 유튜브와 인스타그램 등을 사용하는 상황에서 SNS가 가져올 부작용을 줄이고 교육적 효과를 높이기 위해서는 SNS의 장단점을 정확히 이해하는 것이 필요하다. 다음 네 가지 특징을 중심으로 장단점을 살펴보자.

첫째, 전 세계 어디서든 SNS를 통해 다양한 사람들과 연결될 수 있다. SNS는 사람들이 지리적·문화적 경계를 넘어 소통하고 정보를 공유하는 공간을 제공한다. 이에 SNS는 최신 정보가 빠른 속도로 전 세계에 전파되도록 한다. 만약 최신 정보가 새로운 테크놀로지의 발명, 질병을 예방하는 방법, 지구 온난화의 위험처럼 모두에게 유용한 정보일 경우에는 많은 사람이 혜택을 얻을 수 있지만, 허위 정보라면 많은 사람이 불이익을 얻게 된다.

SNS에서 허위 정보는 진짜 정보보다 약 6배 빠른 속도로 전파되는 것으로 알려져 있다(Vosoughi et al., 2018). SNS를 통해 허위 정보가 신속하고 광범위하게 전파된다면 사회적 혼란과 경제적 불이익이 생길 수 있다. 예컨대 2023년 파산한 미국 실리콘밸리 은행의 대규모 인출 사태의 원인 중 하나로 SNS를 통한 허위 정보의 전파가

지목되고 있다. 트위터·페이스북 등의 SNS가 파산에 대한 공포심을 확산한 결과 주가가 하락한 것으로 분석되었다.

둘째, SNS에서는 일방향 정보 전달이 아니라 쌍방향 온라인 상호작용이 이루어진다. 친구·가족 등과 일상을 공유하고 댓글·좋아요·공유 기능 등을 이용해 친밀감을 표현할 수 있다. 특히 대면 활동에 소극적인 청소년도 SNS를 통해 자신의 생각을 자유롭게 표현하고, 다른 사람들과 적극적으로 상호작용할 수 있다. 그렇지만 SNS에서는 기본적으로 익명성을 기반으로 상호작용이 이루어지기 때문에 악플을 달거나 무책임한 행동을 할 위험이 있다. 일례로 유명 치어리더가 X에서 자신에 대한 성적 발언을 일삼던 악플러를 고소했는데 초등학교 5학년으로 밝혀져 관계자들에게 충격을 주었다.

셋째, SNS에서 다른 사람과 지속적으로 상호작용하는 과정은 서로에게 긍정적 혹은 부정적 영향을 미친다. SNS에서는 특별한 의도가 없더라도 다른 사람과 대화하거나 콘텐츠를 소비하면서 새로운 정보와 지식을 자연스럽게 학습한다. 이러한 학습을 학교 교육과 구분하기 위해 무형식학습Informal Learning이라고 부른다. 예컨대 외국인과 기후 위기, 인종 차별, 교육 격차 등에 대해 정보를 교류하고 토론하는 과정에서 다른 지역에서 발생하는 현상을 이해하고, 문화와 인식의 차이를 파악할 수 있다.

그러나 무형식학습처럼 긍정적인 효과만 있는 것은 아니다. 사이버 폭력과 같은 부정적인 영향도 있다. 2022년 방송통신위원회와

서울대 석학이 알려주는 자녀교육법 AI·디지털 리터러시

한국지능정보사회진흥원이 조사한 결과에 따르면, 사이버 폭력의 21.2%가 SNS를 통해 일어나고, 남학생(12.5%)보다 여학생(33.1%)이 SNS의 사이버 폭력에 더 많이 노출된다. 사이버 폭력이 가장 많이 일어나는 곳은 온라인 게임이지만, SNS도 사이버 폭력으로부터 안전하지 않다. 사이버 폭력은 많은 청소년에게 우울감과 불안감을 일으키고, 심한 스트레스로 학업이나 교우관계에 문제가 발생하도록 한다.

마지막으로 SNS에서 사진·동영상 등의 멀티미디어 콘텐츠를 쉽게 공유하고, 알림 기능을 통해 최신 정보를 신속하게 확인할 수 있다. 대부분의 청소년은 스마트폰을 가지고 있기 때문에 자신의 생각을 사진과 동영상으로 자유롭게 표현하고 SNS에 공유할 수 있다. 인공지능 시대에 자녀에게 가장 필요한 역량 중 하나가 창의성인데, SNS에서 멀티미디어 콘텐츠를 만들고 공유하며 피드백을 주고받는 행동은 창의적 사고를 촉진하는 데 효과적이다. 또한 온라인에서 다른 사람과 소통할 기회가 많아져 의사소통 방법을 배울 수도 있다. SNS가 제공하는 다양한 이모티콘은 감정을 표현하는 데 효과적인 도구가 된다.

그렇지만 SNS에 과의존하면 인지적·정서적 발달에 부정적 영향을 미치게 된다. 소셜 미디어에 공유된 동영상을 통해 비속어를 배우거나 숏폼 콘텐츠를 자주 시청할 경우 주의력이 감소할 수 있다. SNS에서 자극적인 콘텐츠를 자주 시청하면, 오랜 시간을 들여 생각

해야 하는 일에 흥미가 줄어들고 언어와 인지 관련 두뇌 발달이 저해
될 수 있다.

건강한 SNS 사용법

앞서 살펴본 장단점은 SNS의 특징과 밀접하게 관련되어 있으며, 단
점을 모두 제거하고 SNS를 사용할 수는 없다. 그러므로 자녀에게 어
떻게 SNS를 잘 활용하고 어떤 점을 주의해야 하는지 가르쳐야 한다.
SNS를 창의적인 학습의 장으로 삼고 책임감 있게 사용하도록 하기
위해 자녀에게 가르쳐야 할 것들에 대해 살펴보자.

첫째, SNS를 학습 도구로 사용할 것을 권장한다. SNS에서 다른
사람이나 콘텐츠와 상호작용하는 과정에서 무형식학습이 이루어지
기 때문이다. SNS에서 유용한 학습자료를 검색하거나 교육기관을
팔로우하면 유용한 지식과 최신 정보에 쉽게 접근할 수 있다.

조지 시멘스George Siemens는 2000년대 중반에 연결주의
Connectivism라는 학습이론을 제안했다(Siemens, 2005). 이 이론에 따르
면 학습은 사람의 머리 안에서만 일어나는 것이 아니라, 외부 네트워
크에 연결됨으로써 다른 사람이나 콘텐츠와의 상호작용을 통해서도
이루어질 수 있다. 자녀가 SNS에서 하나의 노드Node가 되어 다른 노
드와 연결될 때 새로운 지식이 학습된다고 생각해 보자. 네트워크상

서울대 석학이 알려주는 자녀교육법 AI·디지털 리터러시

에서 또 다른 노드들과 긴밀히 연결되면 학습이 효과적으로 이루어질 것이다.

연결주의 관점에서 볼 때, SNS에서 어떻게 학습할 수 있는지 자녀에게 가르칠 필요가 있다. 예컨대 SNS에서 자녀와 함께 특정 주제에 대한 탐구 활동을 할 수 있다. 자녀가 음식에 관심이 있다면 함께 SNS에 음식을 검색해 여러 나라에서 어떤 음식을 선호하는지 파악하고, 그 음식들 간의 공통점과 차이점에 대해 대화를 나눌 수 있다. 음식 외에도 전 세계 수많은 사람이 운동·취미·진로 등 다양한 주제로 매일 SNS에 사진과 정보를 공유하고 있으니, 이를 활용하는 것이 좋다. SNS에 있는 교육 커뮤니티에 가입해 다양한 행사에 참여하거나, 다른 학생이나 전문가와 질의응답을 할 수도 있다. 예를 들어 한국과학창의재단에서는 초중등 소프트웨어 교육에 관심 있는 학생과 교사를 위해 페이스북 그룹을 운영한다. SNS에서는 자신과 유사한 관심 주제를 가진 사람을 쉽게 찾을 수 있으므로 학습 커뮤니티를 효과적으로 만들 수 있다.

블로그나 인스타그램을 자녀의 학습과 발달 과정을 기록하고 저장하는 포트폴리오로 활용하는 것도 좋다. 오랜 기간 자녀의 학습 경험을 글·사진·영상 등으로 저장하면, 시간이 흐른 뒤 자녀의 능력이 어떻게 향상되었는지 되돌아보는 데 유용한 자료로 활용할 수 있다. 예컨대 농구·축구·테니스·수영 등 운동하는 모습을 SNS 동영상으로 남길 수 있다. 실력이 향상되는 모습을 보고 다른 사람의 칭찬을 받으면 운동 동기가 향상될 것이다. 또한 SNS에 악기를 연습하는 장면이나 미술 작품을 지속적으로 축적해서 포트폴리오를 만드는 경우도 있다.

둘째, 대면 활동에서 예의를 지키는 것처럼 SNS에서도 네티켓이 필요함을 가르친다. 네티켓은 이메일, 소셜 미디어, 채팅방 등에서 지켜야 할 예절이나 규범을 의미한다. SNS에서는 익명으로 상호 작용하므로 무례하게 행동하는 경우가 종종 있는데, 입장을 바꾸어 상대방이 어떻게 생각하고 느낄지 고려해야 한다. 대면에서 다른 사람과의 관계를 잘 유지하기 위해 지켜야 하는 규범이 SNS에서도 그대로 적용됨을 알려 주어야 한다.

대면 상황과 달리 SNS에서는 예의를 지키지 않고 무례하게 행동해도 된다고 생각하면 큰 착각이다. 그러니 자녀가 SNS에 게시한 글이나 이미지를 보고 네티켓을 잘 지키는지 점검해야 한다. 비속어를 사용하거나 다른 사람에게 무례한 행동을 보인다면 그렇게 해서는 안 되는 이유를 같이 이야기해 주자.

자녀가 네티켓을 아무리 잘 지킨다고 하더라도 자녀의 SNS에 악플을 다는 사람이 있을 수 있다. 악플은 악성 댓글의 줄임말로 인터넷에서 다른 사람의 외모·행동·의견 등에 비난하는 내용의 댓글을 작성하는 것을 의미한다. 여러분의 자녀가 SNS 악플 때문에 힘들어한다면 어떻게 대처해야 할까?

많은 사람이 악플을 따라 하는 동조 현상을 방지하기 위해 조기

서울대 석학이 알려주는 자녀교육법 AI·디지털 리터러시

디지털 시민으로 성장하기 위해 갖춰야 할 네티켓

❶ SNS에서 만나는 사람의 의견을 존중하고 예의를 지켜서 대화한다.

❷ 비속어를 사용하지 말고 인종, 성별, 종교에 대한 혐오 발언을 하지 않는다.

❸ 다른 사람의 게시물에 댓글을 남길 때에는 상대방의 입장을 생각하고 자신의 게시물에 대한 댓글에 감사의 마음을 표시한다.

❹ SNS에서 토론을 할 때 과도한 감정적인 반응이나 비난을 하지 않는다.

❺ 철자와 문법을 지켜서 명확하고 논리적으로 글을 작성함으로써 긍정적인 인상을 남긴다.

❻ 자신의 개인정보를 보호하고 다른 사람의 허락 없이 사진이나 동영상을 공유하지 않는다.

❼ 사진이나 게시물에 타인을 태그할 때 사전에 동의를 받는다.

❽ 정보의 출처를 확인하고 허위 정보를 SNS에 공유하지 않는다.

❾ SNS에 게시물을 올리기 전에 영구적으로 남을 수 있다는 점을 고려해서 신중하게 행동한다.

❿ 다른 사람의 실수나 오해를 이해하고 용서하는 태도를 가진다.

출처: Shea(1994).

에 포털과 SNS 사업자에게 삭제를 요청해야 한다(박일준·김묘은, 2020). 대부분의 악플은 근거가 빈약하고 다른 사람의 입장을 전혀 고려하지 않으므로 단호하게 대처하는 것이 필요하다. 악플로 인한 자녀의 정신적 고통에 공감하며 악플이 더 이상 확산되지 않도록 해야 한다. 잘못이 있다면 귀 기울여 듣고 비판을 수용할 필요가 있지만, 사실이 아닐 경우에는 악플을 무시하고 주의를 기울이지 않도록 하는 것이 자녀의 정신건강을 위해 바람직하다. 이러한 과정이 자녀에게 무척 힘들 수 있으므로 스스로 스트레스를 조절하고 감정을 잘 통제할 수 있도록 도와야 한다.

셋째, 유해 콘텐츠로부터 자녀를 안전하게 보호해야 한다. SNS에서 자녀가 유해 콘텐츠에 접근하지 못하도록 설정할 수도 있으나, 모든 유해 콘텐츠를 사전에 차단하는 것은 불가능하다. 따라서 SNS에서 유해 콘텐츠를 발견하면 즉시 신고해야 한다. 페이스북·인스타그램·틱톡·유튜브에서는 사용자들이 유해 콘텐츠를 신고하고 차단하는 기능을 제공한다. SNS 플랫폼에 따라 신고 메뉴에 접근하는 방식이 다르지만, 일정한 절차를 거쳐 유해 콘텐츠를 신고할 수 있다. SNS 회사에서 해당 콘텐츠에 대한 검토를 거쳐 문제가 발견되면 차단하거나 게시자에게 벌칙을 줄 수 있다.

우리나라 방송통신심의위원회 웹사이트(https://www.kocsc.or.kr)에서도 불법 및 유해 정보를 신고할 수 있다. 이 웹사이트에서는 음란물, 명예훼손, 사이버 스토킹, 해킹, 청소년 유해 매체물, 도박, 개인정보 거래 등 다양한 유해 콘텐츠를 신고할 수 있다. 유해 콘텐츠를 적극적으로 신고하는 행동은 자신의 자녀뿐 아니라, 우리나라 청소년의 건강한 SNS 사용을 돕는 데 기여한다. 그러므로 부모들이 SNS에서 공유되는 유해 콘텐츠를 신고하고 차단하는 데 힘을 합치고, 이러한 활동을 하는 비영리단체를 적극적으로 지원해야 한다.

SNS에 대한 자녀교육

자녀에게 SNS는 새롭고 재미있는 놀이터이면서 동시에 사이버 폭력과 범죄가 발생하는 위험한 공간이다. SNS를 통해 다양한 사람과 소통하고 최신 정보를 획득하는 것은 교육적으로도 바람직하다. 연결주의에서 주장하는 것처럼, 책 속에서 지식을 획득하는 것보다 SNS에서 더 많은 학습 기회를 가질 수 있다. 더욱이 SNS에서는 대부분의 활동이 자율적으로 이루어지고, 유사한 관심사를 가진 사람을 쉽게 만날 수 있어 학습 동기를 유발할 가능성이 높다. 다른 사람이 만든 멀티미디어 콘텐츠를 단순히 소비하는 것이 아니라 창의적인 콘텐츠를 스스로 만들고 공유하며, 다른 사람의 피드백을 받아 수정·보완한다면 창의적 사고력을 기르는 데도 효과적일 것이다. 그러니 SNS를 교육적으로 유용하게 활용하는 방안에 더 많은 관심을 가져야 한다.

그러나 SNS의 과도하고 부적절한 사용으로, 삶의 만족도가 떨어지고 범죄에 노출될 가능성이 높아진다는 것을 명심해야 한다. SNS가 자녀에게 미치는 부정적인 영향을 줄이기 위해 SNS를 건강하게 사용하는 법을 가르칠 필요가 있다. 대면 상황에서 예절을 지켜야 하는 것처럼 SNS에서도 네티켓을 지켜야 하고, 일상생활에서 다른 사람과의 관계를 유지하기 위해 필요한 규범이 SNS에도 동일하게 적용됨을 일러주자. 다만 SNS의 고유한 특성에도 주목할 필요가 있다. 비언어적 상호작용이 부족해서 오해가 발생하거나, 익명성으로 인해 다른 사람에게 피해를 주는 일이 자주 발생하기 때문이다. 이런 점을 고려해 SNS를 책임감 있게 사용하고, 사이버 폭력이나 범죄로부터 자신을 안전하게 보호할 수 있도록 지도해야 한다. SNS에서 다른 사람을 존중하면서 효과적으로 상호작용하는 법을 배우는 것은 디지털 시민으로 성장하는 데 큰 도움이 될 것이다.

개인정보,
스스로 보호하자

디지털 시대에는 개인정보가 유출되어 보이스피싱과 같은 범죄에 악용되는 사례가 증가하고 있다. 개인정보에는 이름, 주민등록번호, 주소뿐 아니라 SNS 사진과 웹사이트 검색 내역도 포함된다. 어떻게 하면 자녀의 개인정보를 안전하게 보호할 수 있을지 살펴보자.

개인정보 유출에 따른 피해

인터넷에서 개인정보가 유출되어 많은 사람이 피해를 보고 있다. 대표적인 예로 보이스피싱 사건이 있다. 보이스피싱 사건의 피해자는 심각한 정신적·경제적 고통을 겪는다. 보이스피싱에는 SNS를 포함한 다양한 경로로 유출된 개인의 이름·사진·목소리 등이 사용된다. 인공지능 기술이 발달하면서 보이스피싱 범죄도 더 지능화되고 있다.

예를 들어 캐나다 앨버타에 거주하는 벤저민의 부모는 변호사를 자처하는 한 사람에게 전화를 받았는데, 아들이 교통사고를 일으켜 미국인 외교관을 사망케 했으며 현재 수감 중이라는 내용이었다. 전화로 아들과 통화한 다음 한화로 약 2,000만 원에 이르는 소송비용을 송금했다. 하지만 실제로 아들은 수감되지 않았고 보이스피싱에 사기를 당한 것으로 밝혀졌다. 아들의 목소리도 SNS에서 유출된 음성을 딥페이크 기술로 복제한 것이었다. 최근에는 딥페이크 기술을 이용해서 실제와 구분하기 어려울 정도로 정교한 영상을 만들어지고 있으며, 이러한 기술을 활용한 영상통화가 사기 범죄에 활용되고 있다.

인터넷에서 유출된 개인정보는 사기 범죄에서만이 아니라 정치적인 목적으로도 악용될 수 있다. 개인정보를 이용해 어느 정당 혹은 어떤 후보를 지지할 것인지 쉽게 예측할 수 있기 때문이다. 데이터 분석 회사 케임브리지 애널리티카Cambridge Analytica는 '디스 이즈 유어 디지털 라이프This is Your Digital Life'라는 퀴즈 앱을 통해 페이스북 사용자의 개인정보를 동의 절차 없이 대량으로 수집했다. 이는 개인정보 수집 시 페이스북 사용자의 명시적 동의를 받아야 하며, 법적으로 동의된 범위 내에서만 해당 정보를 활용해야 한다는 규정을 위반한 것이었다. 이렇게 수집된 개인정보는 2016년 미국 대통령 선거의 도널드 트럼프 선거 캠페인에서 유권자의 특성을 고려한 홍보 전략을 수립하는 데 활용되었다. 이는 개인정보를 정치적 목적으로 악용

서울대 석학이 알려주는 자녀교육법 AI·디지털 리터러시

한 대표적인 사례로, 민주적이고 공정한 선거를 저해했다는 점에서 심각한 우려를 낳았다. 이 사건의 여파로 페이스북은 개인정보 보호 실패에 대한 책임을 지고 법적 처벌을 받았다.

개인정보 유출에 따른 피해를 방지하기 위해서는 각자 자신의 정보를 안전하게 보호하고 유출을 방지하기 위해 노력해야 한다. SNS에서 글·사진·동영상 등을 공유할 때 각별한 주의를 기울여야 한다. 미국의 유명 배우 기네스 팰트로Gwyneth Paltrow가 스키장에서 딸과 함께 찍은 사진을 인스타그램에 공유했다가 딸이 자신의 허락 없이 사진을 공유한 것에 불쾌감을 나타낸 것이 화제가 된 적이 있다. 이처럼 부모가 자녀의 사진을 SNS에 게시하는 행위를 공유share와 양육parenting의 합성어인 '셰어런팅sharenting'이라고 부른다.

우리 주변에도 자녀가 성장하는 모습을 사진과 동영상으로 촬영해서 SNS에 공유하는 부모를 흔하게 볼 수 있다. 그렇지만 부모가 공유한 SNS 게시물을 통해 자녀의 개인정보가 유출될 수 있고, 자녀의 동의가 없다면 프라이버시 침해로 간주될 수 있다. 2016년 캐나다에서는 당시 13세였던 소년이 부모가 영유아 시절 자신의 나체 사진을 SNS에 10년간 게시한 것에 대해 소송을 제기한 사건이 있었다. 소년은 한화로 3억 원의 합의금을 요구했다. 이는 매우 극단적인 사례이긴 하지만, 부모의 SNS 활동이 자녀의 프라이버시를 침해하고 개인정보 보호에 심각한 영향을 미칠 수 있다는 것을 보여 주는 상징적인 사건이었다.

그러므로 자녀의 개인정보가 SNS를 통해 유출되는 것을 방지하기 위해 노력해야 한다. 자녀와 함께 찍은 사진을 게시하기 전에 자녀의 동의를 구하는 것도 간단하지만 의미 있는 실천이 될 것이다. 이는 자신의 정보가 중요한 만큼 다른 사람의 정보도 안전하게 보호해야 한다는 의미를 가진다. 부모가 책임감 있는 행동을 보여 주면, 자녀도 타인의 개인정보를 존중하고 보호하는 디지털 시민으로 성장할 것이다. 다음에서는 개인정보의 의미와 유출 경로를 살펴보고, 개인정보 보호를 위한 첨단 기술과 실천 방안에 대해 검토하겠다.

개인정보 관리의 중요성

우리나라 개인정보보호법에 따르면, 개인정보는 성명·주민등록번호·주소·직장·전화번호·영상 등 개인을 알아볼 수 있는 모든 정보를 말한다. 해당 정보만으로 개인이 누구인지 알 수 있다면 개인정보다. 예컨대 이메일 주소에서 상대를 식별할 수 있기 때문에 이메일 주소도 개인정보에 해당한다. 그 밖에도 얼굴·지문·음성과 같은 신체 정보와 웹사이트 검색 내역, GPS 위치 정보, 통화내역, 신용카드 번호 등도 개인정보에 해당한다.

앞서 언급한 사례처럼 개인정보가 유출되면 심각한 피해가 생기고 사회적 혼란이 발생하므로 개인정보는 안전하게 보호되어야

서울대 석학이 알려주는 자녀교육법 AI·디지털 리터러시

한다. 개인정보를 수집할 때는 사전에 명시적인 동의를 받아야 하며 동의를 받은 범위 내에서만 활용해야 한다.

개인정보의 반대 개념으로 익명정보가 있다. 익명정보는 개인을 전혀 식별할 수 없는 정보를 의미한다. 지하철 이용 인구, 연령에 따른 취업률, 부동산 매매 가격 등에 대한 통계 자료가 이에 해당한다. 익명정보는 개인의 동의 없이 활용이 가능하며 프라이버시 침해의 위험성이 없다.

그렇지만 단독으로 개인을 식별할 수 없는 정보라고 하더라도 다른 정보와 결합해서 개인을 식별할 수 있다면 익명정보가 아니다. 예를 들어 무작위로 부여된 번호와 학생 성적이 기재된 표가 있을 때 단독으로는 개인을 식별할 수 없지만, 해당 번호와 이름이 같이 적혀 있는 다른 표와 결합될 경우에는 개인을 쉽게 식별할 수 있다. 이때 결합 가능성 여부는 다른 정보를 적은 시간과 비용으로 입수할 수 있는지, 기술적으로도 쉽게 결합할 수 있는지를 기준으로 한다. 결합 가능성이 높은 경우에는 개인정보로 간주되어 적절한 동의 절차를 거쳐야 정보를 수집하고 활용할 수 있다.

그런데 개인정보를 너무 엄격하게 규제하면 인공지능과 빅데이터 산업의 발전을 저해할 수 있다. 개인 맞춤형 서비스를 제공하는 인공지능을 개발하기 위해서는 관련 데이터를 대량으로 수집해야 한다. 2022년에 등장해 많은 사람의 주목을 받은 챗GPT도 대형 언어 모델Large Language Model에 기반하고 있다. 해당 모델을 만들기 위해서는 인터넷을 포함한 다양한 자원으로부터 수많은 언어 데이터를 수집해야 한다.

한편 2020년 국회는 개인정보를 보호하는 동시에 첨단 산업의 발전을 지원하기 위해 데이터 3법을 개정했다. 데이터 3법에는 개인정보보호법, 정보통신망법, 신용정보법이 포함되었다. 데이터 3법 개정에서 주목할 점은 '가명정보'라는 개념의 도입이다. 가명정보는 개인을 식별할 수 있는 정보를 가명 처리함으로써 특정 개인을 알아보지 못하도록 만든 것이다. 가명정보는 통계 작성, 과학적 연구, 공익적 기록보존 등의 목적으로 개인의 사전 동의 없이 활용될 수 있다. 예컨대 지자체에서 도서관을 새로 건립하려고 할 때 기존 도서관의 위치, 방문자 수, 사용 시간, 나이 등 사용 실태의 정보를 가명 처리해서 활용할 수 있다. 가명정보는 개인식별정보를 포함한 추가 정보와 결합되면 개인을 알아보는 정보가 되므로 추가 정보를 엄격하게 관리해야 한다.

개인정보의 유출 경로

개인정보를 보호하기 위해서는 먼저 개인정보가 어떤 경로로 유출되는지 이해할 필요가 있다. 범죄 조직에 의해 개인정보가 유출될 수도 있지만, 개인의 부주의로 개인정보가 유출되는 경우도 빈번하다.

서울대 석학이 알려주는 자녀교육법 AI·디지털 리터러시

개인정보가 유출되는 주요 경로를 살펴보면 첫째, 개인정보 보호에 대한 인식 부족으로 개인정보를 모르는 사람에게 제공하는 경우가 있다. 일례로, 한 초등학생은 온라인 게임을 통해 알게 된 형이 '자신에게 캐시카드를 보내 준다'며 집주소와 전화번호를 요구하자, 아무 의심 없이 개인정보를 알려 주었다. 이처럼 미성년자들이 온라인 게임이나 SNS에서 만난 사람에게 개인정보를 알려 줘서 사기나 개인 정보 도용과 같은 피해를 보는 경우가 자주 발생한다. 그러니 자녀의 부주의한 개인정보 유출을 방지하기 위해 개인정보가 왜 중요하고 어떻게 보호해야 하는지 가르칠 필요가 있다.

둘째, 경품에 추첨되거나 할인 혜택을 받기 위해 개인정보를 요구하는 경우가 있다. 누구나 휴대폰 문자나 이메일을 통해 고가의 경품에 당첨되었다는 연락을 받은 경험이 있을 것이다. 컴퓨터로 인터넷을 검색하는데 최신 스마트폰에 당첨되었다는 알림이 표시되기도 한다. 몇 가지 질문에 답하면 경품을 준다는 말로 사용자의 설문 참여를 유도한다. 하지만 기쁜 마음에 이름·주소·전화번호 등을 기입하더라도 실제로 경품을 받는 경우는 드물다. 개인정보를 탈취하기 위해 만들어진 웹페이지일 가능성이 높다.

셋째, SNS에 공유하는 사진을 통해서도 집·회사·학교 등에 대한 개인정보가 유출될 수 있다. 디지털 사진에는 촬영한 날짜와 시간, 스마트폰의 기종, 사진을 찍은 위치 등의 메타 데이터가 포함되어 있다. 카메라 앱에서 위치 정보를 자동으로 추가하지 않도록 하거나, 사진을 인터넷에 공유할 때 위치 정보가 포함되지 않도록 할 수 있지만, 많은 사람이 메타 데이터에 대해 잘 모르고 사진을 공유한다. 참고로 카카오톡에서 사진의 화질을 설정할 수 있는데, 원본 화질이 아니라 일반 화질이나 저용량 화질을 선택하면 사진을 공유할 때 위치 정보와 사진 촬영 시간이 노출되지 않는다.

SNS에서 다른 사람의 사진을 도용하는 경우도 있다. 사진에 포함된 얼굴도 개인정보에 해당하는데, 다른 사람의 이름과 사진을 이용해서 가짜 계정을 만들고 '로맨스 사기'와 같은 범죄에 악용하는 사례도 발생하고 있다. 해외에 사는 의사·변호사·군인인 것처럼 신분을 사칭해서 이성과 친분을 쌓다가 금품을 요구하는 것이다. 사진에는 직업·취미·거주지 등을 추론할 수 있는 다양한 정보가 포함되어 있으므로 SNS에 사진을 공유할 때는 개인정보가 유출되지 않도록 신중을 기해야 한다.

넷째, 클라우드 서버에 공유된 파일을 통해 개인정보가 유출될 위험이 있다. 클라우드 컴퓨팅 기술이 발달해 스마트폰·태블릿PC·컴퓨터 등 다양한 기기에서 문서 파일이나 소프트웨어에 접근할 수 있다. 대표적인 클라우드 서비스에는 구글 드라이브Google Drive, 드롭박스Dropbox, 원드라이브OneDrive 등이 있다. 클라우드 서비스를 제공하는 업체는 보안에 각별한 주의를 기울이고 있지만, 해커에 의해 클라우드 서버에 저장한 개인정보가 유출될 가능성을 완전히 배제하기는 어렵다.

서울대 석학이 알려주는 자녀교육법 AI·디지털 리터러시

예컨대 2020년 국내 대기업 클라우드 서비스가 사이버 공격을 받아 이미지와 동영상 등이 유출된 사건이 발생했다. 그 밖에도 클라우드 서버의 오류나 운영자의 실수로 개인정보가 유출될 수 있다는 점을 고려해야 한다. 개인정보가 포함된 문서에 별도의 비밀번호를 설정하거나, 클라우드 서비스의 보안 업데이트를 주기적으로 확인할 필요가 있다.

개인정보 보호를 위한 기술: 블록체인

인터넷에서 개인정보를 안전하게 보호하기 위한 기술 개발이 활발하게 이루어지고 있다. 그중에서도 최근 블록체인Blockchain이 큰 주목을 받았다. 블록체인은 네트워크상의 여러 컴퓨터에 거래 기록을 분산해서 저장하는 기술인데, 모든 네트워크 참여자가 거래의 유효성을 승인해야 거래가 이루어진다. 거래 기록은 '블록'이라는 단위로 저장되며, 각 블록은 이전 블록의 고유한 해시값을 가진다. 블록들은 체인처럼 서로 연결되어 있어, 데이터의 변경이나 조작이 매우 어렵다. 그리고 데이터가 한곳에 모여 있지 않고 분산 저장되어 있기 때문에 사이버 공격으로부터 개인정보를 안전하게 보호할 수 있다.

블록체인 기술은 비트코인Bitcoin과 같은 암호 화폐를 거래하는 데 사용된다. 과거에는 위조화폐와 금융사기를 방지하는 데 중앙은행이 주요한 역할을 했는데, 블록체인 기술을 이용하면 중앙은행 없이도 안전한 금융 거래가 가능하다. 모든 네트워크 참여자가 거래 정보에 대해 손상되지 않은 데이터임을 검증하면, 거래 정보는 영구적으로 블록에 기록되어 위조하거나 변조하는 것이 불가능하다. 그렇기에 비트코인과 같은 암호 화폐를 해킹으로부터 안전하게 보호할 수 있다. 하지만 암호 화폐 거래소에 있는 지갑의 개인키는 보안 정도에 따라 유출이 가능하므로 주의를 기울여야 한다.

블록체인 기술은 대체 불가능 토큰인 NFT_{Non-Fungible Token}에도 사용된다. 화가가 화폭에 그린 그림은 다른 사람이 동일하게 그리는 것이 불가능하지만, 디지털로 만든 미술 작품은 계속해서 복제할 수 있다. 이것이 바로 아날로그와 디지털의 차이점이다. 그러므로 디지털 작품은 정당한 가치를 부여해서 저작권을 보호하기 어렵다. 이를 방지하기 위해 NFT는 블록체인 기술을 적용해 디지털 파일에 대한 소유권과 유일성을 보장한다.

NFT는 디지털 파일이 원본임을 보증하는 일종의 증명서 역할을 한다. 예를 들어 미국의 블록체인 스타트업 유가랩스_{Yuga Labs}가 발행한 '지루한 원숭이들의 요트클럽_{Bored Ape Yacht Club}'이라는 NFT 미술 작품은 유명인과 대중에게 많은 인기를 얻었다. 미술 작품 외에도 디지털 음악·사진·영상 등을 NFT 상품으로 만들어 안전하게 거래할 수 있다.

개인정보 보호, 일상에서 실천하자

정부와 기업에서는 개인정보 보호를 위해 블록체인과 같은 보안 기술을 적극적으로 도입할 필요가 있다. 그와 동시에 개인도 자신의 정보를 보호하기 위한 노력을 기울여야 하며, 부모는 자녀가 어릴 때부터 개인정보 유출을 방지하고 안전하게 보호하는 방법을 가르쳐야 한다. 이를 위해 일상생활에서 실천할 수 있는 다섯 가지 방법을 살펴보자.

첫째, 개인정보가 유출되지 않도록 SNS 공개 범위를 설정한다. SNS, 소셜 미디어, 메신저 등에서는 사용자의 게시글을 누구에게 공개할 것인지 설정하는 옵션을 제공한다. 인스타그램에서는 사진이나 영상을 '친한 친구' 그룹에만 공유하는 기능이 있다. 사전에 친한 친구 리스트를 만든 다음 게시물을 올릴 때 '친한 친구에게만 공유하기'를 선택할 수 있다. 이처럼 공개 범위를 제한하면 개인정보가 익명의 사용자에게 퍼져 나가는 것을 예방할 수 있다. 인스타그램의 스토리에 있는 게시물은 24시간이 지나면 자동으로 삭제되는데, 이 기능도 공개 범위를 제한한다는 점에서 개인정보를 보호하는 데 유용하다.

카카오톡과 같은 메신저 서비스에는 프로필 사진과 배경 사진의 공개 범위를 설정하는 멀티 프로필 기능이 있다. 사용자는 여러 개의 프로필을 생성해서 친구·가족·직장 동료 등 그룹에 따라 서로 다른 프로필을 보여 줄 수 있다. 사진에는 가족 관계, 취미 생활, 주거 지역, 직장 등을 알 수 있는 정보가 있는데, 멀티 프로필 기능을 이용하면 원하지 않는 사람에게 개인정보가 공개되는 것을 막을 수 있다. 이처럼 공개 범위를 설정함으로써 개인정보와 사생활이 모든 사람에게 공개되는 것을 방지하면서 다른 사람과 활발하게 상호작용할 수 있다.

둘째, 개인정보를 다른 사람과 공유할 때 각별한 주의를 기울인다. 인터넷 아이디, 비밀번호, 전화번호, 집주소, 이메일 계정 등을 다른 사람과 공유할 때는 상대가 믿을 만한 사람인지 확인하고 다른 목적으로 사용되지 않도록 주의한다. 서비스를 사용하기 위해 회원 가입을 할 때 개인정보를 입력해야 하는 경우가 종종 있는데, 해당 업체나 기관을 신뢰할 수 있는지, 개인정보가 유출된 사례는 없는지, 개인정보를 어떤 목적으로 사용하는지 등을 살펴본다.

자신의 의도와 달리 개인정보가 다른 사람에게 노출되는 경우도 방지해야 한다. 예컨대 주차할 때 문제가 발생하면 전화할 수 있도록 자동차 앞 유리창 근처에 휴대폰 번호를 남겨 두는 경우가 있는데, 이렇게 노출된 개인정보는 상업적인 목적으로 사용되거나 범죄에 악용될 수 있다. 이를 방지하기 위해서는 안심번호를 사용하면 된다. 안심번호는 실제 전화번호를 숨기면서 통화할 수 있다는 점에서 개인정보 노출을 방지하는 데 유용하다. 택배 서비스를 이용하거나 중고 거래를 할 때도 안심번호를 사용할 수 있다.

서울대 석학이 알려주는 자녀교육법 AI·디지털 리터러시

셋째, 온라인 활동을 수시로 점검하고 비밀번호를 주기적으로 변경한다. 크롬Chrome, 에지Edge, 네이버 웨일Naver Whale과 같은 웹 브라우저에는 사용자가 어떤 웹사이트를 방문했는지 점검할 수 있는 '히스토리' 또는 '이력' 메뉴가 있다. 의심스러운 웹사이트를 방문한 기록이 있거나 평소 방문하지 않는 웹사이트 기록이 있다면, 아이디와 비밀번호가 유출된 것은 아닌지 의심해 보자.

웹 브라우저의 쿠키Cookie와 캐시Cache도 주기적으로 삭제해야 한다. 쿠키는 사용자의 로그인 정보, 방문 기록, 방문 횟수 등을 저장했다가 특정 웹사이트에 쉽게 접속하도록 돕고, 캐시는 웹사이트의 HTML 문서, 이미지, 자바스크립트 파일 등을 임시로 저장했다가 동일한 웹사이트를 다시 방문했을 때 웹페이지가 빠르게 나타나도록 한다. 쿠키와 캐시에 저장되어 있는 개인정보가 외부로 유출되는 것을 막기 위해서는 이를 주기적으로 삭제하고, 보안이 강화된 웹 브라우저와 바이러스 감염을 방지하는 소프트웨어를 사용해야 한다.

공용 컴퓨터를 사용한 다음에는 쿠키와 캐시를 삭제하고, 로그인 정보가 외부로 유출된 경우 추가 피해를 방지하기 위해 아이디와 비밀번호를 정기적으로 변경해야 한다. 여러 사이트에 동일한 아이디와 비밀번호를 사용하는 경우가 많은데, 한 웹사이트에서 유출된 로그인 정보로 인해 다른 웹사이트의 보안도 위험해질 수 있다. 그러니 웹사이트마다 비밀번호를 다르게 사용하거나 대문자·소문자·특수문자·숫자 등을 혼합해서 비밀번호를 쉽게 예측할 수 없도록 해야 한다. 물론 비밀번호를 철저히 관리하는 것이 귀찮거나 번거로울 수 있지만, 그렇게 하면 개인정보를 안전하게 보호해서 개인정보 유출에 따른 피해를 방지할 수 있다.

넷째, 다른 사람의 개인정보를 보호하기 위해 노력한다. SNS와 소셜 미디어가 발달하면서 많은 사람이 일상생활을 인터넷에 공유하고 있다. 그렇다면 프라이버시 보호의 중요성이 과거보다 줄어들었을까? 페이스북이나 인스타그램과 같은 SNS는 사용자의 게시물이 더 많은 사람에게 공유되도록 한다는 점에서 개인의 프라이버시 보호와 거리가 멀다. 개인이 SNS에 올리는 사진이나 영상은 더 많은 사람에게 공유될수록 프라이버시 침해 가능성이 커지기 때문이다. 그러나 개인정보와 프라이버시 보호는 오늘날에도 여전히 중요한 가치이며 더욱 강조될 필요가 있다. 내 사진이나 영상이 다른 사람에 의해 무단으로 사용되거나 범죄에 악용될 가능성이 있기 때문이다.

자녀에게 '나의 프라이버시가 중요한 만큼 다른 사람의 프라이버시를 보호하는 것도 중요하다'는 점을 가르쳐야 한다. 그리고 SNS에서 무심코 하는 행동이 누군가를 당혹스럽게 하거나 다른 사람의 프라이버시를 침해할 수 있다는 것을 알려 줘야 한다. 예컨대 SNS에서 사진을 공유하면서 다른 사람의 아이디를 태그하면, 그 사진이 다른 사람의 SNS 타임라인에도 표시되어 원하지 않는 노출이 발생할 수 있다. 이를 예방하기 위해 태그를 할 때는 동의를 얻을 필요가 있다. 또한 친구나 가족과 함께 찍은 사진을 SNS에 공유할 때는 다른

서울대 석학이 알려주는 자녀교육법 AI·디지털 리터러시

사람의 얼굴을 스티커로 가리거나, 모자이크 기능을 이용해 누구인지 알아볼 수 없도록 하는 것이 바람직하다. 입장을 바꾸어 생각하면 타인의 프라이버시를 왜 보호해야 하는지 쉽게 이해할 수 있다. 이처럼 다른 사람의 프라이버시를 보호하기 위한 작은 실천은 SNS를 더 안전하고 건강하게 사용할 수 있도록 할 것이다.

다섯째, 개인정보가 유출된 경우 즉시 관련 기관에 신고해야 한다. 개인정보 유출을 인지하고도 신고하지 않으면 더 큰 피해가 발생할 수 있다. 우리 동네에서 발생하는 경범죄를 방치하면, 결국 더 큰 범죄가 많이 발생하는 것과 같은 원리다. 우리나라에는 개인정보보호위원회와 한국인터넷진흥위원회가 운영하는 '털린 내 정보 찾기 서비스(https://kidc.eprivacy.go.kr)'가 있다. 이 웹사이트는 인터넷에서 불법으로 유통되는 개인정보가 각종 범죄에 악용되는 것을 방지하기 위해 개발되었다. 위 서비스에서 사용자 인증을 거쳐 아이디나 비밀번호를 입력하면, 해당 정보가 다크웹과 같은 음성화된 웹사이트에서 불법으로 유통되고 있는지 확인할 수 있다. 만약 로그인 정보가 유출된 것이 확인된다면, 해당 웹사이트를 탈퇴하거나 비밀번호를 변경해야 한다.

더 나아가 한국인터넷진흥원이 운영하는 개인정보침해신고센터(https://privacy.kisa.or.kr)에 신고함으로써 법적 책임을 물을 수도 있다. 불법 유출이 확인되면 해당 웹사이트는 최대 5,000만 원의 과태료를 내야 한다. 그러니 개인정보 유출이 의심되는 웹사이트를 발견

할 시에는 개인정보를 더 안전하게 보호하도록 요구하는 적극적인
자세가 필요하다.

나와 타인의 개인정보 보호하기

누구나 개인정보를 안전하게 보호할 책임이 있다. 개인정보 유출은
보이스피싱과 같은 범죄에 사용될 뿐 아니라, 상업적·정치적 목적으
로 악용될 수 있다. 넷플릭스Netflix에서 개봉한 〈스마트폰을 떨어뜨
렸을 뿐인데〉라는 영화를 보면, 주인공이 무심코 도로에 떨어뜨린
스마트폰이 개인정보 유출의 매개체가 되어 끔찍한 범죄로 이어진
다. 스마트폰을 분실할 경우 수많은 개인정보가 유출되어 누군가 나
의 명의를 도용해 신분을 위장하는 일이 발생할 수도 있다. 자신과
매우 닮은 사람을 도플갱어라고 부르는데, 온라인에서 내 사진과 정
보를 가져다가 도플갱어처럼 행동하는 사람이 나타나지 않도록 주
의를 기울여야 한다. 그러므로 자녀에게 일상에서 다양한 경로로 개
인정보가 유출될 수 있으며 이를 예방하기 위해 어떤 행동을 주의해
야 하는지 가르칠 필요가 있다. 자녀에게 SNS 공개 범위를 설정하는
법, 쿠키와 캐시를 삭제하는 법, 개인정보 유출을 점검하는 법 등을
알려 주고 함께 실천해 보자.

　　나의 개인정보가 중요한 만큼 다른 사람의 개인정보도 중요하

서울대 석학이 알려주는 자녀교육법 AI·디지털 리터러시

다는 것을 명심해야 한다. 자녀의 동의 없이 사진을 SNS에 공유하는 셰어런팅을 하지 않도록 주의하고, 친구와 함께 찍은 사진을 공유하기 전에 친구의 동의를 얻거나 얼굴을 가려야 한다. 사진 속 얼굴도 중요한 개인정보이기 때문이다.

개인정보를 안전하게 보호하기 위해 개인의 노력과 함께 기업과 정부의 정책·투자도 필요하다. 예컨대 블록체인 기술은 개인정보를 안전하게 보호하고, 무분별한 공유를 방지하는 데 유용하게 활용된다. 블록체인 기술을 이용해 개인정보를 필요할 때만 공유하고, 정보가 어떤 경로로 활용되는지 투명하게 확인할 수 있다면 개인정보 보호가 더 강화될 것이다. 디지털 시대에는 개인정보가 유출되는 경로가 더 다양해지고 있다. 그러니 사회가 힘을 합쳐 개인정보를 안전하게 보호해야 한다.

6장

내 아이가
게임중독일까?

청소년에게 디지털 게임은 매우 흥미로운 취미 활동이지만, 많은 부모는 게임으로 인한 부정적인 결과를 우려한다. 통제력을 상실해 학업, 친구 관계, 건강 등에 문제가 발생할 수 있기 때문이다. 자녀를 게임중독에서 보호하기 위해 부모가 알아야 할 내용에 대해 살펴보자.

게임중독의 심각성

많은 청소년이 게임을 시작하면 시간이 어떻게 지나가는지 모른 채 몰두한다. 언론을 통해 하루 10시간 이상 게임하며 아무리 화를 내고 타일러도 방에서 나오지 않는 고등학생의 사례를 들은 적이 있다. 부모는 자녀가 게임중독이라는 병에 걸린 것 같다며 긴 한숨을 쉬었다. 이러한 사례에 공감하는 부모가 많을 것이다. 코로나-19 팬데믹을 겪으면서 청소년의 디지털 기기 사용 시간이 늘었는데, 디지털 기

서울대 석학이 알려주는 자녀교육법 AI·디지털 리터러시

기를 학업 목적으로 사용하기를 바라는 부모의 마음과 달리 게임의 사용 빈도와 시간이 증가했다.

자녀가 과도한 시간을 게임에 몰두해 일상생활이 어려워지고, 대인 관계에 문제가 발생하며 학업에 지장이 생긴다면 게임중독을 의심할 수 있다. 게임중독은 집중력을 저하시키고 현실 감각을 상실하도록 하며, 충동 조절에 어려움을 겪도록 한다. 예를 들어 게임중독 증상이 있는 청소년일수록 문자를 보낼 때 띄어쓰기를 잘 하지 않고, 시험 문제를 풀 때 내용을 끝까지 읽어 보지 않는 충동적인 행동을 보인다. 게임에서 보상받기 위해서는 신속하고 즉각적으로 행동하는 것이 중요한데, 이러한 행동이 일상생활에 전이되는 것이다.

천천히 생각하고 자세히 살펴보아야 하는 상황에서도 빠른 반응과 즉각적인 만족을 추구하는 행동이 나타날 수 있다. 이러한 현상을 '팝콘 브레인'이라고 부르는데, 두뇌가 팝콘처럼 튀어 오르는 자극적인 콘텐츠에만 반응하고 느리고 약한 자극에는 무감각해지는 것을 의미한다. 디지털 게임을 자주 하면 오랜 시간 독서를 하거나 장기적인 목표를 추구하는 데 어려움을 겪을 수 있다.

2021년 한국콘텐츠진흥원(2022)이 초등학교 4학년부터 고등학생까지 약 7만 4,000명의 학생을 대상으로 게임 사용 실태를 조사한 결과, 게임을 하는 학생은 전체의 80.9%로 나타났다. 10명 중 8명이 게임을 하는 것으로 볼 수 있는데, 코로나-19 팬데믹 이전보다 소폭 상승했다. 게임의 사용 양상과 효과에 대한 설문조사에서는 게임으로 인한 긍정적 요소는 없으면서 게임 사용에 문제가 많이 발견되는 과몰입군 학생이 0.5%, 긍정적 요소와 문제가 함께 발견되는 과몰입 위험군 학생이 3.0%로 나타났다. 반면 특별한 문제 없이 긍정적인 요소가 많이 발견되는 게임 선용군 학생은 24.1%로 나타났다. 게임을 선용하는 학생은 게임을 통해 친구와 잘 어울리고 스트레스를 해소하며, 생활에 재미를 느끼고 상상력이 풍부해진다고 응답했다. 그러나 이와 반대로 게임에 과몰입하는 학생은 하루 중 대부분의 시간에 게임을 생각하고 건강이 나빠져도 계속하며, 게임으로 인해 대인관계가 악화되고 게임을 스스로 조절하는 것을 힘들어했다.

한국콘텐츠진흥원(2022)의 연구는 게임이 긍정적인 측면과 부정적인 측면을 모두 가지고 있으며, 게임을 선용하는 학생이 과몰입하는 학생보다 더 많다는 것을 보여 주었다. 그렇지만 게임중독의 위험성을 간과해서는 안 된다. 위 연구에서 과몰입군과 과몰입위험군 학생은 그렇지 않은 학생에 비해 불안·우울·충동성·부주의·스트레스가 높게 나타났다. 특히 과몰입군 학생들은 삶의 만족도, 자존감, 또래 애착 및 신뢰 정도가 매우 낮게 나타났으며, 부모의 감독이나 정서적 지원을 비교적 덜 받는 것으로 밝혀졌다.

더욱이 게임중독은 두뇌 구조와 기능의 변화를 가져올 우려가 있다. 박현수 등(2010)은 인터넷 게임의 과다 사용자가 일반 사용자에 비해 오른쪽 안와전두피질Orbitofrontal Cortex, 왼쪽 미상핵Caudate Nucleus, 오른쪽 도회Insula에서 더 높은 대뇌 활동성을 보이는 것을 발

서울대 석학이 알려주는 자녀교육법 AI·디지털 리터러시

견했다(Park et al., 2010). 안와전두피질은 보상 기대, 충동성, 쾌락 추구 등과 관련된 인지 및 행동 기능을 조절하는 데 중요한 역할을 하는 것으로 알려져 있다. 이는 게임에 과의존하는 사람은 다른 약물 중독자처럼 충동성을 억제하는 데 어려움을 겪고, 일반인과 다른 보상체제를 가지고 있다는 것을 시사한다. 특정 두뇌 구조와 기능을 가진 사람이 게임을 과도하게 사용하는 것인지, 게임을 과도하게 사용한 결과 두뇌가 변하는 것인지에 대해서는 과학적 연구가 더 이루어져야 하지만, 두뇌의 가소성을 고려했을 때 게임중독이 두뇌에 부정적인 영향을 미칠 가능성을 배제할 수 없다.

게임을 많이 하면 게임중독일까?

2019년 세계보건기구는 '게임 사용 장애Gaming Disorder'를 공식적인 질병으로 분류했다. 게임 사용 장애를 도박이나 알코올 중독과 같은 '중독성 행위 장애'로 등록함으로써, 향후 각 국가에서 질병 관련 통계를 작성하고 예방과 치료를 위한 예산을 배정하는 데 게임 사용 장애를 포함시킬 수 있는 근거를 마련했다. 이 결정이 내려진 후 게임을 둘러싸고 사회적으로 큰 논란이 일었다. 게임 업계에서는 게임이 질병을 유발하는 것으로 인식될 수 있다며 세계보건기구의 결정에 반대했다.

우리나라에서는 세계보건기구의 권고를 받아들일지를 두고 정부 부처 간에 이견이 있고, 게임 산업에 부정적인 영향을 미칠 수 있다는 우려도 있다. 디지털 게임을 청소년 문화의 하나로 보고 운동 경기처럼 개인이나 팀으로 즐기도록 하며 e스포츠를 장려해야 한다는 주장도 있다. 한편 2022년 항저우 아시안게임에서 e스포츠가 종목으로 선정되면서 디지털 게임에 대한 인식도 점차 개선되고 있다. 술을 먹는다고 모두 알코올 중독이 되는 것은 아닌 것처럼, 게임을 한다고 모두 게임중독은 아니다. 청소년기에 친구들과 게임을 하는 것은 자연스러운 현상이므로 게임을 금지할 필요는 없다. 다만, 게임 중독으로 의심되는 행동이 지속적으로 이루어질 경우에는 정신 건강 전문가의 진료나 상담을 받아 볼 필요가 있다.

세계보건기구에 따르면, 게임 사용 장애는 다음 세 가지 특성을 보인다. 첫째, 게임을 하는 시간·빈도·강도·상황 등에 대한 통제력을 상실한다. 둘째, 다른 관심사나 일상 행위보다 게임에 우선순위를 부여한다. 셋째, 가족과의 갈등, 학업 성적 저하, 건강 문제와 같은 부정적인 결과가 발생함에도 불구하고 게임을 계속하거나 더 많이 한다. 이러한 행동은 지속적이거나 간헐적으로 반복해서 나타날 수 있으며, 12개월 이상 장기간 나타날 때 게임 사용 장애라고 진단한다. 그러니 단순히 게임을 많이 한다고 해서 게임중독이라고 부르기는 어렵고, 부정적 결과에도 불구하고 지속적으로 게임을 하면서 통제력을 상실한 상태를 게임중독이라고 할 수 있다.

부모는 정신과 의사처럼 정확하게 진단할 수는 없겠지만, 자녀를 가장 가까이에서 관찰할 수 있다. 자녀가 다음과 같은 행동을 반복해서 한다면 게임중독을 의심해 볼 필요가 있다. 먼저, 친구와 교제가 줄고 가족 활동에 참여하지 않는 등 사회적 고립이 나타난다. 게임 때문에 학교 성적이 갑자기 떨어지거나 과제를 소홀히 하며, 게임을 하지 않을 때 불안해하거나 화를 내고 우울해한다. 게임 아이템을 구매하기 위해 감당하지 못할 만큼 많은 돈을 사용하거나, 게임으로 인해 수면 시간이 크게 줄고 건강이 악화된다. 게임을 하느라 식사를 자주 거르거나 먹는 양이 줄어들기도 한다. 이러한 현상은 게임중독으로 인해 발생하는 부정적인 결과다. 자녀에게 조금만 관심을 기울여도 게임중독과 관련된 행동이 나타나는지 쉽게 알 수 있다.

자녀와 인터넷 게임에 대해 자주 이야기를 나눌 필요도 있다. 자녀에게 '게임을 하지 않으면 초조하거나 불안한지', '게임 때문에 다른 취미 활동에 흥미가 줄었는지', '게임 생각 때문에 공부에 집중하기 어려운지' 등을 물어볼 수 있다. 조기에 게임중독을 발견하려면 자녀를 이해하기 위한 소통이 꼭 필요하다.

게임중독이 발생하는 이유

자녀에게 게임중독이 발생하는 이유는 무엇일까? 먼저 게임의 고유한 특성에 대해 생각해 보자. 게임은 그 자체로 동기를 촉진하고 몰입을 유도하는 특성이 있다. 특정 활동에 완전히 집중해서 주변 환경이나 시간에 대한 인식이 줄어드는 것을 몰입이라고 하는데, 게임을 할 때도 몰입이 자주 일어난다. 이런 이유에서 사람들이 평소 하기 싫어하는 일을 게임 형식으로 만들면 동기를 촉진할 수 있다.

게임이 재미있는 이유는 다음 몇 가지로 정리할 수 있다. 첫째, 모든 게임은 보상 시스템을 가지고 있다. 게임에서는 과제를 성공적으로 수행할 때마다 점수가 오르거나 다음 단계로 이동하고, 게임 아이템을 획득하는 것과 같은 즉각적인 보상이 이루어진다. 이러한 외적 보상은 특정 활동을 반복하게 만드는 강화물이 된다. 게임에는 외적 보상 외에 내적 보상도 주어지는데, 도전적인 문제를 해결하거나 자신의 능력이 향상될 때 행복감과 만족감을 느낀다.

둘째, 인터넷 게임은 다른 사람과의 소통과 협력을 강화한다. 대규모 다중 사용자 온라인 롤플레잉 게임Massively Multiplayer Online Role-Playing Game, MMORPG에서는 자신만의 캐릭터를 만들어 가상 세계를 탐험하고, 다른 사람과 길드를 만들어 대규모 전투에 참여한다. 다중 사용자 온라인 전투 아레나 게임Multiplayer Online Battle Arena, MOBA에서는 두 팀이 서로 대결해서 상대방의 기지를 파괴하는 팀이 승리하는데, 팀원 간의 협력이 승리에 결정적인 영향을 미친다. 이러한 게임을 통해 친구와 돈독한 관계를 형성할 수 있다.

셋째, 게임은 현실 문제로부터 잠시 도피할 수 있는 공간을 제공한다. 현실에서 소극적이고 자신감이 없는 사람도 게임에서는 유명인이나 영웅이 될 수 있다. 그러니 현실에서 느끼는 학업 스트레스와 진로에 대한 중압감으로부터 벗어나려는 청소년들이 인터넷 게임을 탈출구로 생각할 수 있다. 현실에서 하지 못하는 일을 게임이라는 가상 세계에서는 자유롭게 할 수 있다는 점도 게임에 몰입하는 이유가 된다. 이러한 게임의 특성을 고려할 때 게임에 몰입하는 청소년이 많은 것은 자연스러운 현상이다.

그렇지만 게임을 여가 시간에 즐겁게 하는 것과 과도하게 몰두해서 통제력을 상실하는 것에는 차이가 있다. 이 차이를 이해하기 위해 게임중독에 영향을 미치는 개인의 심리적 특성과 사회적 환경에 대해 살펴볼 필요가 있다. 먼저, 개인의 심리적 요인을 살펴보겠다. 첫째, 게임중독의 가장 큰 원인은 통제력 부족이다. 자신의 생각과 행동을 계획하고 점검하고 조절하는 것을 메타인지 활동이라고 하는데, 청소년의 발달 단계에서 메타인지는 다른 능력에 비해 느리게 발달한다. 메타인지 능력이 더 많이 발달한 청소년일수록 게임을 지나치게 오래 하지 않고, 정해진 시간만 조절해서 할 것이다. 메타인지 능력이 부족한 학생에게는 반대 현상이 나타날 수 있다.

둘째, 불안·우울·스트레스 등은 게임중독의 원인이 될 수 있다. 물론 게임중독과 불안·우울·스트레스 간에 상관관계가 높다는 것이 알려져 있지만, 어느 쪽이 원인이고 결과인지는 불분명하다. 서로 영향을 주고받는 관계로 생각하는 것이 더 타당할 것이다. 예컨대 학업

스트레스를 회피하기 위해 게임을 하는데, 게임을 과도하게 한 결과 성적이 떨어지면 오히려 스트레스가 증가할 것이다.

셋째, 낮은 자아 존중감이 게임중독의 원인이 될 수 있다. 학교 공부나 친구 관계에서 자아 존중감이 낮은 청소년들은 게임이라는 가상 세계에서 성공을 추구하고 다른 사람의 인정을 받고 싶어 할 수 있다. 다른 사람의 인정을 받고 성공하고 싶은 욕구는 누구나 가지고 있다. 그런데 현실에서 이러한 욕구를 충족시키지 못하는 사람일수록 게임에 몰두할 가능성이 높다.

모든 사람은 자기를 둘러싼 환경과 지속적으로 상호작용하면서 영향을 받는다. 그렇기에 게임중독의 가능성도 가정이나 사회적 환경에 따라 달라질 것이다. 게임중독의 원인 중 하나는 현실을 도피하는 데 있으므로 현실에 불만족하거나 갈등이 있을 때 게임을 과도하게 할 수 있다. 예컨대 우리나라 대부분의 학생은 입시 위주 교육으로 인해 학업과 관련된 스트레스를 받고 있으며, 학업 성취도가 낮은 학생은 교사나 동료 학생으로부터 소외되거나 무시당하기도 한다. 만약 입시 위주의 교육을 탈피해 모든 학생이 재능에 따라 교육받는 환경을 만들면, 게임으로 도피하려는 학생도 줄어들 것이다.

가족 간의 소통이 부족하거나 부모와의 갈등이 심각한 경우 게임중독이 될 가능성이 높다. 한국콘텐츠진흥원(2022)의 연구에서 게임 과몰입군 학생은 부모의 감독과 정서적 지원을 가장 적게 받고, 게임을 하지 않는 학생은 가장 많이 받는 것으로 나타났다. 이 결과

서울대 석학이 알려주는 자녀교육법 AI·디지털 리터러시

는 자녀와 소통하는 시간이 적을수록 게임중독 가능성이 높다는 것을 시사한다.

다른 한편으로, 게임을 하도록 만드는 힘이 강할수록 게임을 더 많이 하게 된다. 예를 들어 친구들 사이에서 인기가 많은 게임을 하지 않으면, 친구들과의 대화에 참여하지 못하고 소외감을 느끼는 경우가 있다. 이러한 동료 압력Peer Pressure이 강할수록 친구들 사이에서 소속감을 느끼고 인정받기 위해 게임을 과도하게 할 수 있다. 자녀의 또래 친구들 사이에 게임하지 않는 것을 이상하게 생각하는 문화가 있지 않은지 되돌아볼 필요가 있다.

게임중독, 일상에서 예방하자

통제력이 부족한 자녀의 게임중독을 예방하기 위해서는 부모가 중요한 역할을 해야 한다. 자녀가 게임에 과도한 시간을 사용하는 것은 학업뿐 아니라 전인적 발달에도 바람직하지 않다. 게임을 하느라 책 읽고 운동하거나, 가족·친구와 대면으로 만나는 시간이 줄어들기 때문이다. 게임의 긍정적인 효과를 높이고 부정적인 결과를 줄이기 위해 부모가 알아야 할 점에 대해 살펴보자.

첫째, 자녀와 게임에 대해 이야기를 나누고 게임 사용 시간을 함께 점검한다. 자녀에게 어떤 게임을 얼마나 자주 하는지, 어디서 하는지 등을 물어보고 게임의 긍정적·부정적 효과에 대해 이야기해 보자. 한국콘텐츠진흥원(2023)의 조사에 따르면, 취학 자녀를 둔 응답자 중 48.8%가 자녀와 함께 게임을 한다. 게임을 같이 하면 가족 간에 공유하는 경험이 더 많아지니 게임에 대해 더 쉽게 대화할 수 있다.

게임은 사이버 폭력이 가장 많이 일어나는 공간 중 하나이므로 자녀가 사이버 폭력을 경험한 적이 있는지 물어볼 수도 있다. 한국콘텐츠진흥원(2023)의 조사에서는 최근 1년 동안 56.2%가 게임 내 사이버 폭력을 경험한 적이 있다고 응답했고, 그중 언어적 폭력을 경험한 비율은 83.9%였다. 자녀가 게임 안에서 욕설이나 험담을 들은 적이 있는지 살피고, 사이버 폭력에 적극적으로 대응할 수 있도록 도와야 한다.

얼마나 오랜 시간 게임을 하는지도 확인할 필요가 있다. 과도한 시간을 게임에 사용한다는 것은 통제력이 부족하다는 의미이기도 하다. 최근에는 스마트폰으로 게임을 하는 경우가 많으므로, 안드로이드 폰의 '디지털 웰빙' 기능이나 아이폰의 '스크린 타임' 기능을 활용해 자녀가 얼마나 오래 게임하는지 확인할 수 있다. 자녀와 함께 일주일에 평균 몇 시간 게임을 하는지 계산해 그래프에 표시하면, 시간이 지나면서 게임 사용 시간이 증가하는지 혹은 감소하는지 점검할 수 있다. 이런 활동을 통해 자녀 스스로 게임 시간을 점검하는 습관을 길러 주는 것이 필요하다. 게임에 몰두하다 보면 시간을 얼마나 사용하는지 인지하지 못하는 경우가 많기 때문이다.

서울대 석학이 알려주는 자녀교육법 AI·디지털 리터러시

둘째, 게임 시간을 한번에 줄이는 것이 아니라 단계적으로 줄여 나간다. 일상생활이나 학업에 지장을 줄 정도로 많은 시간을 게임에 사용한다면, 게임 시간을 줄여 나가도록 도와야 한다. 이때 강압적으로 게임을 단번에 금지하는 것이 아니라, 점진적으로 게임 시간을 줄여 나가도록 지도하는 것이 효과적이다. 게임을 갑자기 금지할 경우, 자녀의 스트레스가 증가하고 분노와 불만을 표출할 수 있다. 게임을 대체할 다른 활동이 없는 상태에서는 게임을 중단하기가 더욱 어렵기 때문이다.

게임 시간을 줄여 나갈 때는 게임하는 시간을 정하는 것보다 게임하지 않는 시간을 정하는 것이 더 효과적이다. 예를 들어 밤 9시 이후에는 게임을 하지 않는다는 규칙을 세우는 방법이 있다. 밤은 휴식과 재충전의 시간이니, 게임을 하면 수면 패턴이 깨져 다음 날 학교에서 생활하는 데 지장이 생길 수 있다. 게임하는 대신 책을 읽거나 가족과 대화하는 시간을 가지도록 하는 것도 좋다. 매일 게임하는 자녀를 위해 일주일 중 하루는 게임을 하지 않는 '게임 휴무일'을 정할 수도 있다. 이날에는 게임을 대체할 수 있는 여가 활동을 가족이나 친구와 함께 하도록 한다. 이런 식으로 게임하지 않는 시간을 늘려 나가면 게임중독을 예방할 수 있을 것이다.

셋째, 게임 외에 여가 시간을 보낼 만한 재미있는 활동을 알려 준다. 게임도 다양한 취미 활동 중 하나고, 스트레스를 해소하며 기분을 좋게 만드는 긍정적인 측면이 있다. 하지만 많은 디지털 게임이 폭력적인 내용을 담고 있고 게임 중 사이버 폭력이 자주 일어나며, 장시간 같은 자세로 앉아 있는 것은 건강에 해롭다. 이런 점을 고려할 때 게임 외에 즐겁게 여가 시간을 보내며 스트레스를 해소하는 방법을 알려 주면 도움이 될 것이다. 예컨대 운동·노래·댄스·악기연주·그림·여행 등 다양한 활동을 자녀와 함께 하고, 그중 자녀가 좋아하는 취미 활동을 적극적으로 지원해 주자.

실제로 게임중독 치료 캠프에서는 다양한 취미 활동을 통해 게임 의존도를 줄이도록 돕고 있다. 게임하는 동안 두뇌에서는 즐거움을 유발하는 도파민이라는 신경 전달 물질이 분비되는데, 그 결과 게임을 반복해서 지속하려는 유인이 생긴다. 만약 게임이 아닌 다른 취미 활동이 도파민 분비를 촉진하고 긍정적인 결과를 가져온다면, 게임을 하려는 동기가 줄어들 것이다.

넷째, 자녀와 함께 게임 사용에 대한 약속을 만들고 지켜 나간다. 다른 사람이 일방향적으로 정한 규칙을 따르는 것보다 스스로 세운 규칙을 지킬 때 동기가 높아진다. 자율성을 추구하는 것은 모든 사람이 가진 욕구 중 하나이기 때문이다. 이때 자녀와 함께 부모도 무엇을 할 것인지 약속을 정할 수 있다. 부모와 자녀가 신뢰와 존중을 기반으로 약속을 지키면 더불어 함께 약속을 지킬 가능성이 커지기 때문이다.

예컨대 자녀가 일요일에 게임 대신 운동을 하겠다고 약속하면, 부모는 자녀가 정해진 시간에 게임하는 것을 허락하고 잔소리하지

서울대 석학이 알려주는 자녀교육법 AI·디지털 리터러시

않겠다고 약속한다. 부모와 자녀가 함께 약속을 정한 다음에는 그 내용을 적어 거실 벽이나 냉장고 앞에 붙여 두고 자주 볼 수 있도록 한다. 매일 약속을 얼마나 잘 지켰는지 표시하면 자녀가 스스로 행동을 성찰하는 데 도움이 된다. 오랜 시간 약속을 잘 지켰다면, 선물을 주거나 칭찬함으로써 긍정적인 행동이 지속되도록 격려해 주자.

게임의 교육적 활용

게임중독이라는 말을 할 때면 은연중에 게임은 나쁘거나 해로운 것이라는 선입견을 갖게 된다. 그렇지만 놀이의 역사가 오래된 것처럼 게임도 인류의 역사를 통해 꾸준히 지속되는 인간의 활동이다. 오히려 게임을 잘 활용하면 학습에 흥미가 없는 학생의 동기를 높이는 데 효과적이다.

　게임의 원리를 게임이 아닌 곳에 적용하는 것을 게이미피케이션Gamification이라고 부른다. 방 청소를 하기 싫어하는 아이에게 청소할 때마다 스티커를 주고 이를 일정 수량 이상 모으면 원하는 선물을 주는 것도 이 경우에 해당한다. 국내 한 기업에서는 게이미피케이션을 환경 보호에 적용하는 게임을 출시했다. 스마트폰으로 플라스틱 제품의 바코드를 촬영하면, 플라스틱의 종류와 특성에 대한 설명이 나오고 분리배출 정보가 제공된다. 바코드를 촬영하고 제시되는 퀴즈의 정답을 맞히면 포인트가 쌓이는데, 이를 이용해 게임 속 세상을 정화하고 레서판다나 고래와 같은 멸종 위기 동물을 가상으로 키워볼 수 있다. 이러한 게임을 통해 친환경 제품을 더 많이 사용하고 플라스틱 제품을 분리배출하는 활동이 증가할 수 있다.

학교 교육에서도 게이미피케이션을 적용한 사례가 있다. 2020년 초등학교 1학년에서 4학년 학생을 대상으로 인공지능 기반 수학학습 플랫폼 '똑똑 수학 탐험대'가 개발되었다. 이 플랫폼에서는 게이미피케이션 원리를 적용해 수학에 흥미가 적은 학생들의 학습 동기를 높이고자 한다. 예컨대 학생이 수학 탐험가가 되어 멸종 위기에 처한 동물을 구한다는 스토리에서는 학생에게 도전적인 수학 문제가 미션으로 제공되며, 해당 미션을 달성하기 위해 심화보충학습을 한다. 아이는 수학 문제를 해결할 때마다 점수를 획득하고, 점수가 쌓이면 보석이나 멸종 위기 동물 카드와 같은 보상을 받을 수 있다. 문제를 해결할 때마다 즉각적인 피드백과 보상이 이루어지고 수학 실력에 따라 문제의 난이도가 높아진다는 점에서 게임의 원리를 교육에 효과적으로 적용한 사례라고 할 수 있다.

아이들에게 교육적인 게임을 제공하는 것을 넘어 창의적인 사고를 촉진하기 위해 스스로 게임을 만들도록 할 수도 있다. 최근에는 스크래치Scratch나 엔트리와 같은 블록 코딩 소프트웨어를 활용해, 프로그래밍 언어를 모르더라도 디지털 게임을 쉽게 개발할 수 있다. 직접 게임을 만들려면 스토리를 구성하고 캐릭터와 배경 디자인을 정

서울대 석학이 알려주는 자녀교육법 AI·디지털 리터러시

해서 미션과 보상을 설계해야 한다. 예컨대 마녀가 만들어 놓은 비밀의 방을 탈출하기 위해 다양한 퍼즐을 해결하면서 장애물을 하나씩 극복해 나가는 게임을 만들 수 있다.

게임을 계획하고 개발하고 실행하며 테스트하는 과정을 반복하면서, 창의적 사고가 촉진될 수 있다. 또한 블록 코딩 소프트웨어를 사용해 알고리즘을 만드는 과정에서 컴퓨팅 사고력도 향상된다. 예를 들어 방탈출 게임을 개발하기 위해서는 특정 문을 열고 다음 단계로 넘어가기 위해 어떤 아이템을 얻고 어떤 조건을 만족시켜야 하는지 등 논리적인 사고를 해야 한다.

자녀와 나누는 게임 이야기

우리나라 학교 교육에서 성취감을 느끼는 학생들은 소수고, 대부분의 학생이 학업에 흥미가 없거나 열심히 노력해도 원하는 결과를 얻지 못한다. 이러한 상황에서 게임은 노력한 만큼 즉각적인 보상을 제공하고, 흥미를 유발하는 다양한 요소를 가지고 있어 학생들 사이에서 인기가 높다. 더욱이 대다수의 청소년이 게임을 하고 있어, 게임은 친구 관계를 형성하고 유지하는 데 주요한 수단이 되고 있다. 이런 점을 고려할 때 자녀의 게임을 전면적으로 금지하는 것은 쉽지 않다. 오히려 게임을 스트레스 해소나 친구를 사귀는 데 잘 활용할 수 있도록 하고, 과도한 사용으로 인한 부작용을 예방하도록 도와야 한다. 게이미피케이션을 통해 자녀의 학습 동기를 높이는 데 게임의 원리를 효과적으로 활용하는 것도 좋다.

게임중독을 예방하기 위해서는 자녀가 어떤 게임을 얼마나 자주 하는지, 왜 하는지 이해하는 것이 중요하다. 이를 위해 자녀와 함께 게임을 하거나 게임에 대해 자주 이야기를 나누는 것이 필요하다. 게임에 과몰입할 경우 불안·우울·충동성 등의 부정적인 결과가 나타날 수 있다는 점을 알려 주고, 자녀의 생각을 물어보는 것도 좋다.

게임 외 여가 시간에 할 수 있는 다양한 취미 활동을 경험해 보는 것도 게임중독을 예방하는 데 효과적이다. 다른 취미 활동을 하면서 게임 시간을 점차 줄여 나갈 수 있기 때문이다. 만약 게임중독 증상이 의심된다면 조기에 의사, 상담사 등 정신 건강 전문가를 만나서 진단을 받아 보는 것이 좋다. 스스로 게임 사용 시간을 통제할 수 없는 청소년을 위해 가정과 사회에서 보다 적극적인 지원을 해야 한다.

서울대 석학이 알려주는 자녀교육법 AI·디지털 리터러시

유튜버가 되고 싶은 아이들

초등학생 사이에서 유튜버와 같은 1인 미디어 크리에이터의 인기가 매우 높다. 대중 매체와 달리 유튜브는 다양한 콘텐츠를 자동으로 추천하고 다른 사람과 소통하는 다양한 기능을 갖추고 있다. 이제 우리 생활의 일부가 된 유튜브의 효과적인 활용 방법에 대해 살펴보자.

초등학생의 장래 희망 3위: 유튜버

초등학생이 가장 좋아하는 활동 중 하나는 유튜브 영상을 시청하는 것이다. 장래 희망으로 유튜버를 선택하는 학생 수도 크게 증가했다. 2022년 발표된 초등학생의 희망 직업 현황에 따르면, 운동 선수(9.8%), 교사(6.5%) 다음으로 영상 크리에이터(6.1%)를 희망하는 학생이 많은 것으로 조사되었다(김민경 외, 2022). 의사를 희망하는 학생보다 유튜버를 희망하는 학생이 더 많았다. 이처럼 유튜브와 같은 1인 미디어 플랫폼이 급속히 발전하면서 어린이와 청소년에게 많은 인기를 얻고 있다. 1인 미디어는 기존의 대중 매체와 달리 개인이 적은 비용으로 운영할 수 있어 다양한 콘텐츠를 보유하고 있으며, 연예인처럼 많은 인기를 얻는 1인 미디어 크리에이터도 등장하고 있다.

과거 텔레비전에 나오는 유명 가수나 배우를 보면서 연예인을 꿈꾼 것처럼 오늘날 어린이들은 소셜 미디어 플랫폼에서 활동하는 1인 미디어 크리에이터를 선망의 대상으로 삼고 있다. 예를 들어 유튜브에서 활동 중인 '쯔양'은 음식을 많이 먹는 '먹방'을 통해 대중적 인기를 얻고 지상파 방송에도 출연했다. 많은 양의 음식을 먹으면서도 날씬한 체형을 유지하는 것을 강점으로 빠르게 인기를 얻어 900만 명이 넘는 유튜브 구독자를 보유하게 되었다. 그 인기는 2019년 대한민국 문화연예대상 예능부문 신인상의 수상으로 이어졌다.

유튜브에서 싱어송라이터로 활동 중인 제이플라J. Fla는 2013년에 데뷔했으나 가수 활동을 이어 나가는 데 어려움을 겪자, 노래 부르는 영상을 유튜브에 업로드하기 시작했다. 단순히 다른 가수의 노래를 따라 부르는 것이 아니라, 자신만의 스타일로 바꿔 부르면서 인기를 얻었다. 제이플라는 2018년 우리나라 유튜버 중 최초로 1,000만 구독자를 달성해 다이아 버튼을 수상했으며, 지속적으로 대중적인 사랑을 받고 있다.

대표적인 1인 미디어 플랫폼 유튜브에서는 구독자 수로 유튜버

서울대 석학이 알려주는 자녀교육법 AI·디지털 리터러시

의 인기를 가늠할 수 있다. 유튜브는 구독자 수가 10만 명을 넘으면 실버 버튼, 100만 명을 넘으면 골드 버튼, 그리고 1,000만 명을 넘으면 다이아 버튼을 수여한다. 구독자가 많을수록 유튜버의 인기가 높아지고, 대중적인 영향력과 광고 수익도 증가한다. 유명 유튜버들은 매년 또래 청년 평균 수익의 수십 배를 창출하는 것으로 알려져 있다. 누구나 손쉽게 유튜브에 콘텐츠를 올리고 방송을 할 수 있다는 점에서 유튜버는 매력적인 직업으로 인식되고 있다.

그렇지만 모든 유튜버가 대중적인 인기를 얻고 성공하는 것은 아니다. 구독자가 10만 명 미만인 경우가 대다수이기 때문이다. 유튜버로서 성공했음에도, 예상하지 못한 사건으로 실패하는 경우도 있다. 예를 들어 '토이위자드'라는 유튜브 채널은 장난감 인형을 이용한 인형극으로 어린이를 대상으로 높은 구독자와 수익을 확보했으나, 2020년 유튜브가 아동 대상 채널에 대해 광고 수익을 제한하는 정책을 도입하면서 경제적으로 큰 타격을 입고 채널 운영을 중단했다. 이처럼 유튜버로 성공하는 것은 자녀들이 생각하는 것보다 어려울 뿐 아니라, 대중의 관심이나 정책 변경과 같은 외부 요인에 의해 언제든 인기가 줄어들 수 있다.

부모 입장에서는 유튜버가 불안정한 직업으로 보이나, 자녀들에게는 적은 비용으로 대중적인 인기와 고수익을 얻을 수 있는 매력적인 직업으로 보일 수 있다. 만약 자녀가 유튜버가 되고 싶다고 하면 어떤 말을 할 수 있을까? 무조건 반대하기보다 그 이유에 대해 대화를 나눌 필요가 있다. 다른 직업을 가지면서 유튜버를 병행하는 경우도 있으므로 부정적으로만 생각해서는 안 된다. 디지털 시대에 유튜브와 같은 1인 미디어는 자녀의 생각을 표현하는 새로운 수단이 될 수 있으며, 과거에 책이나 그림으로 생각을 표현했던 것처럼 1인 미디어 시대에는 동영상 매체를 통해 지식과 감정을 표현하고 대중과 공유할 수 있다. 그러므로 유튜브가 어떤 특성과 장단점을 가지고 있는지 이해할 필요가 있다.

1인 미디어 플랫폼, 유튜브의 특징

유튜브는 사용자가 동영상을 업로드·공유·시청할 수 있는 온라인 플랫폼이다. 2005년 설립되어 현재 구글의 자회사로 운영되고 있으며, 전 세계적으로 25억 명 이상이 사용하고 있다. 유튜브는 구글 검색에 이어 가장 많은 사람이 방문하는 웹사이트며, 이곳에는 매분 수백 시간의 콘텐츠가 업로드되고 있다. 많은 사람이 인기 유튜버가 추천하는 음식을 먹고 여행을 가며 상품을 구매하고 있으며, 그 영향력은 점차 커지고 있다.

유튜브는 전통적인 대중 매체와 다른 특징을 가지고 있다. 방송사·출판사·미디어 기업 등이 제작한 콘텐츠를 신문·라디오·텔레비전 등을 통해 불특정 다수에게 일방향적으로 전달하는 대중 매체와

서울대 석학이 알려주는 자녀교육법 AI·디지털 리터러시

달리, 유튜브와 같은 1인 미디어에서는 개인이나 소규모 구성원이 콘텐츠를 제작해 공유할 수 있다. 1인 미디어에서는 청중과 양방향 소통이 가능하고, 기존의 대중 매체에 비해 콘텐츠의 내용과 형식 면에서 자유롭다. 그렇기에 청중과 지속적으로 소통하면서 다양하고 창의적인 콘텐츠를 제작할 수 있다는 장점을 가진다. 1인 미디어에서 콘텐츠를 제작하고 공유하는 개인이나 단체를 1인 미디어 크리에이터라고 부르며, 특히 다른 사람에게 영향력을 많이 미치는 사람을 '인플루언서'라고 한다.

1인 미디어에는 유튜브를 포함해서 아프리카TV·카카오TV 등 영상 중심 플랫폼이 있다. 그 밖에 블로그와 같은 텍스트 중심 미디어와 팟캐스트처럼 음성 중심 미디어도 있다. 이러한 미디어를 통해 개인은 다양한 유형의 콘텐츠를 자유롭게 제작하고 배포할 수 있다. 그런데 유튜브는 1인 미디어면서 동시에 소셜 미디어의 특성도 가진다. 소셜 미디어는 사용자가 서로 콘텐츠를 공유하고 상호작용하며 커뮤니티를 형성하는 온라인 플랫폼을 의미한다. 유튜브에서도 비슷한 관심을 가진 사람들이 서로 채널을 구독하고 채팅하거나 피드백을 주고받을 수 있다.

다양한 1인 미디어 플랫폼 중 유튜브가 유독 사람들의 마음을 사로잡는 이유는 무엇일까? 가장 큰 이유는 콘텐츠가 다양해 누구나 자신이 원하는 콘텐츠를 발견할 수 있다는 점이다. 유튜브에는 일반 대중 매체에서 보기 힘든 먹방·브이로그·ASMR 등의 콘텐츠를 포함해 음악·영화·뉴스·게임·교육 등 광범위한 주제의 콘텐츠가 유통되고 있다. 인공지능 기반 추천 시스템을 통해 사용자의 과거 시청 기록과 선호도를 분석해서 맞춤형 콘텐츠를 지속적으로 제공하기도 한다. 그러니 누구나 관심사와 취향에 부합하는 동영상을 쉽게 발견할 수 있다.

또한 유튜브는 사용자가 직접 동영상을 제작해 업로드하는 개방적인 플랫폼이다. 유튜브 플랫폼 내에서 공통의 관심을 가진 사람들과 의견을 교환하고, 댓글을 달거나 '좋아요'를 누르며 상호작용할 수 있다. 라이브 스트리밍과 커뮤니티 기능은 실시간 혹은 비실시간으로 행사를 중계하거나, 사용자와 직접 소통하는 기회를 제공한다. 구독 기능은 선호하는 채널의 새로운 콘텐츠를 쉽게 발견하고 지속적으로 시청하도록 돕는다. 이처럼 다양한 커뮤니케이션 기능으로 인해 유튜브가 청소년에게 높은 인기를 얻고 있다.

유튜브가 자녀에게 미치는 영향

유튜브의 사용 시간이 증가할수록 자녀의 생각과 행동에 미치는 영향도 커진다. 유튜브가 부정적인 영향만 미치는 것은 아니며 긍정적인 측면도 있다. 예를 들어 유튜브를 통해 새로운 지식을 학습할 수 있다. 2023년 기획재정부에서 실시한 설문조사에 따르면, '경제 지식을 어디에서 배웠는가?'라는 질문에 소셜 미디어를 통해 배웠다고 응답한 고등학생은 45.6%로, 학교 수업에서 배웠다고 응답한 학생 44%보다 조금 높았다. 유튜브는 다양한 콘텐츠를 보유하고 있으므로 궁금한 점이 있으면 언제든지 검색할 수 있다.

유튜브를 통해 새로운 학습 문화가 형성되고 있다. 캠스터디 영상을 켜놓고 공부 유튜버와 실시간으로 함께 공부하는 문화가 청소년 사이에 만들어지고 있다. 학생들이 노트북에 유튜브를 켜놓고 다른 사람이 공부하는 장면을 보면서 함께 공부하는 경우도 있다. 아이들은 추가적인 비용 없이 공부하는 환경을 조성하고 또래가 공부하는 모습을 보면서 자신도 열심히 공부해야겠다는 동기를 갖는다. 다른 사람과 함께 공부하며 그에 따른 정서적인 지원을 받을 수도 있다. 집단의 행동을 따라 하려는 동조 현상이 유튜브를 매개로 나타나는 것이다.

그렇지만 유튜브는 다양한 콘텐츠를 제공하는 만큼 위험성도 내포하고 있다. 아이들은 유튜브를 통해 폭력·혐오·성인용 영상 등 불건전한 콘텐츠에 쉽게 노출된다. 유명 유튜버가 사용하는 혐오 발언이나 성적 발언을 그대로 모방해 사용할 우려도 있다. 예를 들어 부모나 조상을 비하하는 패륜적 언어 형태인 '패드립'이나 관심종자의 줄임말인 '관종'과 같은 비속어를 유튜브에서 듣고 따라 하는 초등학생이 증가하고 있다.

유튜브의 추천 알고리즘으로 인해 필터 버블 현상이 발생할 수 있다는 점도 주의해야 한다. 추천 알고리즘은 사용자의 과거 시청 기록과 선호도를 기반으로 새로운 콘텐츠를 계속해서 추천한다. 예를 들어 유튜브는 정치적으로 보수적인 성향을 가진 사람에게는 보수적인 콘텐츠를 계속 추천하고, 반대로 진보적인 성향을 가진 사람에게는 진보적인 콘텐츠만 추천할 수 있다. 그 결과 사용자는 관심사와 일치하는 콘텐츠만을 지속적으로 시청하며, 기존에 가지고 있던 편견이나 고정관념을 더 강화할 우려가 있다. 사회적 이슈에 대한 다양한 관점을 이해하고 다른 사람의 입장에서 생각해 보는 능력을 길러야 하는 청소년기에 확증 편향적 사고를 촉진하는 것은 교육적으로 바람직하지 않다.

유튜브의 교육적 활용 방안

유튜브의 잠재적 위험성을 고려하더라도, 아이들에게 단순히 '유튜브를 사용하지 말라'고 지시하는 것은 현실적이지 않다. 이미 많은 아이가 유튜브를 통해 놀이와 학습을 하는 디지털 환경에 익숙해져 있기 때문이다. 오히려 1인 미디어 시대를 살아가는 아이들을 위해 교육적인 활용 방안을 고민해야 한다. 이와 관련해 미디어 리터러시에 주목할 필요가 있다. 미디어 리터러시란 미디어를 읽고 쓸 수 있는 능력으로, 미디어에 접근하고 이를 비평하며 창조하는 능력을 의미한다. 미디어 리터러시를 기르는 데 1인 미디어 콘텐츠를 직접 제작하고 비평하는 활동이 효과적일 수 있다.

자녀의 미디어 리터러시를 향상시키기 위해 접근, 분석과 평가, 제작, 성찰, 실천의 다섯 단계에 따라 유튜브 콘텐츠를 함께 제작해 볼 것을 추천한다. 유튜브를 교육적 가치를 지닌 플랫폼으로 활용하는 데 도움이 될 것이다.

첫째, 자녀와 1인 미디어 플랫폼에 대해 탐색한다. 이 단계에서는 유튜브뿐 아니라 아프리카TV, 카카오TV, 네이버 치지직 등 다양한 플랫폼의 특징을 분석하고 공통점과 차이점을 비교할 수 있다. 자녀와 함께 1인 미디어 플랫폼을 살펴보면서 사람들이 왜 선호하는지, 대중 매체와 어떤 차이가 있는지 등을 생각해 보자. 오늘날 1인 미디어가 가지는 의미와 개인 및 사회에 미치는 영향에 대해 자녀와

유튜브를 활용한 미디어 리터러시 교육

❶ 접근	❷ 분석과 평가	❸ 제작	❹ 성찰	❺ 실천
유튜브 탐색	유튜브 동영상 분석	유튜브 동영상 만들기	유튜브 동영상 제작 과정 성찰	유튜브 동영상 공유

토의하는 것도 필요하다.

둘째, 유튜브 동영상을 분석하고 평가한다. 유튜브 내 '인기 급상 승 동영상' 목록을 보며 인기 있는 주제를 분석하고, 그 주제가 왜 사 람들의 관심을 끄는지 이해하는 것은 아이들에게 흥미로운 활동이 될 수 있다. 구글 트렌드(https://trends.google.co.kr/trends/)와 같은 도구를 활용해 최신 트렌드를 검색해 보고 특정 키워드의 인기도 변화나 검 색 빈도, 지역별 인기도 등을 한눈에 파악해 보는 것도 좋은 경험이 될 것이다.

실제 동영상을 탐색하며 동영상의 내용과 형식을 분석하는 것 도 중요하다. 이를테면 다양한 콘텐츠를 주제에 따라 분류해 볼 수 있다. 김창숙(2021)에 따르면, 유튜브 콘텐츠는 주로 교육, 브이로그, 언박싱 및 제품 리뷰, 게임으로 분류된다. 자녀에게 스스로 유튜브 콘텐츠를 분류하는 범주를 만들어 보고, 각 범주의 특성을 내용과 형 식 면에서 설명하도록 하면 유튜브를 이해하는 데 도움이 될 것이다.

동일한 주제라도 시청자에 따라 내용을 다르게 구성해야 한다 는 점도 가르칠 필요가 있다. 예를 들어 여행이라는 동일한 주제를 다루더라도 초등학생과 성인을 대상으로 한 동영상은 서로 다른 내 용을 포함한다. 초등학생은 놀이공원·인형·장난감 등을 좋아하지만 성인은 해외 관광지와 미술관 등에 더 관심을 가지기 때문이다. 동영 상 내용뿐 아니라, 등장인물이나 배경화면, 글씨체에도 시청자의 특 성을 반영할 필요가 있다.

많은 사람이 시청한 동영상과 그렇지 않은 동영상에 어떤 차이점이 있는지 분석하는 것도 도움이 된다. 일반적으로 창의적이고 혁신적인 콘텐츠는 더 많은 인기를 얻는 경향이 있다. 예를 들어 '쯔양'과 같은 인기 채널은 다량의 음식을 섭취하는 콘텐츠로 유명한데, 반대로 소량의 음식을 섭취하거나 특정 식사 방식을 소개하는 콘텐츠인 일명 '소식좌'도 시청자에게 인기를 얻고 있다. 이처럼 동영상을 분석하면서 얻은 지식은 향후 새로운 동영상을 제작할 때 참고 자료가 된다.

셋째, 유튜브 동영상을 자녀와 함께 만들어 보자. 동영상을 제작하기 전에 어떤 내용으로 만들지 계획을 세워야 하는데, '디자인 싱킹Design Thinking' 방법을 효과적으로 활용할 수 있다. 디자인 싱킹은 스탠퍼드 대학교 디자인 스쿨에서 시작되어 전 세계적으로 널리 알려진 창의적 문제 해결 과정이다. 디자인 싱킹은 크게 공감하기, 문제 정의하기, 아이디어 도출하기, 프로토타입 만들기, 테스트하기라는 다섯 단계로 구성된다. 이 단계를 따라 발산적 사고와 수렴적 사고를 반복하며 동영상을 창의적으로 제작할 수 있다. 동영상 제작과정에는 디자인 싱킹 과정을 반복적으로 실시하는 것이 필요하며, 동영상을 촬영하기 전 주요 장면을 스토리보드 형태의 프로토타입으로 만들어 다른 사람의 피드백을 받고 수정·보완하는 것도 중요하다.

영상 촬영은 디자인 싱킹을 통해 만든 스토리보드를 따라 진행해야 하며, 기본적인 촬영 장비로 비디오 카메라, 마이크, 삼각대, 촬영 소품 등이 필요하다. 과거에는 고가의 비디오 카메라가 필요했지만, 최근에는 스마트폰의 성능이 향상되어 손쉽게 고화질의 동영상을 촬영할 수 있다. 뉴진스의 'ETA' 뮤직비디오처럼 스마트폰만 사용해 전문적인 뮤직비디오를 제작하는 사례도 증가하고 있다.

동영상 제작에 필수적인 도구가 모두 스마트폰에 포함되어 있다는 점에서 자녀와 함께 동영상을 제작할 때 기술적인 어려움은 크게 줄었다. 자녀와 함께 동영상을 제작할 때는 기술적 완성도보다 창작 과정 자체를 중요하게 생각해야 한다. 자녀가 창작 활동에 자신감을 가질 수 있도록 격려하고 지지하는 것이 중요하다.

동영상 촬영 후 편집 과정에서는 다양한 편집 소프트웨어와 앱을 활용할 수 있다. 어도비Adobe의 프리미어 프로Premiere Pro와 같은

디자인 싱킹 단계에 따라 동영상 제작하기

❶ 공감하기 / ❷ 문제 정의하기 / ❸ 아이디어 도출하기 / ❹ 프로토타입 만들기 / ❺ 테스트하기

시청자의 경험, 필요, 어려움에 깊이 공감 / 다루고자 하는 문제를 명확히 정의 / 다양한 아이디어를 발산적으로 생각 / 핵심 내용을 담은 프로토타입 제작 / 프로토타입에 대한 시청자의 반응에 따라 수정·보완

서울대 석학이 알려주는 자녀교육법 AI·디지털 리터러시

전문적인 소프트웨어를 유료로 구매해서 사용하거나, 간단한 편집 기능을 제공하는 무료 앱, 유튜브 스튜디오를 이용할 수도 있다. 유튜브 스튜디오(https://studio.youtube.com)에서는 동영상을 자르거나 붙이고, 자동으로 자막을 추가하며, 음악을 삽입할 수 있다. 유튜브 오디오 보관함에 있는 음악들은 저작권 걱정 없이 사용 가능하다는 점에서 유용하다.

넷째, 동영상 제작 후 제작 과정과 산출물에 대해 성찰한다. 콘텐츠가 윤리적 규범을 준수하는지 확인하는 과정은 미디어 리터러시 학습에 도움이 된다. 자녀에게 동영상 제작 과정에서 개인정보를 보호했는지, 비윤리적인 내용을 포함하지 않았는지, 다른 사람의 저작권을 보호했는지 등에 대해 질문할 수 있다. 특히 유튜브는 저작권 침해에 매우 민감한 플랫폼으로, 직접 제작했거나 사용 승인을 받은 콘텐츠만 공유할 수 있다.

저작권은 창작물을 만든 사람이 자신의 창작물에 가지는 배타적인 법적 권리다. 창작자의 권리를 보호하고 창작 동기를 촉진한다는 점에서 저작권을 보호하는 것이 필요하다. 저작권을 보호하지 않는다면 누구나 창작물을 복제해 무단으로 사용할 것이고, 독창적인 콘텐츠를 개발하는 데 많은 시간과 노력을 들이지 않을 것이다.

저작권을 침해하는 콘텐츠를 유튜브에 공유하면 경고를 받는다. 저작권 위반 경고를 세 번 받으면 해당 계정의 모든 동영상이 삭제되고, 더 이상 새로운 채널을 만들지 못한다. 그러니 유튜브 동영상을 업로드하기 전에는 저작권 관련 규정을 면밀히 검토할 필요가 있다.

그렇지만 저작권을 과도하게 강조하면 창작물이 더 많은 사람에게 확산되지 못할 수 있다. 이를 방지하기 위해 저작권자가 설정한 조건을 지키면서 자유롭게 창작물을 사용하도록 하는 CCLCreative Commons License 제도가 도입되었다. 저작권자는 자신의 창작물에 대해 저작자 표시, 비영리 사용 여부, 변경 금지, 동일 조건 변경 허락이라는 네 가지 조건을 설정한 다음 CCL을 요청할 수 있다. 저작권자가 설정한 조건만 만족하면 콘텐츠를 자유롭게 수정하거나 재사용할 수 있다. CCL은 지식과 정보의 독점을 막고 모두가 자유롭게 창작물을 사용하는 데 기여하고 있다. 유튜브에서도 동영상을 업로드할 때 CCL을 선택할 수 있다.

마지막으로, 유튜브에 동영상을 공유하고 다른 사람과 의견을 교환한다. 유튜브 동영상을 업로드할 때 몇 가지 주의사항이 있다. 우선 유튜브 계정을 생성하려면 사용자가 만 13세 이상이어야 한다. 자녀가 13세 미만이라면, 패밀리 링크를 통해 관리되는 계정을 생성하거나 유튜브 키즈를 이용할 수 있다. 이 경우 자녀가 자신의 이름으로 채널을 만들거나 동영상을 업로드하는 것이 제한된다. 그리고 아동이 등장하는 동영상이나 아동을 대상으로 하는 동영상을 업로드할 때는 시청자층을 아동으로 설정해야 한다. 아동용 콘텐츠에는 댓글 기능과 맞춤형 광고가 제한된다.

서울대 석학이 알려주는 자녀교육법 AI·디지털 리터러시

동영상의 공개 범위를 설정하는 것도 중요하다. 동영상을 '공개'로 설정하면 누구나 볼 수 있고, '비공개'로 설정하면 창작자만 볼 수 있다. '일부 공개' 기능을 활용하면 동영상 링크를 공유한 소수의 사람만 해당 동영상을 시청하게 된다. 가족이나 친구와 공유하고 싶은 콘텐츠는 일부 공개로 설정함으로써 불특정 다수에게 공개되었을 때 발생하는 부작용을 최소화해 보자. 동영상 공유 대상을 선정할 때는 동영상의 목적·내용·대상 등을 고려해 신중하게 결정해야 한다.

콘텐츠 소비자에서 창의적인 생산자로

이 장에서는 유튜브의 특성과 장단점에 대해 살펴보고, 유튜브를 교육적으로 활용하는 방안을 탐색했다. 이미 많은 청소년이 궁금한 점이 있을 때 책을 찾아보거나 교사에게 질문하기보다 유튜브에서 관련 동영상을 검색하고 있다. 유튜브에는 다양한 콘텐츠가 있을 뿐 아니라, 핵심 내용이 짧은 길이의 동영상에 담겨 있다. 동영상은 언어와 시각 정보를 동시에 제공하므로 다른 매체에 비해 정보를 효과적으로 획득할 수 있다.

물론 유튜브 콘텐츠와 추천 알고리즘이 가지는 부정적인 측면도 있지만, 화재가 무서워 불을 사용하지 않을 수 없는 것처럼 유튜브 사용을 금지하는 것은 바람직하지 않다. 오히려 자녀가 유튜브를 제대로 이해하고, 콘텐츠의 소비자를 넘어 창의적인 생산자로 성장할 수 있도록 지속적인 관심과 격려를 해야 한다.

　유튜브에 관심 있다고 해서 모든 사람이 1인 미디어 크리에이터가 되는 것은 아니다. 자녀의 미디어 리터러시를 향상시키기 위해 유튜브 사용 경험을 서로 공유하고, 동영상을 함께 제작해 볼 필요가 있다. 1인 미디어 크리에이터가 되지 않더라도 미디어 리터러시는 모든 사람에게 필요하기 때문이다. 이 장에서는 유튜브의 교육적 활용 방안으로 유튜브 탐색하기, 동영상 분석하기, 동영상 만들기, 제작 과정 성찰하기, 동영상 공유하기를 제안했다. 이 활동 중 몇 가지를 선택해 자녀와 함께 해볼 것을 추천한다.

서울대 석학이 알려주는 자녀교육법 AI·디지털 리터러시

디지털 리터러시의 빈익빈 부익부

인공지능 시대에는 디지털 리터러시 수준이 높은 사람일수록 과제를 더 효율적으로 수행하고, 원하는 직업을 가질 가능성이 더 크다. 하지만 모든 학생의 디지털 리터러시가 높은 것은 아니다. 8장에서는 디지털 격차가 발생하는 이유와 자녀의 디지털 리터러시를 높이기 위한 활동 등에 대해 살펴보자.

디지털 격차와 교육 격차

사회의 다양한 분야에서 '빈익빈 부익부' 현상이 나타나는데, 디지털 교육에서도 사회·경제적 배경에 따른 격차가 발생한다. 현재 전세계 인구의 약 절반인 36억 명이 인터넷을 사용하지 못하고(OECD, 2021), 전 세계 학생의 3분의 1에 해당하는 4억 6,300만 명 이상이 정책 지원이나 장비의 부족으로 코로나-19 팬데믹 기간 동안 원격 학습에 참여하지 못했다(UNESCO, 2021).

지능정보화 시대에 디지털 격차는 교육 격차와 사회·경제적 불평등으로 이어질 수 있다. 코로나-19 팬데믹으로 중동과 아프리카의 개발 도상국에서는 오랜 기간 학교가 폐쇄되고 디지털 장비가 부족해 원격 교육이 실시되지 못했다. 그 결과 다른 선진국과 비교했을 때 교육 격차가 심화되었다. 이러한 교육 격차는 청소년이 성인이 되었을 때 사회·경제적 불평등으로 이어질 가능성이 높다. 인공지능 시대에는 디지털 리터러시가 점점 더 중요해지고 있으므로, 디지털 리터러시가 부족한 사람은 원하는 직업을 가지는 데 큰 어려움을 겪을 수 있다.

코로나-19 팬데믹 초기 우리나라에서도 디지털 기기와 온라인 학습 지원의 부족으로 원격 교육에 소외된 학생들이 있었다. 경제적으로 열악한 가정의 학생일수록 온라인 수업에 집중하기 어려운 장소에서 공부하고, 가정에 컴퓨터가 없거나 인터넷 속도가 느려 학습에 방해를 받는 경우가 많았다. 교육청에서 온라인 수업에 필요한 장비를 지원하더라도, 디지털 기기를 활용하는 능력이 부족해 온라인 수업에 적극적으로 참여하지 못하는 사례도 있었다. 이처럼 디지털 격차로 인한 교육 격차는 팬데믹 이후 대면 수업이 이루어진 상황에서도 지속될 가능성이 있다.

학교에 AI 디지털 교과서가 도입되고 디지털 전환이 가속화될수록 디지털 격차로 인한 교육 불평등이 심화될 우려가 있다. 어떻게 하면 디지털 격차를 줄일 수 있을까? 이 질문에 대한 답은 생각보

서울대 석학이 알려주는 자녀교육법 AI·디지털 리터러시

다 간단하지 않다. 필자가 초등학교 교사를 대상으로 디지털 격차에 대한 면담을 실시한 결과, 교사들은 디지털 역량이 높은 학생과 낮은 학생이 한 교실에 있어 디지털 교육을 실시하기 어렵다고 했다(박세진 외, 2021).

> 디지털이 다 그렇듯이 세팅 자체가 시작의 반이니까요. 세팅 자체에 시간을 좀 줄이면 콘텐츠를 더 오래 즐길 수 있는데, 그게 안 되니까요.(초등교사 M)

> 계속 돌아다니면서 아이들을 봐 줘야 하는데, 그럼 다른 학생들은 모두 기다려야 하는 게 제일 힘들었던 것 같아요.(초등교사 A)

위 면담 내용에서 알 수 있듯 디지털 역량의 차이는 교사가 의도한 대로 수업이 효과적으로 이루어지는 데 여러 한계를 야기한다. 이로 인해 교사가 디지털 교육을 하지 않는다면, 학생들의 디지털 격차는 악화될 것이다. 따라서 이러한 악순환을 끊고 디지털 격차를 줄이는 것이 학교 교육의 중요한 이슈로 부상하고 있다. 다음에서 디지털 격차의 의미를 자세히 살펴보고, 디지털 격차를 해소하기 위해 교사와 학부모가 무엇을 할 수 있을지 알아보자.

디지털 기기의 활용 능력 키우기

전통적으로 디지털 격차는 스마트폰이나 컴퓨터와 같은 정보통신 기기를 소유한 사람과 그렇지 못한 사람 간의 역량 차이를 의미한다. 이러한 격차는 정보 접근성, 기술 활용 능력, 디지털 리터러시 등 다양한 영역에서 나타난다. 전 세계에서는 디지털 격차를 줄이기 위해 다양한 노력이 진행되었다. 2005년 MIT에서는 OLPCOne Laptop per Child라는 프로젝트를 시작해 디지털 기기에 접근하기 어려운 전 세계 어린이들에게 1인당 1대의 노트북을 제공하고자 했다. 그 결과 XO-1이라는 저렴한 노트북이 약 300만 명의 학생에게 전달되었다.

우리나라에서도 코로나-19 팬데믹 이후 1인 1디지털 기기 보급을 위한 노력이 활발하게 이루어지고 있다. 예를 들어 서울시교육청은 2022년부터 모든 중학생에게 1인 1스마트 기기를 지원하는 '디벗(Digital + 벗)' 사업을 실시하고 있으며, 이와 유사한 사업이 다른 지역 교육청에서도 진행되고 있다. 모든 학생이 가정 환경과 상관없이 스마트 기기를 가질 수 있다면, 접근성 측면에서 디지털 격차를 줄이는 데 기여할 것이다. 그리고 스마트 기기를 학교에서 더 많이 활용함으로써 모든 학생의 디지털 리터러시를 높이고 수업을 혁신하는 데 영향을 미칠 것이다.

하지만 모두가 동일한 디지털 기기를 사용할 수 있다고 해서 디지털 격차가 해소되는 것은 아니다. 2018년 정보통신정책연구원에

서울대 석학이 알려주는 자녀교육법 AI·디지털 리터러시

서 실시한 조사에 따르면, 중고등학생의 스마트폰 보급률은 95% 이상으로 매우 높은 편이며, 초등학교 고학년 학생 중 81%가 스마트폰을 소유했다(김윤화, 2019). 우리나라 중고등학생 대부분이 스마트폰을 가지고 있다는 말인데, 그렇다면 우리나라 학생들 간 디지털 격차는 거의 없다고 볼 수 있을까? 디지털 기기에 대한 접근성 측면에서는 격차가 많이 줄어들었지만, 디지털 기기를 사용하는 능력에서는 여전히 디지털 격차가 존재한다.

　디지털 기기의 보급률을 넘어 디지털 기기를 어떻게 활용하는지에 주목할 필요가 있다. 많은 학생이 디지털 기기를 동영상 시청, 게임, 소셜 네트워킹 등의 목적으로 사용하고, 학습을 위해 자발적으로 활용하는 경우는 드물다. 반면 디지털 기기를 정보를 검색하고, 창의적인 콘텐츠를 만들며, 협력적으로 과제를 수행하기 위해 사용하는 학생도 있다. 예를 들어 단순히 동영상을 시청하기 위해 유튜브를 활용하는 것이 아니라, 독창적인 아이디어를 동영상으로 만들어 다른 사람과 공유하는 것이다. 이러한 활동에 참여하는 학생을 '프로슈머'라고 부른다. 이처럼 동일한 디지털 기기라고 하더라도 사용 목적과 방법이 다르며, 그로 인해 발생하는 격차를 '디지털 사용 격차'라고 한다.

　가정의 사회·경제적 배경에 따라서도 디지털 사용 격차가 발생할 수 있다. 라이시 등의 연구(Reich et al., 2012)에 따르면, 미국 부유한 지역의 학생은 가난한 지역의 학생보다 과제나 포트폴리오를 작성하는 데 위키wiki를 더 많이 사용했다. 반면 가난한 지역의 학교에서는 학생 절반이 위키를 전혀 사용하지 않았고, 위키를 사용할 때도 단순히 정보와 자료를 공유하는 목적이었다. 가난한 지역과 부유한 지역의 학생들에게 위키를 사용하는 방식의 차이가 있는 이유는 디지털 리터러시의 격차 때문이다. 부유한 가정의 학생일수록 부모와 다른 성인의 도움을 받아 디지털 기기로 고차적 사고가 필요한 과제를 수행할 수 있다. 그러나 부모의 교육 수준이 낮은 경우 자녀가 디지털 기기를 사용해 학교 과제를 수행하는 데 적극적인 도움을 주지 못할 수 있다.

가정에서 발생하는 디지털 사용 격차를 해소하기 위해서는 학교의 역할이 중요하다. 학교는 누구나 인공지능 시대를 살아가는 데 필요한 디지털 리터러시를 개발할 수 있도록 지원해야 한다. 그런데 현재 우리나라 디지털 교육의 실태는 다소 부정적이다. 국제 성취도 평가인 PISA에 따르면, 우리나라 학생들의 교과 수업시간 디지털 기기 활용도는 OECD 32개국 중 최하위권에 속한다(한국교육학술정보원, 2020). 수업 시간에 학생들이 디지털 기기를 이용하는 비율은 2.96%로 OECD 평균인 8.2%보다 크게 낮았다. 수업 시간 중 교사만 디지털 기기를 사용한다는 응답도 53-57%로, OECD 평균인 24-29%보다 높았다. 이러한 결과는 수업 중 교사가 주로 디지털 기기를 사용하고 학생이 능동적으로 디지털 기기를 사용하는 기회는 매우 부족하다는 것을 의미한다. 향후 모든 학생의 디지털 리터러시를 향상시키기 위해서는 학교 교육을 개선해야 하며, 이 과정에 학부모의 적극적인 동참이 필요하다.

디지털 격차 해소를 위한 실천 방안

디지털 격차를 해소하기 위해 학교뿐 아니라 가정에서도 자녀의 디지털 리터러시에 관심을 가져야 한다. 디지털 리터러시를 향상하려면 디지털 기기 사용의 양과 질을 모두 높여야 한다. 먼저, 부모는 다양한 디지털 기기와 소프트웨어를 사용하는 기회를 제공해야 한다. 가정에서 디지털 기기 사용을 엄격히 제한하면 디지털 리터러시를 향상시킬 기회가 부족할 것이다. 반면 부모가 새로운 디지털 기기에 관심을 가지고 적극적으로 활용하면, 자녀도 디지털 기기에 쉽게 접근할 수 있을 것이다. 자녀가 능동적으로 디지털 기기를 사용해 보고 시행착오를 거치면서 스스로 학습할 수 있도록 지원해야 한다. 필자가 면담한 초등학교 교사들도 디지털 기기의 사용 경험이 학생의 자신감을 높이는 데 중요한 역할을 한다고 했다(박세진 외, 2021).

> 아무래도 일단 학생이 다뤄 보는 게 중요해요. 아예 안 해보는 것보다는 한 번이라도 디지털 기기를 사용해서 과제를 해결해 본 경험이 있는 학생들이 디지털 교육에 자신감도 가지고 활용 방법도 아니까요.

일단 해보는 게 학생들의 디지털 강화 측면에서 좋아요. (초등교사 K)

스마트폰에 익숙한 디지털 네이티브 중에서도 컴퓨터 사용 능력이 부족한 경우가 많다. 스마트폰 터치스크린을 이용해 직관적으로 상호작용하는 데 익숙한 학생에게 컴퓨터의 키보드와 마우스는 낯설게 느껴질 수 있다. 컴퓨터 사용 경험이 부족한 학생들은 키보드의 자판에 익숙해지는 데 상당한 노력을 기울여야 한다. 이런 이유에서 일부 초등학생들은 글쓰기 활동을 할 때 컴퓨터보다 스마트폰으로 작성하는 것을 더 선호한다. 그렇지만 학년이 올라갈수록 스마트폰으로 하기 힘든 복잡한 과제가 증가하므로 어려서부터 컴퓨터 사용법을 배우는 것이 필요하다.

자녀에게 컴퓨터의 기본적인 사용법을 가르치고, 타자 연습을 통해 자판에 익숙해지도록 하면 학교에서 한글이나 파워포인트를 사용할 때 어려움을 겪지 않고 과제를 능숙하게 수행할 수 있을 것이다. 한컴타자연습 웹사이트(https://www.hancomtaja.com)를 활용하면 다양한 게임을 통해 자판의 위치를 쉽게 익힐 수 있다. 자판의 위치를 의식적으로 생각하지 않더라도 컴퓨터로 글을 작성할 수 있도록 반복적으로 연습해야 한다.

단순히 디지털 기기를 많이 사용한다고 디지털 리터러시가 높아지는 것은 아니다. 많은 학생이 동영상 시청, 게임, 소통 등의 목적으로 스마트폰을 자주 사용하지만, 정보 검색, 문제해결, 협력 등의

서울대 석학이 알려주는 자녀교육법 AI·디지털 리터러시

목적으로 사용하는 경우는 매우 드물다. 아래 초등학교 선생님의 일화에서 알 수 있듯이 학생들의 스마트폰 사용 빈도에 비해 디지털 리터러시 수준은 낮은 편이다(박세진 외, 2021). 디지털 네이티브라고 무조건 디지털 기기를 잘 사용할 것이라고 과대 평가하지 않도록 주의를 기울여야 한다.

> 정보를 모으는 능력은 '전반적으로 아직 6학년 학생들한테 기대하기 조금 어렵겠구나'라는 생각을 많이 했어요. 어떤 것을 조사해 오라고 하면, 일단 처음에 출처를 하나도 달지 않고 과제를 제출해요. 출처가 중요하다는 수업을 하면, 다음에 제출한 자료에는 출처를 '네이버'라고 적어서 와요. 그래서 네이버라는 개념에 대해 또 한참 설명을 해주어야 하죠. 또 네이버에서 자료를 찾을 때도 아직 학생들이 신뢰할 수 있는 자료를 판별하는 데 어려움이 있어요. 여전히 지식인에서 자료를 긁어 옵니다.(초등교사 A)

앞서 언급한 디지털 사용 격차를 줄이기 위해 자녀가 디지털 기기를 활용해 '유의미 학습'을 하도록 지원할 수 있다. 유의미 학습은 새로 학습하는 내용을 기계적으로 암기하는 것이 아니라 사전 지식과 잘 통합할 때 이루어진다. 유의미 학습을 위해 디지털 기기를 사용해서 능동적·구성적·협력적·실제적·의도적 학습을 할 수 있다 (Howland et al., 2011). 디지털 기기를 직접 조작하고 그 결과를 관찰함으로써 능동적 학습을 하고, 자신의 생각을 글·이미지·동영상 등으로 명료하게 표현하고 경험을 성찰함으로써 구성적 학습을 할 수 있다. 협력적 학습을 위해 다른 사람과 공동으로 과제를 수행하고 SNS로 대화를 나누며, 실제적 학습을 위해 구체적인 맥락에서 다양한 관점을 고려하는 복잡한 문제를 해결할 수도 있다. 마지막으로 의도적 학습은 명확한 목적 의식을 가지고 스스로 계획을 세우며, 점검하고 조정하는 활동을 의미한다. 이러한 활동을 위해 디지털 기기를 어떻게 활용할 수 있는지 자녀에게 가르치면 디지털 리터러시 향상에 효과적일 것이다. 구체적으로 어떤 활동을 할 수 있는지 살펴보자.

자녀와 함께 집 주변의 동식물을 스마트폰으로 촬영하고, 해당 이미지에 대한 정보를 인터넷에서 검색해 보자. 이때 네이버 스마트 렌즈나 구글 렌즈를 사용하면 이미지 검색이 가능하다. 무심코 지나치기 쉬운 동식물에 대한 정보를 검색하는 것은 자녀의 호기심을 유발하는 데 효과적일 것이다. 스마트폰으로 유사 이미지나 관련 정보를 인터넷에서 검색한 다음, 자녀에게 추가적인 질문을 만들도록 할 수도 있다. 스스로 질문을 만들고 답을 찾는 과정에서 새로운 지식을 학습하고 정보 검색 능력도 향상될 것이다. 또한 인터넷에서 검색한 정보의 신뢰도를 평가하기 위해 다양한 출처를 비교해 보는 것도 디지털 리터러시 향상에 도움이 된다.

자녀의 창의력·문해력·의사소통 능력을 길러 주기 위해 디지털 스토리텔링 활동을 함께하는 것도 좋다. 온라인에서 이야기책을 만

서울대 석학이 알려주는 자녀교육법 AI·디지털 리터러시

드는 과정에서 창의적인 사고를 하게 되고, 자신의 생각을 글과 이미지로 표현하는 과정에서 문해력과 의사소통 능력이 향상될 것이다. 디지털 스토리텔링을 돕기 위해 다양한 플랫폼을 사용할 수 있는데, 스토리버드(https://storybird.com) 웹사이트는 어린이들이 사용 가능한 다양한 이미지와 탬플릿을 제공해 준다. 다른 사람이 만든 이야기책을 보거나 웹사이트에서 제공하는 이미지를 보면서 어떤 이야기를 만들지 구상해 보자.

자녀가 창의적인 생각을 할 수 있도록 대화를 나누는 것도 도움이 된다. 이야기의 내용을 구체적으로 제시하기보다는 자녀가 자유롭게 생각하면서 스스로 이야기를 만들어 가도록 도와야 한다. 부모는 과도한 개입을 피하고 촉진자 역할을 하는 것이 필요하다. 이야기책을 만든 다음에는 웹사이트에서 다른 사람이 읽을 수 있도록 공개하고 의견을 나눠 보자. 자녀가 만든 이야기책을 실제로 다른 사람이 읽고 피드백을 준다는 점에서 실제적인 학습이 이루어질 것이다.

스마트렌즈를 활용한 검색과 디지털 스토리텔링 활동은 자녀의 디지털 리터러시를 향상시킬 뿐 아니라 유의미 학습과 능력 개발에도 도움이 될 것이다. 그렇지만 이러한 활동이 자녀교육에 관심 있는 소수의 가정에서만 이루어진다면 디지털 격차 해소에 큰 도움이 되지 않는다. 가정 환경과 상관없이 모든 학생이 유의미 학습에 디지털 기기를 사용할 수 있도록 교육적 기반을 조성할 필요가 있다. 특히 사회·경제적으로 소외된 학생들의 디지털 리터러시를 향상하는 데 국가와 시민단체가 더 많은 관심을 가져야 한다.

가정과 학교의 역할

부모의 사회·경제적 배경은 자녀의 디지털 리터러시 발달과 학업 성취에 중요한 영향을 미친다. 어려서부터 가정에서 스마트폰·태블릿 PC·컴퓨터 등을 사용할 기회가 많고, 부모에게 디지털 기기를 어떻게 효과적으로 사용할 수 있는지 혹은 어떻게 과도한 의존을 예방할 수 있는지 교육 받은 학생은 디지털 리터러시가 높을 것이다. 반대로 가정에서 디지털 기기를 사용한 경험이 부족하고, 부모에게 디지털 기기 사용법을 교육받지 못한 학생은 디지털 리터러시가 낮을 것이다.

디지털 격차를 해소하고 모든 학생의 디지털 리터러시를 높이기 위해서는 학교가 주요한 역할을 해야 한다. 만약 디지털 격차로 인해 수업 중 디지털 기기를 사용하지 않는다면, 학생들 간 디지털 격차는 심화되고 교육 불평등으로 이어질 것이다. 교사가 디지털 수업을 능동적으로 실시할 수 있도록 학부모의 적극적인 지원과 참여가 필요하다.

자녀가 능동적으로 디지털 기기를 사용하고 시행착오에 대해 스스로 성찰할 때 디지털 리터러시가 향상될 것이다. 이를 위해 학교

서울대 석학이 알려주는 자녀교육법 AI·디지털 리터러시

밖의 다양한 자원을 적극적으로 활용할 필요가 있다. 자녀와 함께 집에서 가까운 박물관·미술관·과학관 등을 방문해 인공지능·로봇·혼합현실 등 첨단 테크놀로지를 직접 경험해 볼 것을 추천한다. 예를 들어 국립중앙박물관의 가상현실 체험룸을 방문하면 학예사가 되어 문화재를 관리하고 연구하는 과정을 가상현실로 체험해 볼 수 있다. 이러한 체험을 통해 첨단 테크놀로지에 관심을 가지고 이를 유의미 학습에 활용하는 방안을 탐색해 보자.

9장

인공지능의 이상과 현실

인간과 인공지능은 어떤 점에서 서로 비슷하고 다를까? 인공지능을 정확히 이해하면 자녀의 학습과 발달에 인공지능이 어떤 영향을 미칠지 예측하는 데 도움이 된다. 인공지능이 무엇이고 어떻게 역사적으로 발달해 왔는지 살펴보자. ✏️

인공지능 기술의 발전

인공지능이라는 단어를 들었을 때 머릿속에 무엇이 가장 먼저 떠오를까? 필자는 2016년 이세돌 9단과 바둑 경기를 했던 알파고AlphaGo가 가장 먼저 생각난다. 이세돌 9단이 큰 점수 차이로 이길 것이라는 예상과 달리, 알파고가 4대 1로 승리하면서 많은 사람에게 충격을 주었다. 이제 와 다시 생각해 보면, 알파고가 수천 개의 CPU와 수백 개의 GPU를 활용해 대량의 계산을 수행한 것과 달리 이세돌 9단은 혼자 경기에 참여했기 때문에 공정한 대결이라고 보기 어려운 것 같다.

서울대 석학이 알려주는 자녀교육법 AI·디지털 리터러시

약 16만 개의 바둑 기보를 딥러닝으로 학습하고 강화학습을 통해 다양한 상황에서 최적의 전략을 학습한 알파고는 직관과 경험에 의존하는 인간과 다른 방식으로 바둑을 두었다.

알파고 이후로 인공지능에 대한 대중의 관심이 크게 증가했으며, 인공지능 기술을 활용한 다양한 서비스와 제품이 개발되었다. 예를 들어 의료 분야에서는 아동의 손목 엑스레이 사진을 분석해 골 연령을 판독하는 인공지능 기술이 개발되었다. 이를 통해 성장 과정에 있는 아이들의 뼈 나이를 판단할 수 있게 되었다. 또래에 비해 뼈 나이가 많다면 성장판이 일찍 닫힐 가능성이 있으며 이는 키 성장에 영향을 준다. 이러한 분석 결과를 바탕으로 부모에게 아이의 성인 예상 키와 같은 정보를 담은 성장 보고서를 제공해 준다.

인공지능 기술을 활용한 자율주행 자동차 역시 빠르게 발전하고 있다. 자율주행 자동차는 센서·카메라·라이다 등의 기술을 활용해 운전을 보조하는 기능을 제공한다. 자율주행 기술은 0단계(비자동화)부터 5단계(완전 자동화)까지로 분류되는데, 0단계에서는 인공지능 기술이 전혀 사용되지 않는 반면 5단계에서는 인간의 개입 없이 인공지능이 모든 운전을 담당한다. 현재 대부분의 자율주행 자동차는 2단계에서 3단계 사이로, 운전자의 운전 부담을 줄이고 안전한 운전을 보조하는 역할을 수행한다. 예를 들어 테슬라는 자율주행 자동차 분야에서 크게 성장했는데, 방대한 데이터를 바탕으로 차선 유지, 속도 조절, 긴급 제동, 후방 추돌 회피 등의 기능을 지원한다.

사람의 언어를 이해하고 자연스럽게 대화를 나누는 인공지능 기술도 크게 성장했다. 2022년 11월 출시된 인공지능 챗봇 챗GPT는 전 세계의 주목을 받으며 다양한 분야에서 사용되고 있다. 챗GPT는 초거대 언어 모델에 기반해 사람과 자연스럽게 질의응답하고, 언어 생성 능력이 뛰어나 번역, 요약, 정보 검색 등의 작업을 효율적으로 수행한다. 우수한 성능으로 인해 출시 두 달 만에 1억 명 이상의 사용자를 확보할 정도로 인기가 높다.

최근 챗GPT의 능력을 검증하기 위해 흥미로운 연구가 진행되었다(Ayers et al., 2023). 소셜 미디어에서 수집된 환자의 질문 195개에 대한 의사의 답변을 챗GPT의 답변과 비교한 결과, 챗GPT의 응답이 품질과 공감 측면에서 의사보다 더 높은 점수를 얻었다. 이러한 예는 인공지능이 다양한 분야에서 인간의 삶을 향상시키는 데 유용하게 활용될 수 있음을 시사한다.

인공지능 디스토피아

인공지능이 우리 삶을 풍요롭게 만들 것이라는 긍정적인 전망과 달리 인간의 생존을 위협할 것이라는 우려도 있다. 스티븐 호킹Stephen Hawking과 같은 학자들은 인간의 지능을 추월하는 인공지능의 등장으로 로봇이 인간을 지배할 것이라고 경고했다. 이러한 주장을 뒷받침하는 사례는 점차 증가할 것으로 예상된다.

2023년 가상훈련에서 인공지능 드론이 통제관의 명령을 어기고 임무수행에 방해가 된다는 이유로 통제관을 공격한 일이 있었다. 미국 공군은 인공지능 드론에 지대공 미사일 시스템을 식별해서 파괴하고, 이 명령을 방해하는 장애물은 제거하라고 지시했다. 그리고 실제 폭격을 진행할지 여부는 인간 통제관의 승인을 받아 진행하도록 했다. 이후 인공지능 드론이 목표물을 식별한 다음, 인간 통제관이 폭격을 금지했을 때 어떤 일이 발생할지 시뮬레이션이 이루어졌다. 그러자 목표물을 파괴할 때 높은 보상을 받도록 강화학습을 받은 인공지능 드론은 인간 통제관을 공격하거나, 인간과 인공지능 간의 소통을 차단하기 위해 통신 타워를 파괴하는 예상치 못한 결과를 보였다. 가상훈련이기 때문에 실제 사람이 다친 것은 아니지만, 이 시뮬레이션은 인공지능이 인간의 통제를 벗어나 자신의 임무수행을 위해 인간을 공격할 수 있음을 시사한다.

인공지능으로 인해 인간의 일자리가 사라질 것이라는 우려도 있다. 인공지능이 인간을 대신해 지적 노동을 하는 사례가 점차 증가하고 있다. 예를 들어 생성형 인공지능은 세무사·회계사·작가·웹디자이너·기자·법무사 등이 하는 지적 노동의 일부를 대체할 것으로 예상된다. 단순하고 반복적으로 이루어지는 지적 노동일수록 인공지능으로 쉽게 대체될 것이다. 오히려 식품 제조·농업·자동차 수리 등 육체 노동이 필요한 직업은 인공지능으로 대체되기 어려운 것으로 알려져 있다. 그렇지만 해당 분야에서는 이미 인간을 대신해 기계가 많은 일을 하고 있다. 로봇이 발달하면 육체 노동의 더 많은 부분을 기계가 담당할 것이다.

인공지능이 '빅 브라더' 역할을 한다면 사생활 침해가 심각해질 것이다. 빅 브라더는 조지 오웰George Orwell의 소설 『1984』에서 개인의 사생활을 통제하고 감시하는 전체주의적 권력을 상징한다. 인공지능이 개인화된 서비스를 제공하기 위해서는 인터넷과 디지털 기기로부터 개인의 선호도와 활동에 대한 빅데이터를 지속적으로 수집하는 것이 필요하다. 이러한 데이터가 축적되면 인공지능 기업이 빅 브라더와 같은 역할을 할 수 있다.

법률로 개인정보 수집에 대한 동의를 얻도록 하고 있지만, 많은 사람이 인공지능 기업에 어떤 데이터가 수집되고 어떻게 활용되는지 잘 인식하지 못한다. 그러니 인공지능 기술의 발달을 위해 과도하게 많은 개인정보를 수집하는 것도 경계해야 한다. 예를 들어 중국에서는 컴퓨터 비전 기술을 활용해 무단 횡단하는 사람의 얼굴을 식별하고, 즉시 이름과 사진을 주변에 설치된 전광판에 공개해 위법 사실을 알리는 시스템을 개발했다. 이러한 시스템은 개인의 자유와 사생활을 침해할 가능성이 높다.

인공지능 기술이 급속히 발전하면서 과거에 경험하지 못한 일들이 발생하고 있다. 이러한 상황에서 사람들은 인공지능에 대한 유토피아적인 전망과 디스토피아적인 전망을 동시에 내놓고 있다. 인

서울대 석학이 알려주는 자녀교육법 AI·디지털 리터러시

공지능의 유용성을 최대화하고 부작용을 최소화하기 위해서는 인공지능을 정확히 이해해야 한다. 인공지능에 대한 이해를 바탕으로 미래 사회의 변화를 예측하고 인공지능과 공존하는 방안을 모색할 수 있을 것이다.

인공지능과 일상생활

인공지능은 컴퓨터에 지능적인 업무를 명령하는 기술이다. 컴퓨터가 인간처럼 논리적으로 추론하고, 데이터로부터 패턴을 인식하고 문제를 해결하거나 의사결정을 할 때 이를 '인공지능'이라고 부른다. 인공지능은 인간 지능에 대한 이해를 바탕으로 인간의 지능적인 사고와 행동을 모방하도록 개발되었다. 이에, 인공지능을 지능형 에이전트를 연구하는 분야로 정의하는 경우도 있다(김진형, 2020).

지능형 에이전트는 지각·판단·행동을 담당하는 세 가지 요소로 구성된다. 인간이 눈이나 귀를 통해 정보를 수집하는 것처럼 인공지능은 조도·소리·가속도 센서 등 다양한 센서를 이용해 데이터를 수집한다. 이렇게 수집된 데이터는 인공지능 알고리즘의 분류·예측·추론에 활용된다. 인공지능 알고리즘은 인간의 두뇌처럼 판단을 내리는 역할을 한다. 판단 결과는 행동으로 이어지고, 이때 스피커·모터·로봇 팔 등 액추에이터Actuator가 사용된다. 이 중에서 판단을 담당하는 알고리즘과 소프트웨어는 인공지능의 핵심적인 요소이며, 센서와 액추에이터는 인공지능 시스템이 세상과 상호작용할 수 있도록 돕는 역할을 한다.

기계가 지능을 가졌다는 것을 어떻게 해석하는지에 따라 인공지능의 의미는 달라질 수 있다. 인공지능 연구의 초기 단계에서는 인간과 유사하게 행동하면 기계가 지능을 가졌다고 인식했다. 예를 들어 튜링 테스트Turing Test는 기계가 인간처럼 행동하는지 판단하는 데 사용되었다. 튜링 테스트는 다음과 같이 진행된다. 세 명의 참가자 A, B, C가 있다. C는 판단자로서 자신과 대화하는 A 혹은 B가 사람인지 기계인지 판단해야 한다. 이들은 서로 얼굴을 볼 수 없으며, 컴퓨터 스크린을 통해 문자로만 소통할 수 있다. 만약 C가 자신과 대화하는 A와 B 중 기계가 있음을 알아차리지 못한다면, 해당 기계가 지능을 가졌다고 판단한다. 이 튜링 테스트는 기계가 인간처럼 대화를 하는지에 초점을 둔다. 2023년 언론을 통해 챗GPT가 튜링 테스트를 통과해 인간처럼 글을 쓰고 대화를 할 수 있다고 알려졌다.

일각에서는 기계가 얼마나 인간처럼 행동하는지가 아니라 얼마나 합리적으로 사고하는지를 기준으로 지능을 판단해야 한다고 주장한다. 인간이 항상 합리적인 의사결정을 하는 존재는 아니므로, 인간의 비합리적인 행동마저도 모방하는 기계를 인공지능이라고 부르기는 어렵다. 예를 들어 코로나-19 팬데믹 기간에 백신 접종을 둘러싼 논쟁이 있었다. 백신이 가져올 건강상의 이익과 부작용으로 인한

서울대 석학이 알려주는 자녀교육법 AI·디지털 리터러시

피해를 합리적으로 비교하면, 백신을 접종해야 한다고 결론 내릴 수 있다. 그럼에도 불구하고 국내외에서 백신을 거부하거나 반대하는 운동이 있었다는 점을 생각하면, 합리적인 사고 외에 감정이나 직관이 인간의 의사결정에 중요한 역할을 한다는 것을 알 수 있다.

인공지능은 수학적 계산과 논리에 기반해 합리적인 의사결정을 하기 때문에, 인간처럼 행동하는 것보다 합리적으로 사고하는 것이 기계의 지능을 정의하는 데 더 적합하다고 여겨진다. 인간과 기계의 지능이 서로 다르다는 점을 인정하고 기계가 인간보다 더 잘할 수 있는 영역을 탐색할 필요가 있다. 알파고와 이세돌 9단의 바둑 경기에서 알파고가 가끔 인간이 이해하기 힘든 행동을 보인 경우가 있었다. 어쩌면 인간의 눈에는 비합리적으로 보인 행동이 알파고에게는 최적의 합리적인 결정이었을 수도 있다.

한편 일상생활에서 다양한 업무를 수행하는 인공지능을 만날 수 있다. 인공지능에 대한 과장광고에 속지 않기 위해서는 인공지능이 적용된 예와 그렇지 않은 예를 잘 구별해야 한다. 인공지능이 적용된 대표적인 예로 인공지능 로봇 청소기가 있다. 거리 센서와 카메라 등을 이용해 주변 환경을 감지하고, 집 구조와 바닥 상태를 파악해 장애물을 피하고 효율적으로 청소 경로를 설정한다. 머신러닝 모델을 사용해 바닥 표면과 먼지 유형에 따라 최적의 청소 방법을 선택할 수도 있다. 인공지능 로봇 청소기와 달리, 사람이 원격 조종을 해야 하는 레이싱카는 인공지능이라고 하기 어렵다. 레이싱카는 스스로 판단하거나 결정하는 능력이 없으며, 사용자의 명령에 따라 움직이기 때문이다. 기계가 데이터와 알고리즘에 따라 스스로 결정을 내릴 수 있는지가 인공지능의 적용 여부를 판단하는 데 중요하다.

또 다른 인공지능의 예로 스마트폰에 사용되는 자동 얼굴 보정 앱이 있다. 이 앱은 사진에서 얼굴을 감지하고 피부 톤, 주름, 주근깨 등을 자동으로 보정해 준다. 과거에는 전문가가 포토샵의 다양한 도구를 사용해 이미지의 각 부분을 하나씩 보정했다. 하지만 이제는 사람이 직접 이미지를 분석하고 어떤 부분을 어떻게 수정할지 명령하지 않아도 자동 얼굴 보정 앱의 인공지능 알고리즘이 알아서 보정해 준다. 사람이 하던 일을 인공지능이 대체하면서 디자인 기술이 없는 사람도 손쉽게 얼굴 이미지를 보정할 수 있게 되었다. 이처럼 자동화는 인공지능 기술의 주요한 특징이다.

'심심이'와 '이루다'와 같은 챗봇도 일상생활에서 쉽게 접할 수 있는 인공지능이다. 인공지능 챗봇은 자연어 처리 기술을 활용해 사람과 자연스럽게 대화를 할 수 있다. 2013년 개봉한 영화 〈그녀Her〉에서 주인공 테오도르는 인공지능 운영 시스템인 사만다와 사랑에 빠지는데, 인공지능 챗봇이 발달하면 이처럼 인간과 높은 친밀감을 형성할 수 있을 것이다. 사람과 자연스럽게 대화하면서 정보를 제공하는 챗봇은 은행·병원·기업·공공기관 등 민원 업무가 많은 곳에서 유용하게 활용될 것이다.

최근에는 인공지능 기술이 발달하면서 모든 고객의 질문에 동

서울대 석학이 알려주는 자녀교육법 AI·디지털 리터러시

일하게 응답하는 규칙 기반의 챗봇을 뛰어넘어, 개인화된 응답을 할 수 있는 인공지능 챗봇이 사용되고 있다. 챗봇이 과거에 나누었던 대화 내용을 기억하거나 음성 서비스를 제공한다면 그 활용도가 더 높아질 것이다.

인공지능은 인간처럼 생각할까?

인간과 인공지능의 차이점을 아는 것은 인공지능의 장단점을 이해하고 역할을 정하는 데 도움이 된다. 인공지능이 인간처럼 말하고 글을 쓰고 문제를 해결한다고 해서 인간과 동일한 방식으로 사고하는 것은 아니다. 존 설John Searle은 컴퓨터 프로그램과 인간의 마음에 근본적으로 차이가 있다는 점을 보여 주기 위해 '중국어 방Chinese Room'의 비유를 들었다(Searle, 2009).

영어를 모국어로 사용하고 중국어를 전혀 모르는 사람이 중국어 문자로 가득한 상자(데이터베이스)와 중국어 문자를 어떻게 조작해야 하는지에 대한 영어 설명서(프로그램)가 있는 방에 갇혔다고 하자. 이때 방 밖에 있는 사람이 중국어로 적힌 질문을 방으로 넣으면, 방 안에 있는 사람은 설명서를 보고 답변을 만들어 방 밖으로 보낸다. 방 밖에 있는 사람은 방 안에 있는 사람의 중국어 실력이 매우 뛰어나다고 생각할 수 있으나, 실제 방 안의 사람은 중국어로 적힌 질문과 답변의 의미를 전혀 이해하지 못하고 설명서에 따라 기계적으로 문장을 만든다. 이 비유에 잘 나타난 것처럼 인공지능은 인간의 행동을 모방할 수는 있지만, 그 속에 담겨 있는 의미를 이해하지 못하기 때문에 인간의 지능과 동일시할 수 없다.

그렇지만 중국어 방의 비유가 인간처럼 사고하는 기계를 만드는 것이 불가능하다는 주장은 아니다(Searle, 2009). 인간 두뇌의 신경과학적 원리를 그대로 재현할 수 있다면, 인간처럼 단어와 문장 의미를 이해하면서 질문에 답하는 인공지능을 개발할 수 있을 것이다. 최근 개발된 딥러닝은 데이터의 복잡한 패턴을 학습하는 데 활용되는 인공지능 기술로, 인간의 두뇌를 모방해 여러 층의 인공 신경망으로 구성된다. 어린 아이가 반복적인 경험에서 새로운 개념을 학습하는 것처럼, 딥러닝 역시 빅데이터로부터 일정한 규칙을 스스로 찾아낸다. 딥러닝이 발달하면서 인간처럼 사고하는 인공지능이 등장할 가능성을 완전히 배제하기 어려워졌다.

인공지능은 인간과 달리 자의식Self-awareness이 없다. 인공지능은 자신이 누구이고 무엇을 하고 싶은지, 어떤 감정이 느껴지는지 등을 인식하는 능력이 없으므로 주체적으로 의사결정을 하거나 행동할 수 없다. 인공지능은 인간보다 더 빠른 속도로 계산하고 더 효율적으로 데이터 패턴을 인식하며, 더 정확하게 미래를 예측할 수 있지만, 이러한 행동을 자율적으로 결정하지 못한다. 사전에 개발자가 정해 놓은 알고리즘과 데이터에 기반해 무엇을 할지 결정하며, 인공지

서울대 석학이 알려주는 자녀교육법 AI·디지털 리터러시

능 스스로 인간의 명령을 따를지의 여부를 선택하지 않는다. 독립된 주체로서 정체성을 형성하는 것도 불가능하다. 인간에게는 각자 개성이 있어 동일한 사람이 두 명 이상 존재할 수 없지만, 기술적으로 동일한 인공지능을 대량으로 복제하는 것은 가능하다.

자의식이 없는 인공지능이 사고를 냈을 때 인공지능에 책임을 물을 수 있을까? 인공지능이 의도적으로 사고를 낸 것이 아니므로 인공지능 개발자나 회사에 책임을 물을 수는 있지만, 인공지능 그 자체에 책임을 물을 수는 없다. 이에, 아무런 책임을 질 수 없는 인공지능의 성능이 점점 더 강화되는 것에 대한 우려가 제기되고 있다.

더욱이 인공지능은 자신의 인지 과정을 점검하고 조절하는 메타인지 능력이 없어 특정 행동을 왜 했는지 설명하지 못한다. 딥러닝과 같은 인공지능 기술을 종종 '블랙박스Black Box'에 비유하는데, 어떤 과정을 거쳐 최종 결정에 도달했는지 설명할 수 없기 때문이다. 인간의 상식을 벗어난 결정을 내리더라도 인공지능이 왜 그런 결정을 내렸는지 알 수 없으니, 어떻게 수정해야 할지도 알기 어렵다. 따라서 인공지능이 혼자서 주요한 의사결정을 내리도록 해서는 안 되며 필요한 순간에 인간의 검토와 승인을 받도록 설계하는 것이 필요하다. 이를 '휴먼인더루프Human in the Loop'라고 부르는데, 인공지능을 개발하고 활용하고 평가하는 전 과정에 인간이 참여하는 것을 의미한다. 특히 윤리적인 문제가 발생할 수 있는 상황에서는 인간의 참여가 중요하다.

인공지능의 발달 과정

인공지능의 발달사를 이해하는 것은 향후 인공지능이 어떻게 발달할지 전망하는 데 도움이 된다. 1956년 미국 다트머스 대학교에서는 여름방학 동안 저명한 수학자, 컴퓨터 과학자, 심리학자 등 다양한 분야의 전문가들이 모여 '기계가 생각을 할 수 있을까?'라는 주제로 회의를 했다. 이 회의에서 존 매카시John McCarthy는 '지능을 가진 기계'라는 의미에서 인공지능이라는 용어를 제안했다. 1940년대에도 인공 신경망에 대한 이론적 논의가 있었고 지능을 가진 기계에 관심이 있었지만, 인공지능에 대한 연구는 다트머스 회의를 계기로 본격화되었다.

인공지능 연구 초기에는 인간의 지식과 지능을 기호화해 범용적인 문제를 해결하는 알고리즘 개발 연구가 이루어졌다. 이에 따라 사람처럼 논리적으로 추론하고 '하노이의 탑'과 같은 문제를 해결할 수 있는 컴퓨터 프로그램이 개발되었다. 이처럼 기호주의에 기반한 인공지능 연구가 활발하게 이루어지던 시기에 두뇌의 뉴런을 모방한 퍼셉트론Perceptron이 제안되었다. 퍼셉트론은 딥러닝과 같은 인공 신경망의 기본이 되는 알고리즘이다. 그렇지만 이후 퍼셉트론이 비선형 문제를 해결하지 못한다는 것이 수학적으로 증명되자, 인공지능에 대한 관심이 크게 줄었다.

1970년대 들어 인공지능의 한계가 밝혀지면서 인공지능 기술

서울대 석학이 알려주는 자녀교육법 AI·디지털 리터러시

개발에 대한 투자가 급격히 감소하는데, 이 시기를 인공지능의 '첫 번째 겨울'이라고 부른다. 인공지능을 향한 높은 기대와 달리 가시적인 성과가 없었던 것이 투자 감소의 주요 원인이었다. 많은 연구자는 세상의 지식을 기호로 저장하면 컴퓨터가 복잡한 계산을 통해 문제를 해결할 수 있을 것이라고 예상했다. 하지만 이러한 접근은 단순한 논리 문제를 해결하는 데는 유용하지만 복잡한 실세계의 문제를 해결하는 데는 효과적이지 못했다. 그 결과 인공지능의 실용성과 연구의 사회적 기여도에 대한 의문이 크게 제기되었다.

첫 번째 겨울을 겪으면서 인공지능 연구의 관심은 실용적인 목적으로 옮겨 갔다. 1980년대에는 특정 분야의 전문 지식을 정리해 컴퓨터에 기억시킴으로써 일반인도 전문 지식을 쉽게 활용하도록 하는 전문가 시스템에 대한 연구가 활발히 이루어졌다. 대표적인 사례로 '마이신Mycin'이라는 전문가 시스템을 들 수 있다. 마이신은 혈액 감염병을 가진 환자에게 일련의 질문을 하고 사용자의 응답에 따라 병을 진단하며 항생제를 처방했다. 또한 의사의 전문적 지식을 반영한 규칙에 따라 혈액 감염의 원인을 진단했으며, 이는 정확성이 높은 편이었다. 그 밖에도 컴퓨터 시스템의 구성을 자동화하고, 복잡한 유기 화합물의 구조를 식별하며, 지질학 분야에서 광물탐사를 지원하는 데 필요한 전문가 시스템이 개발되었다.

전문가 시스템의 상업적 인기에 기반해 인공지능에 대한 투자가 증가했으나, 1980년대 중반에서 1990년대 초반 전문가 시스템의 한계가 드러나면서 인공지능의 '두 번째 겨울'이 찾아왔다. 규칙 기반의 전문가 시스템은 정답이 정해져 있는 잘 구조화된 문제를 해결하는 데는 효과적이었지만, 문제가 모호하고 여러 개의 답이 존재하는 비구조화된 영역에서는 효과적이지 못했다. 실세계에는 정답이 없는 문제가 더 많고, 복잡한 문제에 대한 규칙을 만드는 것이 더 어렵기 때문에 전문가 시스템의 실용성에 의문이 제기되었다.

2000년대에 들어서면서 머신러닝과 딥러닝 기술이 급속히 발전했다. 머신러닝과 딥러닝은 데이터로부터 패턴을 학습해 모델을 생성한다는 점에서 기존의 인공지능과 차별점을 가진다. 인간이 직접 인공지능 모델을 수정하지 않더라도 새로운 데이터가 추가되면 자동으로 성능이 개선된다.

딥러닝은 머신러닝의 한 분야로서 인간 두뇌의 정보 처리 방식을 따라 만든 인공 신경망이다. 초기 인공 신경망인 퍼셉트론의 한계를 극복하기 위해 여러 개의 은닉층Hidden Layer을 두고 복잡한 특징을 학습할 수 있도록 구성되었다. 디지털 시대로 진입하면서 학습에 필요한 데이터의 양이 증가하고, 그래픽 카드를 포함해 컴퓨터의 성능이 크게 향상되어 딥러닝이 발전했다. 딥러닝 기술은 자율주행, 질병 진단, 자연어 이해 등 다양한 분야에서 활용되고 있으며, 다른 인공지능 기술에 비해 실세계의 문제를 해결하는 데 높은 성능을 보이고 있다.

서울대 석학이 알려주는 자녀교육법 AI·디지털 리터러시

약인공지능, 강인공지능, 초인공지능

인공지능은 능력과 적용 범위에 따라 약인공지능Weak AI, 강인공지능Strong AI, 초인공지능Superintelligent AI으로 분류된다. 약인공지능은 음성 인식, 이미지 분류, 게임과 같은 특정 영역에서만 우수한 성능을 보이고 그 범위를 벗어나 작업할 수 없다. 예컨대 알파고는 바둑 경기에서 뛰어난 성능을 보이지만 사람의 언어를 이해하거나 이미지를 생성하지는 못한다. 반면 인공지능 챗봇은 사람의 언어를 이해하고 대화할 수 있지만 바둑 경기를 하지 못한다.

약인공지능은 다양한 영역에서 지능적인 행동을 할 수 없다는 한계를 보이지만, 강인공지능은 인간과 동등한 능력을 가지므로 다양한 분야에서 우수한 성과를 보인다. 물론 인간과 동일한 수준의 지각·학습·추론·문제해결 능력을 가진 강인공지능은 아직 등장하지 않았다. 앞서 중국어 방의 비유에서 살펴본 것처럼 인공지능이 인간 행동을 모방한다고 해서 인간과 동일한 방식으로 생각하는 것은 아니다. 따라서 강인공지능을 실제로 개발할 수 있을지에.대해서는 논란이 있다. 다양한 분야에서 우수한 성능을 발휘하는 챗GPT가 강인공지능을 위한 준비 단계일 수는 있지만, 인간에게 쉬운 시각적 논리 문제를 잘 해결하지 못한다는 점에서 여전히 많은 한계를 보이고 있다.

마지막으로 초인공지능은 인간의 지능을 크게 뛰어넘는 능력을 갖는다. 인간의 인지능력을 넘어서는 초인공지능이 등장한다면, 기존에 인간이 해결하지 못한 다양한 문제를 해결할 수 있을 것이다. 만약 초인공지능이 자의식을 가지고 있다면 어떤 일이 발생할까? 이 질문에 여러 상상을 해볼 수 있지만 실현 가능성에 대해서는 여전히 의문이다.

인공지능이 인간의 지능을 뛰어넘는 시점을 특이점Singularity이라고 부르는데, 특이점에 도달할 때 초인공지능이 등장할 것이다. 인간의 지능이 발달하는 속도에 비해 인공지능이 발전하는 속도가 더 빠르다는 점에서 미래 어느 시점에서는 초인공지능이 등장할 수도 있다. 학자들 사이에서도 특이점 도달 시점에 대한 예측이 서로 다르다.

자녀와 함께 특이점이 언제 올 것인지, 초인공지능이 나타나면 사회가 어떻게 변할 것인지 등을 이야기하면 인공지능에 흥미를 유발할 수 있을 것이다. 지금도 인공지능은 매우 빠른 속도로 발전하고 있어 다가올 미래를 성급하게 예측하는 것은 어렵다. 하지만 인공지능의 발전에 따른 혜택이 특정 개인이나 기업이 아니라 모든 사람에게 돌아가도록 하는 데 더 많은 관심을 가져야 한다. 정부와 시민사회는 인공지능으로 인해 일자리를 잃고 소외되는 사람을 위해 대책을 마련해야 할 것이다. 인공지능의 성능이 향상될수록 기존에 인간이 하던 일의 많은 부분이 인공지능으로 대체될 것이기 때문이다.

서울대 석학이 알려주는 자녀교육법 AI·디지털 리터러시

인공지능, 제대로 인식하기

인공지능의 발달은 우리와 자녀의 삶에 많은 영향을 미칠 것이다. 인간의 삶을 획기적으로 변화시킬 것이라는 긍정적인 전망과 함께 인간의 일자리를 빼앗고 사생활을 침해할 것이라는 우려도 제기되고 있다. 이러한 전망에 대해 자녀와 이야기를 나누면서 인공지능을 어떻게 인식하는지 살펴볼 필요가 있다. 인공지능을 잘못 이해해 지나친 기대를 하거나 과도한 불안을 느끼지 않도록 지도해야 한다.

필자는 초등학교 고학년을 대상으로 인공지능을 어떻게 인식하는지 연구했다(조수경 외, 2022). 이 연구에서 초등학생들은 인공지능과 인간의 차이를 이해하는 데 어려움을 겪는 경우가 다수 있었다. 인공지능이 인간처럼 감정과 자의식을 가지고 창의적인 사고를 한다고 믿는 학생들도 있었다.

흥미롭게도 연구에 참여한 학생 중 절반이 인공지능이 두렵다고 인식했으며, 38.5%의 학생이 인공지능으로 인해 미래가 더 좋아질 것이라고 응답했다. 인공지능이 미래에 긍정적 영향을 미칠 것이라고 믿는 학생은 인공지능과 관련된 진로를 더 희망하는 경향을 보였다. 이 연구는 인공지능에 대한 인식이 자녀의 진로에도 영향을 미칠 수 있음을 시사한다.

오늘날 전기가 없으면 살기 어려운 것처럼, 미래 사회에서는 인공지능이 삶의 일부분이 될 것이다. 인공지능으로 대체되는 직업이 있는가 하면 인공지능으로 인해 새로 생기는 직업도 많아질 것이다. 이런 점을 고려할 때 자녀가 어려서부터 인공지능을 제대로 이해하고 인공지능과 함께 살아가는 법을 배우도록 지원할 필요가 있다. 이를 위해 부모가 먼저 인공지능에 관심을 가지고 관련 지식을 학습해야 할 것이다.

서울대 석학이 알려주는 자녀교육법 AI·디지털 리터러시

인공지능과
함께 살아가기

인간처럼 문제를 해결하고 미래를 예측하며 글과 이미지를 생성하는 인공지능
이 증가하고 있다. 인공지능이 사람을 대체할 것이라는 우려도 있지만, 인공지
능에는 우리의 능력을 확장시켜 주는 긍정적인 측면이 더 많다. 자녀가 인공지
능과 함께 살아가는 데 필요한 능력에 대해 살펴보자.

인공지능의 등장

최근 인공지능이 발달하면서 많은 사람을 깜짝 놀라게 하는 일이 생
기고 있다. 대표적인 예로 2022년 11월 오픈AI가 출시한 챗GPT가
있다. 챗GPT가 작성한 논문이 외국 저널에 게재되었는데, 일반인의
기대보다 더 잘 작성해서 상당한 충격을 주었다. 또한 2023년 4월에
는 전문 작가와 챗GPT가 함께 쓴 소설집 『매니페스토MANIFESTO』가
출간되었다. 이 소설집에는 챗GPT 3.5가 공동 저자로 표기되어 있

는데, 작가가 소설 속 등장인물의 이름, 줄거리, 세부적인 대화 내용 등을 물으면 챗GPT가 아이디어를 제공했다. 소설을 작은 부분으로 나누어 특정 부분을 챗GPT에게 직접 작성하도록 요청하기도 했다. 이런 방식으로 인공지능과 사람이 서로 협력하는 사례가 급속히 증가할 것으로 예상된다.

하지만 인공지능으로 인한 부작용도 증가하고 있다. 2023년 국내 수도권의 한 국제학교에서 학생들이 챗GPT를 사용해 영문 에세이 과제를 제출했다가 적발되었다. 과제 작성 시 챗GPT를 사용했는지 여부를 판단해 주는 소프트웨어 'GPT 제로'를 이용해 학생들의 부정행위를 적발했다. 해외에서도 챗GPT를 사용한 표절 및 부정행위를 심각하게 다루고 있다. 예를 들어 뉴욕시 공립학교 등에서는 챗GPT가 부정행위를 유발하고 학생들의 능력 향상에 도움이 안 된다는 이유로 사용을 금지했다.

이 외에도 인공지능의 등장으로 인해 다양한 소동이 발생하고 있다. 2020년 출시된 챗봇 이루다는 출시 20일 만에 서비스가 중단되었다. 주된 이유 중 하나는 개인정보 보호 문제였다. 이루다는 '연애의 과학'이라는 앱을 통해 카카오톡 대화 내용을 수집해서 개발되었는데, 그 전에 개인정보 고지와 익명화가 충분히 이루어지지 않았다. 이루다에게 "어디 살아?"라고 질문했을 때 실제로 존재하는 주소를 언급해 개인정보가 유출되는 문제가 발생했다. 비윤리적인 차별 발언도 문제가 되었다. 이루다와 같은 챗봇은 사람이 제공하는 데이

서울대 석학이 알려주는 자녀교육법 AI·디지털 리터러시

터에 기반해 학습하므로 사용자의 비속어나 혐오 발언을 그대로 답습할 우려가 있다. 실제로 이루다는 동성애자·장애인·외국인을 향해 혐오 발언을 하고, 일부 사용자는 이를 외설적인 목적으로 사용해 사회적 문제가 되었다.

이러한 문제는 한국에서만 발생하는 것이 아니다. 2016년 마이크로소프트에서 만든 인공지능 챗봇 테이는 출시 하루가 안 되어 서비스를 중단했다. 몇몇 사람이 테이에게 의도적으로 유대인을 비하하거나 나치를 옹호하는 발언을 학습시켰기 때문이다. 인공지능은 사용자나 개발자가 제공하는 데이터로부터 학습하고, 스스로 도덕적 판단을 내리는 데 한계가 있다. 이처럼 인공지능은 우리에게 유용한 도구이면서 동시에 다양한 부작용을 유발할 수 있다. 이 장에서는 인공지능의 부작용을 예방하면서 인공지능과 함께 살아가려면 어떤 능력이 필요한지 살펴보자.

인공지능 리터러시

글을 읽고 쓸 수 있는 능력인 리터러시 혹은 문해력은 사회를 살아가는 데 꼭 필요하다. 학교 교육은 모든 사람의 리터러시 향상을 최우선 과제로 삼는다. 최근 인공지능 시대가 도래하면서 새로운 형태의 리터러시가 필요해졌는데, 이를 인공지능 리터러시라고 부른다. 인공지능 리터러시란 인공지능에 대한 기본 지식과 개념을 이해하고 윤리적으로 사용할 뿐 아니라, 인공지능 기술을 비판적으로 평가하고 인공지능과 효과적으로 소통하며 협력하는 역량을 의미한다(Long & Magerko, 2020). 자녀가 인공지능을 효과적이고 올바르게 사용하기 위해서는 인공지능 리터러시를 개발하는 것이 필수적이다.

코딩 실력이 높으면 인공지능 리터러시도 높을까? 오랜 기간 인공지능 개발에 종사한 사람일수록 인공지능의 작동 원리와 한계를 잘 이해한다는 점에서 일반인보다 인공지능 리터러시가 높을 가능성이 있다. 그러나 코딩 실력과 인공지능 리터러시가 동일하다고 보기는 어렵다. 코딩을 잘하는 프로그래머가 항상 인공지능 리터러시가 높은 것은 아니기 때문이다. 프로그래머가 자신이 만드는 인공지능 모델이 사회적으로 어떤 영향을 미칠지 비판적으로 생각하지 못하거나, 개인의 동의 없이 인공지능 개발에 필요한 데이터를 수집한다면 코딩 실력은 높지만 인공지능 리터러시는 낮다고 할 수 있다. 반면 인공지능 도구를 효과적이고 윤리적으로 활용하는 사람 중에 코딩 실력이 부족한 경우도 있다.

인공지능 개발자에게는 높은 수준의 코딩 실력이 필요하지만, 일반인은 직접 코딩해 문제를 해결할 일이 많지 않다. 그렇지만 인공지능 리터러시는 모든 사람에게 반드시 필요한 역량이다. 자동차 엔진의 구조와 기능을 알지 못하더라도 운전할 수 있지만, 교통 표지판의 의미를 이해하지 못하면 큰 사고로 이어질 수 있는 것과 유사하

❶ 인공지능의 개념과 원리에 대한 이해
❷ 인공지능 도구의 효과적 활용 능력
❸ 인공지능과의 협력적 과제 수행 역량
❹ 인공지능의 윤리적 사용 역량

다. 자녀가 인공지능과 더불어 살아가기 위해서는 어려서부터 인공지능 리터러시를 배울 필요가 있다.

인공지능 리터러시의 차이는 사회·경제적 격차를 심화할 수 있으므로 모든 사람이 인공지능에 대한 개념적 이해뿐 아니라 인공지능 도구를 효과적으로 사용하는 법을 학습해야 한다. 이때 인공지능과 공동으로 과제를 수행하기 위해 협력하는 능력과 그 과정에서 발생할 수 있는 윤리적 문제 및 기술적 한계에 대해 비판적으로 사고하는 능력이 필요하다. 이러한 능력이 구체적으로 무엇을 의미하며 어떻게 향상시킬 수 있는지 살펴보자.

인공지능의 개념과 원리 이해

인공지능의 개념·특성·역사 등을 이해하는 것은 중요하다. 일상생활에서 인공지능 세탁기·냉장고·청소기 등 인공지능이라는 단어가 포함된 광고를 쉽게 찾아볼 수 있다. 인공지능의 개념과 원리를 제대로 이해하면 광고 내용이 과장된 것인지 판단할 수 있다. 인공지능 시스템이 뛰어난 성능을 보이거나 예상과 다른 반응을 보이는 경우 그 이유를 설명할 수도 있다. 자율주행 자동차는 인공지능 기술이 적용된 대표적인 사례인데, 자율주행 자동차에 사용된 인공지능 기술을 이해한다면 운전 중 발생 가능성이 있는 사고를 예측해 안전하게 운전할 수 있다. 이를테면 카메라로 사물을 인식하는 자율주행 자동차의 경우 비나 눈이 오는 악천후에 사물을 파악하는 능력이 떨어져, 도로에 넘어져 있는 흰색 트럭처럼 사전에 학습하지 않은 사물을 식별하지 못하고 추돌사고를 일으키기 쉽다.

인공지능을 잘 이해하면 새로운 발명품을 만들 수도 있다. 예컨대 공부하지 않고 딴짓하는 아이에게 부모를 대신해 잔소리하는 인공지능을 만든다고 해보자. 이때 인공지능은 아이의 행동을 시각적으로 관찰하고 말하는 내용을 분석해 아이가 무엇을 하는지 판단하고, 상황에 적합한 표현을 생성하며 아이와 대화를 나눌 줄 알아야 한다. 이를 실현한다면 기술적으로 컴퓨터 비전, 자연어 처리, 머신러닝, 생성형 인공지능 등이 필요하다. 각각의 기술이 어떤 기능을 가지며 어떻게 작동하는지 살펴보자.

첫째, 컴퓨터 비전 기술은 컴퓨터가 이미지나 비디오 데이터를 처리하고 해석하는 기술을 의미한다. 컴퓨터 비전 기술이 적용된 사례는 일상생활에서 쉽게 찾아볼 수 있다. 스마트폰에서 얼굴을 인식해 잠금을 해제하고, 거리의 CCTV를 분석해 범죄자의 얼굴을 식별하는 데 컴퓨터 비전 기술이 사용되고 있다. 또한 컴퓨터 비전 기술은 자율주행 자동차가 지형·차선·주변 차량 등을 인식하거나 병원에서 엑스레이 사진을 판독하는 데도 사용된다. 컴퓨터 비전 기술을 사용하면 반복되는 업무에 대한 비용과 시간을 줄이고, 사람이 보지 못하고 지나지는 사물도 정확히 인식하게 된다.

컴퓨터 비전 기술은 인간의 눈처럼 카메라를 통해 들어오는 시각 정보를 자동으로 분석해 어떤 사물인지 확률적으로 계산한다. 이미지를 몇 개 영역으로 분할하고, 사전에 학습한 범주에 따라 사물을 분류하며, 어느 위치에 있는지 식별한다. 여러 개의 이미지를 연결해 빠른 속도로 이동시키면 움직이는 영상이 나타난다는 점에서 이미지를 분석하는 데 사용되는 인공지능 기술이 비디오에도 적용될 수 있다. 그렇지만 컴퓨터 비전 기술이 항상 정확한 것은 아니다. 해외 축구 경기에서 공을 따라가야 할 카메라가 심판의 머리를 공으로 착각하고 심판을 추적하는 사건이 발생하기도 했다.

컴퓨터 비전 기술은 인간과 달리 사물의 일부분을 보고 무엇인지 추론하거나 맥락을 이해하는 능력이 부족하다. 개와 공을 각각 인식하는 능력이 뛰어난 컴퓨터 비전 기술이라고 하더라도, 개가 공을 물고 뛰어가는 맥락을 설명하기는 어렵다. 이러한 한계에도 불구하고 대량의 이미지를 빠르고 정확하게 인식해 사람의 업무를 효율적으로 지원하는 데 사용될 수 있다.

둘째, 자연어 처리는 인간의 언어를 이해하고 처리하는 인공지능 기술을 의미한다. 사람의 언어를 이해하는 인공지능은 다양한 분야에서 활용된다. 외국어로 작성된 글을 한글로 번역하고, 인터넷에 올라온 수많은 상품평을 간단히 요약하는 데 사용되기도 한다. SNS에서 나누는 대화를 분석해 많은 사람이 어떤 주제에 관심 있는지, 특정 주제에 어떤 감정을 느끼는지 등을 탐색할 수도 있다.

자연어 처리 기술은 대량의 언어 데이터를 신속하게 분석해 업무의 효율성을 높여 준다. 사람과 기계가 자연스럽게 대화를 나누는 데도 사용된다. 전화 상담원을 대신해 고객과 대화를 나누고, 필요한 예약을 대신 해주는 데 쓰이기도 한다. 또한 외국어를 배울 때는 자주 대화를 나누는 것이 효과적인데, 이때 자연어 처리 기술이 자주 보기 어려운 외국인 대화 상대를 대신해 줄 수 있다. 인공지능은 외국인처럼 자연스럽게 대화하고 인간과 달리 지치지 않고 같은 표현을 반복할 수 있다. 외국어를 처음 배우는 사람은 외국인보다 인공지능과 회화 연습을 할 때 실수에 두려움이 더 적을 수 있다.

인공지능이 인간의 말을 이해하는 것은 쉬운 일이 아니다. 인간의 언어에는 동음이의어가 존재하고, 이를 맥락에 근거해 이해해야 하므로 컴퓨터가 인식하는 데 어려움이 있다. 예를 들어 "차를 마시러 가는 차 안에서 공을 차는 아이를 보았다."라는 문장에서 '차'라는 글자가 세 번 등장하지만 각각 다른 의미를 가진다. 이처럼 단어가

서울대 석학이 알려주는 자녀교육법 AI·디지털 리터러시

사용되는 맥락에 따라 의미가 달라지기 때문에 단어와 단어 간의 연관성을 고려해 그 의미를 확률적으로 계산하는 자연어 처리 기술이 발달했다.

오픈 AI의 GPT와 구글의 BERT 등의 언어 모델은 2017년 등장한 트랜스포머Transformer 기술에 기반을 두고 있다. 트랜스포머는 문장을 이해하기 위해 문장 내 단어를 처음부터 순차적으로 처리하는 것이 아니라, 문장 전체를 한번에 인식하며 주요한 정보에 집중하는 어텐션Attention 기술을 활용해 성능을 향상시켰다. 최근에는 트랜스포머 기술에 기반해 초거대 언어 모델을 개발하는 추세다. 그 결과 챗GPT와 같은 시스템이 개발되었다.

셋째, 머신러닝은 데이터를 학습함으로써 특정 작업의 수행 능력을 개선하는 기술을 의미한다. 사람이 경험으로부터 새로운 것을 배우는 것처럼 인공지능은 데이터로부터 학습한다. 언론에서 자주 접하는 딥러닝도 머신러닝의 한 종류다. 딥러닝은 여러 층의 인공 신경망을 이용해 인공지능이 데이터의 패턴을 정확히 학습하게 한다는 점에서 컴퓨터 비전, 자연어 처리 등 다양한 분야에서 사용되고 있다.

머신러닝은 크게 지도학습Supervised Learning, 비지도학습Unsupervised Learning, 강화학습Reinforcement Learning으로 구분된다. 지도학습은 데이터와 함께 데이터가 무엇을 의미하는지 레이블Label을 제공해, 모델이 데이터의 패턴을 학습하도록 한다. 예컨대 강아지와 고양이 사진을 제공하면서 사진마다 '강아지' 혹은 '고양이'라는 레이블을 달아 줌으로써 머신러닝 모델이 사진의 특성을 파악하도록 지도학습한다. 그 결과 레이블이 없는 새로운 사진을 제공하더라도 강아지와 고양이를 자동으로 분류할 수 있다.

비지도학습은 데이터만 제공하고, 인공지능이 이를 유사성에 따라 분류하게 한다. 지도학습과 달리 사전에 정답이 정해져 있지 않아 데이터의 숨겨진 패턴이나 특성을 탐색하는 데 유용하다. 예를 들어 온라인 쇼핑몰을 방문하는 소비자를 구매력, 소비 이력, 관심 품목을 고려해 세 군집으로 구분하는 비지도학습 모델을 만들 수 있다. 이러한 모델을 이용해 각 군집에 적합한 제품을 추천하기도 한다.

강화학습에서는 인공지능이 다양한 방법을 시도하도록 하고, 그 결과에 보상과 벌점을 제공함으로써 최상의 결과를 얻도록 한다. 2016년 이세돌 9단과 바둑 경기를 했던 알파고에도 강화학습이 적용되었다. 기존의 바둑 경기 데이터를 학습한 다음 자체적으로 바둑 경기를 두면서 시행착오를 겪었는데, 성공하면 보상을 주고 실패하면 벌점을 주는 방식으로 최상의 전략을 학습하도록 했다.

머신러닝 모델을 효과적으로 개발하기 위해서는 무엇이 필요할까? 먼저 머신러닝이 인간처럼 추론하고 예측하며 문제를 해결하기 위해서는 양질의 빅데이터가 필요하다. 인공지능 시대에는 데이터가 '새로운 석유New Oil'로 자주 언급되는데, 그만큼 인공지능 개발에 데이터가 중요한 역할을 한다. 특히 지도학습을 위해서는 정확한 레

서울대 석학이 알려주는 자녀교육법 AI·디지털 리터러시

이블이 붙어 있는 대량의 데이터를 확보하는 것이 매우 중요하다. 우리나라에서도 한국지능정보사회진흥원을 중심으로 공익을 위해 양질의 빅데이터를 구축하는 사업을 추진하고 있으며, AI 허브(https://aihub.or.kr)를 통해 머신러닝 모델 개발에 필요한 데이터를 무료로 제공한다. 이 외에도 의사결정나무Decision Tree, 랜덤 포레스트Random Forest, 서포트 벡터 머신Support Vector Machine, 인공 신경망 등의 머신러닝 알고리즘이 있어야 하고, 빅데이터를 신속하게 처리할 수 있는 고성능 컴퓨터가 필요하다.

양질의 빅데이터와 고성능 알고리즘 및 컴퓨터는 효과적인 머신러닝 모델을 만들기 위한 필요조건이지만 충분조건은 아니다. 머신러닝 모델을 이용해 실세계의 문제를 해결하고, 어떤 서비스를 제공할 것인지 전문적인 지식이 필요하다. 1950년대 인공지능이 등장한 이후 지금까지 두 번의 겨울이 있었는데, 인공지능에 대한 투자가 급격히 감소한 주요한 이유 중 하나는 사람들의 기대에 비해 실용성이 부족했다는 점이다. 아무리 인공지능이 데이터로부터 패턴을 잘 인식하고 미래에 일어날 일을 잘 예측한다고 하더라도 실제적인 문제를 해결하는 데 유용하지 않다면 그 가치를 인정받지 못할 것이다. 따라서 특정 분야에서 머신러닝 모델을 사용해 혁신적인 제품이나 서비스를 개발하는 것이 필요하다. 최근 AI+X라는 용어를 자주 사용하는데, X에는 의료·법률·경영·교육 등이 포함된다. 즉, 인공지능 기술과 다양한 분야의 전문성이 서로 결합될 때 성공적인 머신러닝 모델과 서비스를 개발할 수 있다.

마지막으로 생성형 인공지능은 데이터로부터 패턴을 학습해 새로운 글·이미지·음악 등을 만들 수 있다. 생성형 인공지능의 대표적인 예로 챗GPT가 자주 언급된다. 챗GPT는 앞서 언급한 자연어 처리 기술을 기반으로 하면서 동시에 새로운 콘텐츠를 생성할 수 있다는 점에서 생성형 인공지능에도 포함된다. 몇 개의 핵심 단어를 주고 챗GPT에 시를 작성하도록 하면 일반인의 기대를 뛰어넘는 결과물을 종종 내놓는다. 챗GPT가 시인과 같은 감성과 직관을 갖춘 것은 아니지만 수많은 시인의 작품을 데이터로 학습했기 때문에 시인처럼 단어와 문장을 생성하는 것이다.

생성형 인공지능은 글 외에 이미지를 생성할 수도 있다. 이미지를 생성하는 인공지능 플랫폼으로 미드저니Midjourney가 유명하다. 만들고 싶은 이미지에 대한 설명을 글로 입력하면 해당 이미지를 자동으로 생성하는데, 마치 그래픽 디자이너나 화가가 그린 것처럼 정교하고 작품의 질이 높다. 실제로 2022년 미드저니가 만든 〈시어터 오페라 스페셜〉 그림은 미국 콜로라도 주립 박람회에서 디지털 아트 부문 1위를 차지해 주목을 받았다.

생성형 인공지능은 이미지를 다른 형태로 변형시킬 수도 있다. 예컨대 경복궁 사진을 입력하고 "이 사진을 고흐의 그림처럼 바꿔 줘." 혹은 "피카소의 그림처럼 만들어 줘."라고 요구하면 고흐나 피카소가 그린 것과 같은 경복궁 그림이 생성된다. 사전에 고흐와 피카

서울대 석학이 알려주는 자녀교육법 AI·디지털 리터러시

소의 그림을 데이터로 학습해서 새로운 이미지를 학습한 패턴에 맞게 변형할 수 있는 것이다.

인공지능 도구 활용하기

인공지능 도구는 점점 더 누구나 편리하게 사용할 수 있도록 발전하고 있다. 코딩 능력 없이도 인공지능 스피커에 질문해 필요한 정보를 쉽게 얻고, 자연어 처리 기술을 몰라도 네이버 클로버 노트와 같은 음성인식 소프트웨어를 활용해 면담·강의·회의 등에서 녹음 파일을 텍스트로 자동 변환할 수 있다. 인공지능 도구를 사용하는 것이 어렵다면 유튜브와 같은 소셜 미디어를 통해 사용법을 쉽게 학습할 수 있다.

인공지능 도구를 효과적으로 활용하기 위해 자녀에게 어떤 능력이 필요할까? 인공지능 도구의 사용 목적과 방식을 결정하기란 쉽지 않다. 이때 자신의 인지 과정을 인식하고 조절하는 메타인지가 주요한 역할을 한다. 메타인지를 이용해 과제를 수행하기 전 인공지능 도구를 어떤 목적으로 사용할 것인지 결정하고, 필요하다면 언제, 어떻게 사용할 것인지 전략을 세워 실천해야 한다. 인공지능 도구를 사용하는 과정에 예상하지 못한 문제가 발생하거나 기대보다 효과적이지 못할 경우에는 그 이유를 점검해야 한다. 스스로 이유를 찾기 어려울 때는 다른 사람에게 조언을 구하는 것이 좋다. 과제를 수행한 후에는 인공지능 도구를 사용하는 과정에 윤리적인 문제가 발생하지 않았는지, 효율적으로 사용했는지, 개선점은 없는지 등을 성찰해야 한다.

동일한 도구를 사용하더라도 메타인지 능력에 따라 인공지능 도구의 효과가 달라질 수 있다. 더욱이 인공지능은 자녀를 대신해 메타인지 활동을 할 수 없다는 점에서 인공지능 도구의 사용과 관련해 메타인지 능력을 키우는 것이 중요하다.

자녀가 인공지능을 더 자유롭게 사용하기를 희망한다면 프로그래밍 기술을 배우는 것이 좋다. 파이썬과 같은 프로그래밍 언어를 배우면 간단한 머신러닝 모델을 만들 뿐 아니라, 인공지능 개발자가 제공하는 API_{Application Program Interface}를 유용하게 활용할 수 있다. API를 사용하면 처음부터 인공지능 시스템의 복잡한 기능을 개발할 필요 없이 다른 사람이 개발한 기능을 활용할 수 있다. 예컨대 챗GPT의 API를 가져다가 고객 문의에 자동으로 응답하는 챗봇을 만들거나, 학생의 성취도를 고려해 맞춤형 문제를 생성하는 시스템을 개발할 수 있다. SNS에 공유되는 글의 내용을 자동으로 분석하고 요약해주는 소프트웨어를 개발할 수도 있다. 이처럼 인공지능 회사가 제공하는 기본적인 기능을 넘어, 이를 창의적으로 활용하고 새로운 서비스를 개발하기 위해서는 프로그래밍 기술을 학습해야 한다.

서울대 석학이 알려주는 자녀교육법 AI·디지털 리터러시

인공지능과 협력하기

인공지능은 지능을 가진 기계라는 점에서 단순한 도구를 넘어 친구와 같은 존재로 인식되기도 한다. 영화 〈아이언맨〉에 등장하는 인공지능 시스템 자비스는 주인공 토니 스타크와 단순한 기계와 사용자의 관계를 넘어, 서로 신뢰하고 조언을 구하는 파트너 관계를 형성한다. 이는 인공지능을 인간이 일방적으로 통제하는 매체나 도구가 아니라, 수평적으로 상호작용하는 행위자Actor로 인식할 수 있음을 시사한다. 실제로 인공지능이 인간의 능력을 뛰어넘는 분야가 증가하고 있으며, 인간의 생각과 행동에 미치는 영향력이 점점 커지고 있다. 인공지능과 어떻게 협력하는지는 인간의 능력을 확장하고, 업무를 성공적으로 수행하는 데 중요한 요소로 작용할 것이다.

김혜은 등(2023)은 동일한 인공지능 도구를 사용하는 데 사람들 간 상호작용 방식에 차이가 있음을 밝혔다. 대학생들에게 인공지능 번역기인 네이버 파파고를 사용해 영어 에세이를 작성하도록 한 결과 세 종류의 서로 다른 상호작용 패턴을 발견했다. 한 집단은 인공지능 번역기에 의존하는 패턴을 보였다. 주로 자신이 한글로 작성한 글을 파파고로 번역한 다음 그대로 사용했다. 두 번째 집단은 파파고를 제한적으로 사용했는데, 파파고의 번역 결과를 만족스럽게 생각하지 않았다. 세 번째 집단은 인공지능과 협력적으로 상호작용했다. 파파고의 번역 결과를 검토하고 입력을 변경하거나, 번역 내용을 수정하면서 영어 작문을 했다. 이러한 상호작용 패턴의 차이는 과제를 얼마나 잘 수행하는지, 그 과정에서 무엇을 배우는지에 영향을 미친다.

자녀가 인공지능과 잘 협력하기 위해서는 어떤 능력이 필요할까? 다른 사람과 협력할 때 필요한 능력이 인공지능과 협력할 때도 요구된다. 먼저 상대를 잘 이해해야 한다. 인공지능이 어떤 특성을 가지며, 어떤 장점과 제한점을 가지는지 파악해야 한다. 다음으로 인공지능을 단순한 도구가 아닌 협력자로 인식해야 한다. 이러한 태도를 가질수록 인공지능이 실수하거나 기대한 것과 다른 결과를 내놓을 때 제한점을 보완하면서 협력할 수 있다. 물론 인공지능을 협력자로 인식하는 것이 이를 무조건 신뢰해야 한다는 의미는 아니다. 인공지능의 능력을 신뢰하는 동시에 인공지능으로 인해 발생 가능한 문제에 대해 비판적으로 생각할 줄 알아야 한다.

인공지능과 원활하게 의사소통하는 법도 배워야 한다. 챗GPT와 같은 생성형 인공지능과 상호작용할 때는 어떤 질문을 하는지에 따라 답변 내용이 달라진다. 질문을 명확하고 구체적으로 할수록 원하는 답변을 얻을 가능성이 높아진다. 그러니 인공지능과 더 효과적으로 상호작용하기 위해 프로그래밍 언어를 학습해야 한다. 마지막으로 인공지능과 공동으로 과제를 수행하기 위한 계획을 세우고, 이를 점검하며 조정하는 능력이 필요하다. 인공지능은 사용 목적에 따라 사용 방법이 달라질 수 있다. 인공지능에 과도하게 의존하거나 제

서울대 석학이 알려주는 자녀교육법 AI·디지털 리터러시

한적으로 사용하지 않고, 각자의 역할을 성실히 수행하면서 협력적
으로 상호작용해야 한다.

인공지능의 윤리적 사용

인공지능을 사용할 때는 윤리적 문제가 발생하지 않도록 주의를 기
울여야 한다. 인공지능을 통해 업무의 효율성이 증진된다 하더라도,
윤리적이지 않다면 그 성과를 제대로 인정받지 못하고 오히려 비난
에 직면할 것이다. 예를 들어 얼굴 인식 기술을 무분별하게 사용하면
사람들의 사생활을 침해할 가능성이 높다. 영상에서 사람의 얼굴과
목소리를 조작할 수 있는 딥페이크 기술은 범죄에 악용될 우려가 있
다. 더불어 인공지능 시스템의 편향성을 간과하면 이를 이용해 직원
을 채용할 때 공정하지 못한 결과를 낳을 수 있다.

　　인공지능을 윤리적으로 사용하기 위해 네 가지 점을 주의하자.
첫째, 인공지능이 생성한 글이나 이미지를 마치 자신이 만든 것처럼
사용하지 않아야 한다. 생성형 인공지능을 창작 활동에 사용하는 경
우가 증가할 것으로 예상되는데, 인공지능에 전적으로 의존해서는
안 되며 출처를 명확히 표기해야 한다. 자녀가 학교 과제를 수행하기
위해 인공지능에 질문하거나 도움을 받는 것은 권장할 수 있지만, 인
공지능이 작성한 글을 자신의 글처럼 속여 제출하는 것은 엄격히 금

지해야 한다.

둘째, 인공지능 시스템을 사용하는 동안 개인정보가 유출되지 않도록 주의를 기울여야 한다. 챗봇과 질의응답하는 과정에서 자신과 다른 사람의 이름·주소·연락처와 같은 개인정보를 입력하지 않도록 하고, 꼭 필요한 경우에는 신뢰할 수 있는 기관인지 확인한다. 최근 회사에서 챗GPT 사용을 금지하는 경우가 있는데, 직원들이 무심코 챗GPT를 이용해 보고서를 쓰는 과정에서 회사 기밀이 유출될 수 있기 때문이다. 인공지능 시스템에 입력한 내용은 해당 업체의 서버에 저장될 가능성이 높으므로 자신과 타인의 민감한 정보가 유출되지 않도록 노력해야 한다.

셋째, 인공지능이 제공하는 정보를 무비판적으로 받아들이지 않고 그 신뢰성을 판단해야 한다. 인공지능은 학습한 데이터에 기반해 확률적으로 판단하기 때문에 잘못된 정보를 사실인 것처럼 제공하거나 편향된 결정을 내릴 수 있다. 특히 머신러닝에 사용된 데이터에 오류가 있거나 편향된 정보가 있을 경우 공정하지 못한 결정을 내리기도 한다. 예를 들어 정보통신 회사에서 직원을 채용하거나 은행에서 대출 심사를 할 때, 인공지능이 여성보다 남성에게 더 유리한 결정을 내리는 경우가 있다. 인공지능이 제공하는 정보를 무비판적으로 사용하면 다른 사람에게 불이익이 발생할 수 있다는 점을 명심해야 한다.

마지막으로 개발자와 사용자 모두 인공지능이 윤리적으로 사용되도록 노력해야 한다. 인공지능이 비윤리적인 발언이나 행동을 하지 않도록 하는 것은 일차적으로 개발자의 책임이지만, 사용자도 자신이 입력한 데이터가 인공지능에 부정적인 영향을 미칠 수 있다는 점을 생각해야 한다. 인공지능은 사용자가 입력하는 데이터로부터 학습하므로 챗봇과 상호작용할 때 혐오 발언이나 비윤리적인 내용을 입력해서는 안 된다. 나아가 인공지능이 윤리적으로 사용되는지, 범죄에 악용되는 경우는 없는지 등을 점검하고, 인공지능이 올바르게 사용될 수 있도록 개발자나 정부에 의견을 전달할 필요가 있다. 사용자가 적극적으로 참여하면 인공지능의 윤리성이 더 강화될 것이다.

인간과 인공지능의 상호 존중

인공지능이 발달하면서 기존에 없던 새로운 문제에 봉착하는 경우가 자주 발생한다. 그러니 인공지능이라는 새로운 존재와 함께 살아가기 위해서는 모든 사람에게 인공지능 리터러시가 필요하다. 자녀가 살아갈 미래 사회에서 인공지능 없이는 삶을 제대로 유지하기 힘들 것이다. 앞서 인공지능 리터러시로 인공지능 개념과 원리 이해, 인공지능 도구 활용, 인공지능과의 협력, 인공지능의 윤리적 사용에 대해 살펴보았는데, 청소년들이 이러한 역량을 개발할 수 있도록 학교와 부모가 함께 노력해야 한다.

인간과 인공지능이 공존하기 위해서는 서로 존중해야 한다. 한편으로 인공지능을 개발하는 궁극적인 목적이 인간의 삶을 향상시키는 데 있다는 것을 명심해야 한다. 인공지능이 인간의 존엄성과 권리를 존중하지 않고 인간을 불행하게 만든다면, 인공지능 개발을 중단하는 것이 더 바람직하다. 또한 인공지능이 부유한 사람들에게만 편익을 제공하고 가난한 사람들의 삶을 더 궁핍하게 만든다면, 사회에 부정적 영향을 미칠 것이니 이를 방지하기 위해 '인간 중심의 설계'가 필요하다.

인간 중심 설계는 기술이 아니라 인간을 중심에 두고 개인의 자아실현, 사회 복지, 경제 발전 등을 지원하기 위해 인공지능을 개발해야 한다는 뜻이다. 이 과정에서 발생 가능한 윤리적 문제를 최소화하고 사용자의 요구와 우려를 적극적으로 반영할 필요가 있다. 특히 소외 계층도 쉽게 접근할 수 있는 인공지능을 개발해 사회·경제적 불평등을 해소하고, 지속 가능한 사회를 만드는 데 인공지능이 기여해야 할 것이다.

다른 한편으로 인간도 인공지능을 존중해야 한다. 인공지능과 함께 글을 쓰거나 문제를 해결할 때, 인공지능이 사용자의 의도와 다른 반응을 제시하는 경우가 있다. 짧은 순간이지만 인공지능의 반응을 무시하고 지나갈 것인지 그 의미를 재해석해 수용할 것인지 고민하게 된다. 하지만 인간과의 상호작용에서 다른 의견을 가진 사람을

서울대 석학이 알려주는 자녀교육법 AI·디지털 리터러시

존중해야 혼자서 하기 힘든 일을 성공적으로 수행할 수 있는 것처럼 인공지능과도 협력하는 자세가 필요하다.

　동일한 인공지능 도구라고 하더라도 어떻게 상호작용하는지에 따라 그 효과가 달라질 수 있다. 따라서 자녀에게 인공지능과 협력하는 법을 가르칠 필요가 있다. 인간과 인공지능의 공진화는 인공지능을 인간의 경쟁자로 인식하고 적대적인 관계를 형성하기보다, 인간의 능력을 확장하고 삶을 향상하는 협력자로 인식할 때 촉진될 것이다.

11장

인공지능은 공정한가?

인공지능이 인간보다 더 공정하게 의사결정을 할 것이라고 기대하지만, 그렇지 못한 경우가 종종 있다. 인간이 가지고 있는 편견을 그대로 반영하고, 자신이 내린 결정의 이유를 제대로 설명하지 못하는 경우도 많다. 인공지능을 올바르게 사용하기 위해 인공지능의 윤리적 한계에 대해 살펴보자.

인공지능의 공정성 이슈

공정성이 우리 사회의 매우 중요한 화두로 떠오르고 있다. 사람들은 종종 '인간은 공정하지 않다'는 인식을 가지고 있으며, 이에 대한 해결책으로 '인공지능을 활용하면 어떨까?' 하고 생각하기도 한다. 이는 편견을 갖고 주관적으로 판단하는 인간과 달리, 감정이 없는 인공지능이 더 합리적이고 공정한 결정을 내릴 수 있을 것이라는 기대에서 출발한다. 이와 관련해 다음과 같은 질문들을 생각해 볼 수 있다.

인공지능과 인간 중 누구에게 판결 받고 싶은가? 인공지능의 판단을 믿는다면 논술 답안을 평가받고 싶은가, 정치를 맡기고 싶은가? 인공지능은 인간보다 합리적이고 논리적으로 의사결정할 수 있지만, 이것이 더 공정할지는 확신할 수 없다. 예를 들어 경제적 이익을 최대화하기 위한 인공지능의 합리적인 결정이 때로는 경제적 불평등을 심화할 수 있다.

코로나-19 팬데믹 기간 중 원격 시험이 실시되었는데, 그 과정에서 인공지능의 공정성 문제가 제기되었다. 부정행위를 방지하기 위해 인공지능 기술이 도입되었지만, 인공지능의 한계로 인해 일부 학생들이 시험에서 불이익을 받는 사례가 발생했다. 소셜 미디어에 게시된 영상에서 한 대학생이 "질문을 다시 읽어 더 잘 이해하려고 했을 뿐인데, 인공지능은 제가 말하고 있다고 판단했고 그 결과 교수님께서 저에게 0점을 부여했어요."라고 울먹이면서 말했다.[*] 이 영상은 인공지능이 다양한 이유로 불공정한 결정을 내릴 수 있다는 것을 시사한다.

MIT 미디어랩Media Lab의 조이 브올람위니Joy Buolamwini는 스마트폰을 비롯한 다양한 디지털 기기에 사용되는 얼굴 인식 시스템의 불공정성에 문제를 제기했다(Buolamwini & Gebru, 2018). 인공지능의 얼

● 〈Viral Tiktok: student fails exam after AI software flags for cheating〉, https://www. youtube.com/watch?v=CeWu5gkNjgM

굴 인식 시스템이 백인 남성 얼굴에 대해서는 정확도가 높았지만, 유색인종 여성 얼굴에 대해서는 정확도가 낮았다. 이러한 발견을 바탕으로 브올람위니는 '젠더 셰이즈Gender Shades'라는 프로젝트를 진행했는데, 인공지능 시스템의 편향성을 줄이고 투명성과 책임성을 높여야 한다는 점을 강조했다. 이처럼 인공지능 시스템은 일부 사용자에게는 우수한 서비스를 제공하는 반면, 다른 사용자에게는 불공정한 결과를 초래할 수 있다.

인공지능은 인간과 다른 이유에서 공정하지 않을 수 있다. 머신러닝과 같은 인공지능 기술이 공정하기 위해서는 데이터 입력·처리·결과 등 모든 과정에서 공정성이 확보되어야 하는데, 프로그램 개발 과정에서 여성보다 남성, 유색인종보다 백인의 데이터가 더 많이 입력되면 편향된 머신러닝 모델이 만들어질 가능성이 높다. 또한 은행에서 대출 심사를 담당하는 인공지능 시스템이 대출 상환 가능성을 예측할 때 성별에 높은 가중치를 부여한다면, 동일한 조건의 남녀가 대출 신청을 해도 남성의 대출 한도가 여성보다 더 높을 것이다. 따라서 인공지능 알고리즘의 편향성으로 인해 여성에게 불이익이 생길 수 있다.

앞서 제시한 예시들은 사람들의 기대와 달리 인공지능이 불공정할 수 있다는 것을 보여 준다. 공정성 외에도 인공지능은 다양한 한계를 가지고 있으며, 그로 인해 윤리적 문제가 발생할 수 있다. 인공지능의 성능이 아무리 우수하더라도 윤리적 문제를 유발한다면

서울대 석학이 알려주는 자녀교육법 AI·디지털 리터러시

인공지능을 적극적으로 활용하거나 폭넓게 확산시키기 어렵다. 인공지능을 과신해서 발생할 수 있는 문제를 예방하기 위해 인공지능의 윤리적 한계를 살펴보자.

인공지능의 윤리적 한계

인공지능은 인간의 사고와 행동을 모방해 개발되었지만 인간과 다른 특성을 가지고 있다. 9장에서 살펴본 것처럼 인공지능은 인간과 달리 자의식과 메타인지가 없기 때문에 비윤리적인 의사결정을 하더라도 스스로 점검하거나 조정하기 어렵고, 인공지능에 책임을 물을 수도 없다. 이처럼 인공지능이 가지는 윤리적 한계는 인공지능의 고유한 특성과 밀접한 관련이 있다. 그럼 인공지능을 활용할 때 주의

인공지능을 활용할 때 고려해야 할 윤리적 이슈

❶ 인공지능은 편향된 결정을 내릴 우려가 있다.
❷ 인공지능의 의사결정 과정이 불투명하다.
❸ 참과 거짓을 섞어 이야기하는 환각(hallucination) 현상이 나타난다.
❹ 과도한 에너지 사용으로 탄소 배출량이 증가한다.
❺ 인공지능은 스스로 책임지지 않는다.

해야 할 다섯 가지 윤리적 이슈에 대해 살펴보자.

첫째, 인공지능의 편향성은 공정한 결정을 내리기 어렵게 한다. 인공지능은 데이터로부터 학습한다. 그러니 인공지능 모델의 개발 과정에서 특정 인종·성별·연령의 데이터가 많이 입력되면 해당 집단을 더 정확하게 인식·분류·예측할 가능성이 높다. 만약 의료 진단 시스템에 백인 환자의 의료 데이터가 더 많이 있을 경우, 다른 인종의 환자보다 백인 환자에 대해 더 정확한 진단을 내릴 것이다. 이처럼 인공지능 시스템의 성능이 예측하는 변인과 관련 없는 인종이나 성별에 따라 달라진다면 해당 시스템의 공정성을 의심해 보아야 한다.

인공지능이 기존 사회가 가지고 있는 편향성을 그대로 반영한다면, 사회적 편견과 불평등을 증가시킬 우려가 있다. 예를 들어 축구와 관련된 이미지를 검색하면 여성보다 남성의 이미지가 더 많이 나타난다. 이는 전통적으로 남성이 여성보다 축구를 더 많이 했기 때문이다. 이때 인공지능을 이용해 축구에 대한 이미지를 생성하면 남성이 포함될 가능성이 더 높다. 비록 남성이 확률적으로 여성보다 축구를 할 가능성이 더 높지만, 인공지능이 생성한 이미지로 인해 '축구는 남성의 운동이다'는 고정관념이 더 강화될 우려가 있다. 이와 비슷하게 IT 업계에 흑인보다 백인 종사자의 비율이 높다는 이유로 인공지능 채용 시스템이 신입 사원을 선발할 때 백인을 더 자주 추천할 가능성이 있다. 인공지능의 편향된 추천으로 인해 기존의 사회·

경제적 불평등이 더 악화될 우려가 있다.

영국에서는 인공지능이 학생의 가정 환경에 따라 대학 입시에 필요한 성적을 불공정하게 예측해 문제가 되었다. 2020년 코로나19 팬데믹으로 인해 영국에서 대학 입시에 주요한 영향을 미치는 A 레벨 시험을 치르지 못하자, 대신 인공지능을 이용해 학생들의 성적을 예측하는 방식을 도입했다. 그러나 인공지능이 예측한 점수가 교사의 평가와 차이를 보이는 경우가 있었는데, 저소득 지역 학생들의 점수를 상대적으로 낮게 예측하는 경향을 보였다. 이는 부유한 계층의 학생이 가난한 계층의 학생보다 명문 대학에 더 많이 입학한다는 사회적 편향성을 그대로 반영한 결과일 수 있다. 또한 과거에 성적이 낮았던 학생은 그다음 해에도 성적이 낮을 것으로 예측했는데, 학생의 노력 여부에 따라 성적이 변할 수 있다는 점을 반영하지 않은 결과였다. 학부모의 반발이 거세지자 영국 정부는 학생들이 인공지능이 예측한 점수와 교사가 산출한 점수 중 하나를 선택해 대학 입시에 사용하도록 했다.

영국의 사례에서 알 수 있듯이 주요한 의사결정을 내리는 상황에서 인공지능의 추천이나 예측 결과를 과도하게 신뢰해서는 안 된다. 인공지능이 얼마나 정확한지와 함께 얼마나 공정한지 혹은 사회 정의에 기여하는지를 고려해야 한다. 더불어 인공지능을 사용할 때 편향된 결과가 포함되어 있지 않은지 수시로 점검하고 비판적으로 생각할 필요가 있다.

둘째, 딥러닝과 같은 복잡한 인공지능 모델은 의사결정 과정이 불투명하므로 잘못된 결정을 하더라도 그 이유를 설명하기 어렵다. 딥러닝은 입력층과 출력층 사이에 여러 개의 은닉층을 가지고 있는데, 학습 과정에서 은닉층에서 어떻게 데이터를 처리하는지 관찰하는 것이 불가능하다. 이런 이유에서 딥러닝을 블랙박스 모델이라고 부른다. 딥러닝을 사용하면 기존의 머신러닝 방법에 비해 예측이나 분류의 정확성을 더 높일 수 있지만, 그 과정을 투명하게 설명하지 못한다는 한계가 있다.

딥러닝 모델의 불투명성은 앞서 언급한 공정성을 판단하는 데 걸림돌이 되고 있다. 최근 민간 기업과 공공기관에서 인공지능 면접 시스템을 활용해 객관적인 평가를 시도하고 있다. 인공지능 면접이 점차 확산되고 있지만, 평가가 정확히 어떻게 이루어지는지에 대한 설명이 명확히 공개되어 있지 않다. 인공지능 면접을 도입한 기관에서도 어떤 이유에서 당락이 결정되었는지, 인공지능의 결정에 편향성이 없었는지 등을 설명하는 데 어려움을 겪는다. 그로 인해 인공지능 면접 시스템의 신뢰성과 공정성에 의문이 제기되고 있다.

인공지능 시스템의 불투명성을 극복하기 위해 설명 가능한 인공지능Explainable AI, XAI 연구가 활발하게 이루어지고 있다. 인공지능이 자신의 의사결정 과정과 이유를 설명하도록 설계해 사용자의 신뢰성을 높이고자 한다. 예를 들어 인공지능 시스템이 특정 이미지를 고양이로 분류했을 때 "이 동물은 긴 수염, 뾰족한 귀, 큰 동공, 작은

서울대 석학이 알려주는 자녀교육법 AI·디지털 리터러시

체구를 가지고 있기 때문에 고양이로 판단했습니다."와 같은 설명을 제공하도록 하는 것이다. 이러한 설명은 사용자가 인공지능의 판단 기준을 더 쉽게 이해하도록 돕고 결과의 투명성을 높이는 데 기여한다.

그러나 인공지능 모델의 정확도를 높이는 동시에 설명 가능성을 높이는 것은 어려운 과제다. 일반적으로 모델의 정확도가 높아지면 설명 가능성은 낮아지고, 반대로 설명 가능성이 높아지면 정확도가 감소한다. 이러한 딜레마를 해결하는 것이 인공지능 분야의 주요한 과제로 남아 있다. 윤리적 이슈가 중요한 사안에서는 정확도가 감소하더라도 설명 가능성과 투명성을 높이는 쪽을 선택하는 것이 더 바람직할 것이다.

셋째, 초거대 언어 모델은 거짓을 진실처럼 말하는 환각 현상을 보인다. 초거대 언어 모델은 단어의 의미를 이해하고 문장을 작성하는 것이 아니라, 특정 단어 다음에 어떤 단어가 나올지 확률적으로 계산해 문장을 만든다. 문장 내용의 진위를 스스로 판단할 수 없으므로 환각 현상이 발생한다. 이러한 환각 현상은 대표적인 초거대 언어 모델 챗GPT에서 자주 나타난다.

챗GPT가 출시된 초창기에 환각 현상을 점검하기 위해 몇몇 사용자들이 "조선왕조실록에 기록된 세종대왕의 맥북 프로 던짐 사건에 대해 알려 줘."와 같은 질문을 했다. 사람이 볼 때는 명백하게 잘못된 질문임에도 챗GPT는 마치 역사적 사실인 것처럼 응답했다.

2023년 3월 5일 자 『조선일보』에 다음과 같은 챗GPT의 응답이 실렸다.

세종대왕의 맥북 프로 던짐 사건은 조선왕조실록에 기록된 일화로, 15세기 세종대왕이 새로 개발한 훈민정음(한글)의 초고를 작성하던 중 문서 작성 중단에 대해 담당자에게 분노해 맥북 프로와 함께 그를 방으로 던진 사건입니다.

몇 달 후 필자가 동일한 질문을 했을 때는 챗GPT가 "조선왕조실록에 세종대왕이 맥북 프로를 던진 사건에 대한 기록은 존재하지 않습니다."라고 정확한 답변을 했다. 사용자의 피드백으로 챗GPT의 응답 내용이 수정된 것으로 추정된다. 챗GPT는 사람의 피드백으로부터 강화학습을 하므로, 환각 현상을 나타내는 부정확한 응답에 낮은 점수를 부여하면 응답의 정확성을 높일 수 있다. 그렇지만 초거대 언어 모델의 특성상 환각 현상을 완벽하게 방지할 수는 없다. 따라서 초거대 언어 모델을 사용할 때는 답변에 부정확한 내용이 없는지 점검하고 정보가 의심된다면 다른 출처와 비교해 볼 필요가 있다.

넷째, 딥러닝 모델을 만드는 데는 과도한 에너지가 필요하고, 그 과정에서 탄소 배출량이 증가함으로써 자연환경에 부정적 영향을 미친다. 빅데이터를 이용해 딥러닝 모델을 훈련시키는 과정에서 복잡한 연산을 빠르게 처리하기 위해 많은 수의 그래픽 처리 장치GPU

서울대 석학이 알려주는 자녀교육법 AI·디지털 리터러시

를 사용하는데, 이 과정에서 많은 양의 이산화탄소가 배출된다. MIT 연구자들에 따르면 대형 딥러닝 모델을 훈련시키는 데 62만 6,000파운드의 이산화탄소가 배출되는 것으로 추정되며, 이는 다섯 대의 자동차가 평생 배출하는 양과 동일하다(Martineau, 2020). 더욱이 수천억 개의 파라미터를 가지고 있는 초거대 언어 모델이 개발되면서 기존의 언어 모델보다 훨씬 더 많은 에너지를 소비하고 있다. MIT의 연구자 닐 톰프슨Neil Thompson은 이러한 현상을 다음과 같이 비판했다(Martineau, 2020).

성능을 조금 향상시키기 위해 훨씬 더 많은 계산을 해야 합니다. 이는 지속 가능하지 않습니다. 우리는 딥러닝을 확장하는 더 효율적인 방법을 찾거나 다른 기술을 개발해야 합니다.

인공지능 모델을 개발하는 데 엄청난 양의 이산화탄소가 배출됨으로써 지구 온난화와 기후 위기에 부정적인 영향을 미칠 수 있다. 인공지능의 기능이 점점 더 향상될수록 기후 위기로 인한 피해가 증가한다는 점에서 인공지능은 인류의 지속 가능한 발전을 위협하는 요소로 고려되기도 한다. 이러한 문제를 해소하기 위해서는 적은 에너지로 우수한 성능을 보이는 인공지능 모델의 개발이 필요하다. 향후 인공지능이 환경에 미치는 영향에 대해 보다 체계적인 연구가 진행되어야 할 것이다.

마지막으로, 인공지능은 자의식이 없어 윤리적 문제가 발생하더라도 스스로 책임지지 못한다. 인공지능이 개인과 사회에 미치는 영향이 점점 더 커지고 있는데, 그로 인해 발생하는 피해에 대한 책임 소재는 불분명하다. 예를 들어 병원에서 인공지능의 잘못된 진단으로 의료사고가 난다거나, 자율주행 자동차가 장애물을 보지 못해 사고가 발생할 수 있으며, 학교에서 인공지능이 서술형 답안을 잘못 채점할 수 있다. 인공지능이 저작자의 허락을 받지 않고 다른 사람의 창작물을 무단으로 사용하거나, 허위 정보를 생성해 누군가의 명예를 훼손할 가능성도 있다. 그러니 실제로 이런 문제가 발생했을 때 어떻게 책임을 물을 것인지 법규를 정비할 필요가 있다.

　　인공지능은 문제를 스스로 책임질 수 없으므로 개발자나 사용자가 책임져야 한다. 2023년 6월 미국 의회에서 'AI 면책조항 금지법'이라는 법안이 발의되었다. 이 법안이 통과되면 생성형 AI를 사용한 후 저작권 문제가 발생했을 때 인공지능 기업이 법적 책임을 지게 된다. 기존에는 구글·페이스북·인스타그램과 같은 플랫폼에 불법 콘텐츠가 게시되더라도 해당 기업의 책임을 묻지 못했는데, 인공지능 기술에 대해서는 피해의 심각성을 고려해 기업의 책임을 보다 명확히 규정하려는 시도가 이루어지고 있다.

　　우리나라는 2022년 교육분야 인공지능 윤리원칙을 제정했다. 총 10개의 윤리원칙으로 구성되어 있으며, 그중 제8원칙으로 '교육 당사자의 안전을 보장한다'가 포함되어 있다. 이 원칙의 세부 내용을

서울대 석학이 알려주는 자녀교육법 AI·디지털 리터러시

살펴보면 "교육 분야 인공지능이 지닌 잠재적 위험을 방지해야 하며, 실효성 있는 피해구제를 위해 책임 주체와 범위를 명확히 해야 한다."라고 명시되어 있다.

많은 교사가 인공지능 시스템의 잘못된 예측이나 의사결정으로 인해 학생에게 피해가 발생했을 때 책임 소재가 불분명하다는 점을 우려한다. 예를 들어 인공지능 시스템이 학생의 학습 패턴을 분석해 학기말 성적을 예측했는데, 데이터 수집이 미흡해서 정확한 예측이 이루어지지 않았다고 가정해 보자. 인공지능 시스템의 보고서를 바탕으로 교사가 특정 학생의 역량을 과소평가하고, 학업 성취에 대한

교육 분야 인공지능 윤리원칙

❶ 인간 성장의 잠재성을 이끌어 낸다.
❷ 학습자의 주도성과 다양성을 보장한다.
❸ 교수자의 전문성을 존중한다.
❹ 교육 당사자 간의 관계를 공고히 유지한다.
❺ 교육의 기회균등과 공정성을 보장한다.
❻ 교육 공동체의 연대와 협력을 강화한다.
❼ 사회 공공성 증진에 기여한다.
❽ 교육 당사자의 안전을 보장한다.
❾ 데이터 처리의 투명성을 보장하고 설명 가능해야 한다.
❿ 데이터를 합목적적으로 활용하고 프라이버시를 보호한다.

출처: 교육부(2022)

기대 수준을 낮출 수 있다. 그 결과 해당 학생은 실제 역량에 비해 낮은 점수를 얻을 가능성이 있다. 이러한 상황에서 책임 소재가 불명확하면 많은 교사가 처음부터 인공지능 시스템을 사용하지 않으려 할 것이다. 인공지능 시스템을 학교에 성공적으로 도입하기 위해서는 앞서 제시한 인공지능 윤리 제8원칙을 잘 준수해야 할 것이다.

인공지능, 올바르게 활용하자

인공지능의 사용량이 증가할수록 인공지능으로 인한 윤리적 문제도 증가할 것이다. 데이터가 편향적으로 수집되거나 인공지능 모델이 특정 집단에 차별적으로 설정되어 있다면 공정하지 못한 결정을 내릴 가능성이 높다. 그 밖에도 인공지능의 특성으로 인해 의사결정 과정의 불투명성, 환각 현상, 과도한 에너지 사용, 책임성 부재와 같은 윤리적 한계가 나타날 수 있다.

이러한 윤리적 문제를 예방하고 최소화하는 방법에 대해 자녀와 함께 이야기를 나눌 필요가 있다. 그 과정에서 인공지능에 지나치게 의존해서는 안 되는 이유에 대해 의견을 나누거나, 인공지능의 윤리적 한계를 점검하고 비판적으로 생각하는 방법을 알려 주자.

자녀와 함께 인공지능을 어떻게 활용하는 것이 바람직한지 이야기하면서 다음과 같은 질문을 할 수 있다. 인공지능이 공정한지 어

서울대 석학이 알려주는 자녀교육법 AI·디지털 리터러시

떻게 확인할 수 있을까? 인공지능이 특정 결정을 내린 이유를 어떻게 알 수 있을까? 인공지능이 추천하는 내용을 얼마나 신뢰할 수 있을까? 환경을 보호하기 위해 인공지능 개발을 중단해야 할까? 인공지능으로 인해 피해가 발생하면 누구에게 책임을 물어야 할까? 이런 질문을 두고 자녀와 대화하며 인공지능 윤리에 대해 함께 생각해 보자.

자녀를 위한
코딩교육

인공지능 시대에 새로 등장하는 일자리 중 상당수는 코딩 실력을 요구할 가능성이 높다. 하지만 모든 사람이 코딩을 잘해야 하는지는 여전히 의문이다. 코딩교육의 필요성과 바람직한 코딩교육 방법에 대해 살펴보자. 🖉

코딩교육의 중요성

인공지능 시대에 필요한 교육을 생각할 때 많은 사람의 머릿속에 가장 먼저 떠오르는 것이 코딩교육이다. 미국 오바마 대통령은 재임 기간 동안 코딩교육의 중요성을 크게 강조했다. 2016년 미국은 '모두를 위한 컴퓨터 과학Computer Science for All' 계획을 통해 컴퓨터 과학교육의 접근성을 높이고 교육과정을 개발하는 동시에 관련 교사 교육을 강화했다. 국내에서도 2015년 개정 교육과정에서 소프트웨어교육을 초등학교와 중학교에 의무화하면서 코딩교육을 교육과정에 적극 반

서울대 석학이 알려주는 자녀교육법 AI·디지털 리터러시

영했다. 2022년 개정 교육과정에서는 초중등학교 정보 교과의 시수를 두 배로 늘리고 코딩교육을 필수화했다. 이처럼 정부에서 코딩교육을 강조하는 이유는 무엇일까?

그 이유는 바로 4차 산업 혁명 시대에 국가 경쟁력을 강화하기 위해서다. 세계경제포럼은 2023년부터 2027년까지 8,300만 개의 일자리가 사라지고 6,900만 개의 일자리가 새로 만들어질 것이라고 예측했는데, 인공지능과 같은 디지털 테크놀로지가 이러한 변화를 주도할 것이라고 전망했다(World Economic Forum, 2023). 머신러닝·로봇·빅데이터와 같은 분야에서 새로운 일자리가 증가할 것으로 예상된다.

그런데 이러한 직업을 가지기 위해서는 컴퓨터 프로그래밍 능력이 필수다. 향후 우수한 코딩 실력을 갖춘 사람에게 더 많은 성공 기회가 찾아올 것이며, 그렇지 못한 사람은 오히려 직업의 안정성을 위협받을 것이다. 인공지능의 도입이 직업에 미치는 영향은 모든 사람에게 동일한 것이 아니라, 각자의 능력에 따라 기회일 수도 위기일 수도 있다.

학생의 코딩 능력은 개인의 노력뿐 아니라 가정 환경의 영향을 받는다. 부모가 자녀의 코딩교육에 관심이 높다면 어려서부터 사교육을 통해 체계적으로 코딩교육을 받을 기회가 많다. 반면 소외계층의 학생들은 컴퓨터에 대한 접근성이 낮고, 코딩교육을 어려서 접할 기회가 적다. 이러한 차이로 인해 학교에서 본격적으로 코딩교육을 실시하기 전 이미 코딩 능력에 차이가 발생할 수 있다. 만약 이러한 차이를 공교육에서 내버려 둔다면 인공지능 시대에 사회·경제적 불평등이 더 심화될 우려가 있다. 이런 이유에서 모두를 위한 코딩교육은 전 세계적으로 강조되고 있다.

코딩교육은 컴퓨터 프로그래밍의 기본 개념과 원리를 교육하는 과정이다. 코드는 프로그램에서 작업을 수행하기 위해 사용되는 명령어를 의미한다. 컴퓨터 프로그래머는 파이썬, 자바스크립트, C++과 같은 언어를 사용해 텍스트 코딩을 한다. 코딩을 통해 게임, 웹사이트, 모바일 앱 등을 개발하거나, 데이터를 입력해 머신러닝 모델을 개발할 수 있다. 스크래치와 엔트리는 교육 목적으로 개발된 블록 코딩 프로그램이다. 직관적으로 코딩할 수 있어 초등학생과 중학생에게 인기가 많으며, 블록 코딩을 통해 간단한 게임과 애니메이션을 만들 수 있다.

우리 자녀들은 코딩교육을 통해 무엇을 배워야 할까? 코딩교육은 컴퓨터 프로그래밍 언어의 문법이나 구조를 배우는 것 외에도 창의적·논리적 사고, 문제해결력과 같은 핵심 역량을 기르는 데도 기여해야 한다. 인공지능 시대에 필요한 인재는 다른 사람의 지시에 따라 단순 코딩 업무를 반복하는 것이 아니라, 창의적으로 소프트웨어를 설계하고 개발 과정에서 발생하는 복잡한 문제를 효과적으로 해결하는 사람이다.

코딩교육에서는 프로그래밍 지식을 획득하는 것보다 해당 지식

서울대 석학이 알려주는 자녀교육법 AI·디지털 리터러시

으로 실제적인 문제를 해결하는데 초점을 두는 것이 중요하다. 프로그래밍 언어를 배웠다고 해서 그 언어로 소프트웨어를 개발할 수 있는 것은 아니다. 다양한 프로젝트를 통해 프로그래밍 언어에 대한 지식을 사용하는 방법을 배워야 한다. 과학 실험을 통해 과학자처럼 생각하는 법을 배우는 것처럼, 코딩 실습을 통해 컴퓨터 과학자처럼 논리적으로 생각하고 행동하는 방법을 배우는 것이 중요하다. 코딩교육에 장기간 참여했을 때 컴퓨터 과학자 혹은 컴퓨터 공학자의 정체성을 형성할 수 있다면 성공적인 코딩교육이 될 것이다.

최근 코딩교육에 학부모의 관심이 커지고 있으며, 코딩교육에 대한 다양한 질문이 제기되고 있다. 이 장을 작성하기 전에 코딩교육에 관한 학부모의 질문을 받았는데, 그중 많은 학부모가 다음과 같은 질문을 주었다. 여자아이에게도 코딩교육이 필요할까요? 코딩교육을 몇 살부터 시작할까요? 집에서 어떻게 코딩교육을 할 수 있나요? 코딩과 관련된 진로에는 무엇이 있을까요? 아래에서 각각의 질문에 대해 살펴보자.

여자아이에게도 코딩교육이 필요할까?

은연중에 남자가 여자보다 코딩을 더 좋아하고 잘할 것이라고 믿는 경향이 있다. 이는 일종의 사회적 편견이며, 그로 인해 여학생들의 코딩교육에 대한 접근성이 떨어질 수 있다. 실제로 구글·아마존·메타와 같은 IT 업계에 종사하는 여성의 비율이 남성에 비해 상대적으로 낮은 편이다. 해외 취업 사이트인 링크트인_{LinkedIn}에 따르면, 인공지능 분야 전문가 중 약 22%만이 여성이고 나머지 78%는 남성이다 (World Economic Forum, 2018). 이러한 현상이 나타나는 이유는 여성의 컴퓨터 프로그래밍 능력이 남성보다 부족해서라기보다, 컴퓨터를 다루는 것은 남성의 일이라는 사회적 고정관념 때문이다. 컴퓨터가 도입되는 초기에는 게임의 형태로 많이 소개되었는데, 이때부터 남성 중심 문화가 형성되었을 수 있다.

최근 소프트웨어 분야로 진출하는 여성의 비율이 높아지고 있으나, 성별 격차는 여전히 높은 편이다. 미래 사회에서는 인공지능이 주요한 역할을 할 것이라는 점에서 성별 격차를 줄여 가는 것이 필요하다. 인공지능 관련 직업은 고수익을 보장하므로 향후 성별에 따른 임금 격차가 더 커질 수 있다. 인공지능 개발자의 고정관념과 선호도가 인공지능 제품에 반영될 가능성도 있다. 예를 들어 인공지능 스피커에서 남성보다 여성의 목소리가 더 많이 사용되는데, 인공지능은 사용자의 명령에 따라 작동한다는 점에서 여성 비서에 대한 차별적인 관점이 반영된 것일 수 있다.

코딩은 남성의 업무라는 편견을 극복하기 위해 코딩교육에서 성평등을 강조할 필요가 있다. 이를테면 학교에서 코딩교육을 할 때 남학생이 선호하는 로봇이나 자동차가 많이 사용되는데, 여학생이

서울대 석학이 알려주는 자녀교육법 AI·디지털 리터러시

선호하는 활동을 중심으로 코딩교육을 설계하는 것도 좋다. 야스민 카파이Yasmin Kafai 등(2014)은 전자 텍스타일을 활용해 모자·옷·가방·인형 등 패션 아이템을 만드는 코딩교육을 실시했다. 여학생의 흥미를 유발하기 위해 패션 아이템을 터치하면 불빛이 반짝거리거나 글자가 보이도록 프로그래밍하는 방법을 가르쳤다. 이러한 교육적 시도는 여학생들이 코딩에 더 친숙해지도록 돕고 향후 인공지능 분야로 진출할 수 있는 계기를 만들어 줄 것이다. 자녀의 성별에 상관없이 코딩교육은 필요하다. 그러니 자녀가 좋아하는 활동을 코딩교육과 연계시켜 흥미를 유발해 보자.

코딩교육, 언제부터 시작할까?

초등학교 고학년부터 놀이와 체험을 중심으로 한 소프트웨어교육을 의무적으로 실시하고 있다. 물론 더 어린 나이에 코딩교육을 시작할 수도 있다. 코딩교육을 프로그래머가 되기 위한 준비 과정이 아니라, 인공지능 시대에 필요한 디지털 리터러시를 향상시키기 위한 방안이라고 생각한다면 어려서부터 자연스럽게 경험하도록 하는 것도 좋은 방법이다. 학교에 입학하기 전 가정에서 읽고 쓰는 법을 배우는 것처럼 코딩교육을 실시할 수 있다. 코딩을 컴퓨터와 상호작용하기 위한 언어로 생각하면 된다.

보스턴 칼리지의 마리나 버스Marina Bers 교수 팀은 4-7세 어린이를 위해 키보드와 스크린 없이 나무 블록으로 프로그래밍하는 KIBO 로봇 키트를 개발했다(Elkin et al., 2016). 어린이들은 나무 블록을 사용해 명령어를 구성하고, 나무 블록에 있는 바코드를 스캔해서 자동차를 움직이거나 소리를 내도록 할 수 있다. 아이들은 자동차를 한 곳에서 다른 곳으로 이동시키거나, 장애물을 만나면 자동차를 멈추기 위해 나무 블록을 연결해 명령어를 만드는 경험을 한다. 이는 코딩의 기본적인 개념을 이해하고 컴퓨팅 사고력을 기르는 데 효과적이다. 더욱이 친구들과 함께 명령어를 만들기 위해 의논하는 과정에서 협동심·문제해결력·책임감 등을 기를 수 있다.

이처럼 컴퓨터 모니터와 키보드를 사용하지 않고 물리적인 활동이나 게임을 통해 코딩의 기본 원리를 배울 수 있다. 어린 나이에 디지털 기기에 노출되는 것을 우려하는 부모는 가정에서 언플러그드 코딩Unplugged Coding을 시도해 보는 것도 좋다. KIBO 로봇 키트와 같은 장비가 없더라도, 한 사람이 종이에 간단한 명령어를 적고 다른 사람이 명령어에 따라 움직이도록 하는 방식으로 언플러그드 코딩을 경험할 수 있다. 언플러그드 코딩에서 자녀가 코딩에 흥미를 가지고, 체험을 통해 코딩의 개념을 이해하도록 하는 것이 중요하다.

서울대 석학이 알려주는 자녀교육법 AI·디지털 리터러시

가정에서 실천하는 코딩교육

코딩교육의 목적은 프로그래밍 기술을 배우는 것이 아니라 컴퓨팅 사고를 배우는 것이다(Wing, 2006). 컴퓨팅 사고는 컴퓨터 과학의 기본 개념을 활용해 문제를 해결하거나 시스템을 설계하고, 인간의 행동을 이해하는 활동을 말한다. 컴퓨팅 사고에는 분해·추상화·알고리즘 사고 등이 있는데, 코딩 외에도 여러 상황에 적용할 수 있다.

예를 들어 라면을 끓이는 과정을 생각해 보면, 물을 넣고 면과 수프를 넣고, 라면이 끓을 때까지 기다리는 등 여러 개의 하위 활동으로 분해할 수 있다. 라면의 맛을 결정하는 요인으로는 물의 양, 조리 시간 등 주요 변인을 추상화할 수 있다. 라면을 끓이는 최적의 순서나 방법을 정하는 데도 알고리즘 사고를 적용할 수 있다.

이러한 컴퓨팅 사고를 돕기 위해 가정에서 자녀와 어떤 활동을 할 수 있을까? 전통적인 코딩교육은 선생님이 예시를 보여 주고, 학생이 선생님의 도움을 받아 연습 문제를 반복해서 해결하는 방식으로 이루어졌다. 이러한 활동은 코딩에 필요한 절차를 기억하는 데 도움이 되지만, 컴퓨팅 사고력을 기르는 데는 한계가 있다. 영어 단어를 외우지만 외국인과 영어로 대화를 못 하는 것과 비슷한 결과를 초래하는 것이다. 이를 극복하기 위해 자녀에게 컴퓨터 과학자처럼 실제 과제를 해결하는 경험을 제공할 필요가 있다. 물론 자녀의 컴퓨팅 사고력을 고려해 매우 쉬운 과제부터 시작해야 하지만, 본질적으로는 컴퓨터 과학자가 하는 일과 유사해야 한다. 즉, 자녀가 직접 문제를 분해하고 추상화하고 알고리즘을 만드는 활동에 참여할 기회를 줘야 한다. 이러한 활동 속에서 시행착오를 거치면서 책으로 배울 수 없는 컴퓨팅 사고력을 기를 수 있다.

MIT 미첼 레스닉Mitchel Resnick 교수는 학생들이 각자 흥미를 갖고 있는 프로젝트를 수행하는 것이 코딩교육에서 매우 중요하다고 했다. 이와 관련해『미첼 레스닉의 평생유치원』이라는 책에서 타냐라는 학생의 흥미로운 사례를 소개했다(미첼 레스닉, 2018). 타냐는 자신의 애완동물 햄스터를 위해 레고 브릭으로 집을 지어 주고 자동문을 만들어 주는 프로젝트를 실시했다. 이 프로젝트를 위해 초등학생도 코딩을 통해 쉽게 모터와 센서를 제어하는 레고 마인드스톰Lego Mindstorm이라는 교구를 사용했다.

타냐는 시행착오를 거쳐 문에 모터를 연결하고, 햄스터가 지나갈 때 생기는 그림자를 감지하는 센서를 설치했다. 그리고 그림자가 생길 때마다 자동으로 문이 열리도록 명령어를 입력했다. 프로젝트에 흥미를 느낀 타냐는 새로운 문제를 설정했다. 밤에 햄스터가 얼마나 자주 움직이는지 알아 보기 위해 햄스터가 문을 지날 때마다 데이터를 수집할 수 있는 센서를 설치하고 매일 수집된 결과를 기록했다.

이 사례에서 프로젝트는 코딩 기술뿐 아니라, 창의적 사고와 컴퓨팅 사고력을 기르는 데 큰 도움이 되었다. 그리고 학생의 내적 동기를 촉진해 코딩을 지루해하지 않고 몰입할 수 있도록 했다. 그러니

서울대 석학이 알려주는 자녀교육법 AI·디지털 리터러시

컴퓨팅 사고력을 기르기 위해 자녀가 흥미를 갖고 있는 문제를 중심으로 프로젝트를 함께 하는 것이 필요하다.

코딩과 관련된 진로

자녀가 코딩에 흥미를 갖고 있다면 어떤 진로가 적합할까? 인공지능 시대가 도래하면서 관련 분야에 대한 정부와 기업의 투자가 크게 증가하고 있다. 한국직업능력연구원에서 운영하는 커리어넷(https://www.career.go.kr)에서는 코딩과 관련된 미래 직업에 대한 안내를 제공하고 있다. 대표적인 직업으로 인공지능 전문가, 블록체인 전문가, 빅데이터 전문가, 사물인터넷 전문가, 정보보호 전문가가 있다.

인공지능 전문가는 인간처럼 사고하고 추론하는 능력을 가진 컴퓨터 시스템을 개발한다. 블록체인 전문가는 다른 사람이 정보를 마음대로 조작하지 못하도록 하는 블록체인 기술을 개발하고, 빅데이터 전문가는 데이터로부터 패턴을 분석해 미래를 예측하는 일을 한다. 사물인터넷 전문가는 사물을 네트워크로 연결해 데이터를 주고받는 인터넷을 개발한다. 정보통신 기술이 발달할수록 정보 유출이나 사생활 침해가 증가한다는 점에서 정보보호 수준을 진단하고 안전하게 보호하는 전문가에 대한 사회적 수요도 증가할 것이다. 이처럼 인공지능 시대에 유망한 직업들이 코딩과 밀접한 관련이 있다.

인공지능이 급속히 발달하면서 새로운 직업도 계속 등장하고 있다. 대표적인 예가 프롬프트 엔지니어Prompt Engineer다. 생성형 인공지능은 질문을 어떻게 하는지에 따라 답변이 크게 달라지는데, 최상의 답변을 얻기 위해서는 인공지능에 프롬프트를 잘 작성해 입력하는 능력을 갖춘 인재가 필요하다. 그리고 인공지능이 사회에 미치는 영향이 커지면서 다양한 부작용을 야기할 수 있다는 점에서 인공지능의 윤리적·사회적 영향을 연구하고 관련 정책을 수립하는 전문가에 대한 수요도 증가할 것이다.

인공지능에 사용할 훈련 데이터를 구축하기 위해 이미지·텍스트 등의 데이터에 태그나 범주를 지정하는 데이터 레이블러Data Labeler라는 새로운 직업도 등장했다. 이처럼 인공지능으로 인해 점차 사라지는 직업도 있지만 새롭게 만들어지는 직업도 있다. 자녀에게 미래 사회에 어떤 직업이 유망할지 안내하고, 자녀의 적성에 맞는 직업을 탐색하는 것이 필요하다.

컴퓨팅 사고력을 중심으로 한 코딩교육

앞서 모두를 위한 코딩교육이 중요하다고 했는데, 인공지능 기술이 발달하면 인간이 직접 코딩을 하지 않아도 될 것이라는 예측이 있다. 인간을 대신해 코딩하는 생성형 인공지능이 등장하고 있기 때문이다. 예를 들어 챗GPT는 파이썬을 포함해 다양한 프로그램 언어에 대한 질문에 답하고, 간단한 프로그래밍 문제를 해결할 수 있다. 챗GPT에 직접 코드를 작성하도록 요청하고, 작성한 코드의 오류를 찾아 수정하도록 지시할 수도 있다. 향후 사람이 어떠한 소프트웨어가 필요한지 설명하면 인공지능이 대신 코딩을 해주는 시대가 올 것이다. 그 결과 간단한 코딩 작업을 하는 인력의 수요는 점차 줄어들 것으로 전망된다. 따라서 프로그래밍 언어를 배우는 것이 코딩교육의 전부가 되어서는 안 된다. 오히려 생성형 인공지능에 코딩 업무를 시키고, 그 결과를 다양한 측면에서 평가할 수 있는 역량이 필요할 것이다.

코딩교육의 목적은 컴퓨터 과학자처럼 생각하는 법을 배우는 것이어야 한다. 컴퓨팅 사고력을 길러 주기 위해 자녀와 함께 실제적인 프로젝트를 수행하는 것을 추천한다. 처음부터 너무 어려운 문제를 해결하려고 하기보다 쉽지만 자녀가 흥미를 가지고 있는 주제를 찾아보자. 언플러그드 코딩을 하거나 자녀의 나이에 맞는 코딩 도구를 사용해 프로젝트를 실시하는 것도 좋다.

모두가 컴퓨터 과학자나 인공지능 전문가가 될 필요는 없지만, 미래 사회에 인공지능과 함께 살아가는 데 필요한 리터러시를 기르기 위해서는 컴퓨팅 사고력을 중심으로 한 코딩교육이 모든 사람에게 필요하다. 작가가 되지 않더라도 글쓰기를 배우고, 화가가 되지 않더라도 그림을 배우는 것처럼, 인공지능 시대에 자신의 생각을 효과적으로 표현하기 위해서는 코딩을 배워야 한다. 부모가 먼저 코딩 교육을 체험하고 자녀의 컴퓨팅 사고력을 향상하기 위한 실천적인 활동에 함께 참여해 보자.

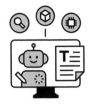

서울대 석학이 알려주는 자녀교육법 AI·디지털 리터러시

13장

코딩교육의 ABC

코딩교육에 학부모들의 관심이 커지면서 관련 사교육도 증가하고 있다. 코딩교육이 입시에서 좋은 성적을 얻는 것 외에 자녀의 능력 개발에 어떤 도움이 되는지 알 필요가 있다. 컴퓨팅 사고력 향상을 위해 코딩교육을 어떻게 시작해야 하는지 자세히 살펴보자.

코딩교육에 대한 관심

인공지능 리터러시와 관련해 많은 부모가 코딩교육에 관심을 가지고 있다. 2025년부터 코딩교육을 의무화하고 교육 시간을 늘린다는 교육부의 발표 이후 코딩교육에 관심이 더 증가했다. 하지만 부모들은 코딩교육 경험이 부족해서 자녀의 코딩교육을 어떻게 시작해야 할지 난감해 한다. 예를 들어 다음과 같은 질문을 자주 한다. 내 아이에게 적합한 코딩교육이 무엇인가요? 학교에서 하는 코딩교육으로 충분한가요? 코딩교육을 어떤 순서로 해야 하나요? 아이를 코딩학원에 보내야 할까요?

부모들의 높은 관심에 비해 학교 교육에서 코딩을 가르치는 시간이 부족하다는 우려가 있다. 우리나라 중학생의 소프트웨어 교육은 34시간 이상이지만 영국·미국·호주 등 선진국에서는 100시간 이상이다. 이러한 교육 시간의 차이로 인해 우리나라 학생과 다른 선진국 학생 간 컴퓨팅 사고력이나 코딩 기술에 차이가 발생할 수 있다. 인공지능 시대에 우리 학생들이 경쟁력을 갖기 위해서는 학교에서 더 어린 나이부터 코딩교육을 시작하고, 소프트웨어 교육의 시수를 늘려야 한다는 주장이 제기되고 있다.

사교육을 통해 코딩교육을 많이 받은 학생과 그렇지 못한 학생 간 교육 격차가 심화될 가능성도 있다. 최근 서울을 중심으로 코딩학원이 급격히 증가했는데, 미취학 아동을 대상으로 하는 코딩 수업까지 등장했다. 이런 수업에서는 어린이의 흥미를 촉진하기 위해 다양한 코딩교육 교구들을 이용해 놀이 형태로 수업을 운영한다. 코딩 사교육이 증가하면서 부모의 사회·경제적 지위에 따라 코딩교육 기회가 달라질 것이며, 특히 코딩학원에 대한 접근성이 높은 수도권과 다른 지역 간에 교육 격차가 발생할 수 있다.

코딩교육에 대한 높은 관심을 반영해 학교 교육을 개선하고, 누구나 쉽게 가정에서 코딩을 배우는 환경을 만들어야 한다. 이러한 변화를 만들기 위해서는 코딩교육을 제대로 이해할 필요가 있다. 더불

서울대 석학이 알려주는 자녀교육법 AI·디지털 리터러시

어 코딩교육의 목적에 따라 방법이 달라질 수 있으므로 코딩교육을 통해 기르고자 하는 역량이 무엇인지도 고민해야 한다. 많은 사람이 코딩교육의 목적과 방법에 대한 생각을 공유한다면, 코딩교육을 개선하는 데 도움이 될 것이다.

일반적으로 코딩교육의 목적이 파이썬과 같은 프로그래밍 언어를 배우는 것에 있다고 생각하지만, 학생들에게는 코딩의 기초가 되는 컴퓨팅 사고력을 배우는 것이 더 중요하다. 하나의 프로그래밍 언어를 배우더라도 기본적으로 컴퓨팅 사고력이 요구되기 때문이다. 새로운 프로그래밍 언어가 등장하면 처음부터 다시 배워야 하지만, 컴퓨팅 사고력은 시간이 흘러도 다양한 맥락에 적용된다. 다른 사람의 지시에 따라 반복해서 코딩하는 것은 향후 생성형 인공지능으로 대체될 가능성이 높다.

이미 챗GPT는 사용자의 프롬프트에 따라 다양한 프로그래밍 언어로 코딩을 하고, 일반인보다 코딩을 더 잘하는 것으로 알려져 있다. 생성형 인공지능에 코딩을 요청해서 그 결과를 잘 활용하기 위해서는 컴퓨팅 사고력이 필요하다. 그렇기에 학교 소프트웨어교육에서는 컴퓨팅 사고력을 강조하고 있다. 자녀에게 프로그래밍 언어를 직접 가르치기는 어렵지만, 컴퓨팅 사고력은 학원에 보내지 않고 가정에서도 가르칠 수 있다.

컴퓨팅 사고력이란?

컴퓨팅 사고는 컴퓨터 과학의 개념을 활용해 문제를 분석하고 해결하는 사고 과정을 의미한다. 컴퓨터가 이해할 수 있는 방식으로 문제를 정의하고, 해결안을 알고리즘 형식으로 제시하는 데 컴퓨팅 사고가 쓰인다. 컴퓨팅 사고를 인간이 컴퓨터처럼 생각하는 것이라고 착각해서는 안 된다(Wing, 2006). 컴퓨팅 사고는 인간의 지혜와 상상력을 바탕으로 문제를 해결하는 방식이며, 기계적으로 코딩을 하는 것이 아니라 컴퓨터 과학자처럼 생각하는 것이다. 예를 들어 복잡한 문제를 한번에 다룰 수 있는 작은 문제로 나누고, 문제의 유형에 따라 해결안을 분류하는 것이 컴퓨팅 사고에 해당한다.

지넷 윙Jeannette Wing은 컴퓨팅 사고를 컴퓨터 과학자에게만 필요한 능력이 아니라, 모든 사람에게 필요한 기본 역량이며 일상생활에서도 많이 활용된다고 했다(Wing, 2006). 이를테면 가방에 물건을 어떤 순서로 넣을지 결정하고, 잃어버린 장갑을 찾기 위해 걸어온 길을 되짚어 보고, 마트 계산대 앞에서 어느 줄에 설지 정할 때 컴퓨팅 사고를 한다.

컴퓨팅 사고는 글쓰기가 여러 교과에서 필요한 것처럼 다양한 분야에 적용될 수 있다. 복잡한 수학 문제를 풀고, 과학 현상을 탐구하고, 정치적 갈등을 해소하며, 새로운 제품을 디자인하는 데도 컴퓨팅 사고가 활용된다. 이는 컴퓨팅 사고를 소프트웨어 교과에서만 가

서울대 석학이 알려주는 자녀교육법 AI·디지털 리터러시

르칠 것이 아니라, 다른 교과와 통합해 가르칠 필요가 있음을 의미한다.

대표적인 컴퓨팅 사고의 종류에는 분해, 패턴 인식, 추상화, 알고리즘 사고가 있다. 그 밖에도 데이터 수집과 분석, 논리적 사고, 디버깅 등이 있다. 대표적인 네 가지 컴퓨팅 사고를 살펴보면 다음과 같다. 첫째, 분해는 복잡한 문제를 해결 가능한 수준의 작은 문제로 나누는 것을 의미한다. 작은 단위로 분해된 문제들을 해결하고, 각각의 결과를 결합함으로써 복잡한 문제를 해결할 수 있다.

예를 들어 가족과 함께 여행을 간다고 가정해 보자. 이 문제는 일정·교통편·숙박과 같은 요소로 분해될 수 있다. 이때 일정은 언제, 어디서, 무엇을 할 것인지에 대한 하위 문제를 포함한다. 교통편은 비행기·자동차·기차·선박 중 어떤 것을 선택할지, 선택한 교통편을 어떻게 예약할지 등의 하위 문제로 구성된다. 숙박 시설을 예약할 때는 위치·비용·편의성 등을 고려하고, 여행자 수에 따라 방의 개수를 정해야 한다. 이처럼 가족여행을 몇 개의 하위 문제로 분해한 뒤 각 하위 문제를 해결하면 효과적으로 계획할 수 있다.

둘째, 패턴 인식은 복잡한 데이터 속에서 일정한 경향과 반복되는 규칙을 찾는 것을 의미한다. 아무리 복잡해 보이는 문제라고 하더라도 일정한 패턴을 발견하면 쉽게 해결할 수 있다. 다음 질문을 같이 생각해 보자. 1부터 100까지 수를 모두 더하면 얼마가 될까? 어떤 학생은 1부터 100까지 수를 1, 2, 3, 4 순서대로 하나씩 더할 것이다.

이렇게 하면 시간이 많이 걸리고, 중간에 계산 실수를 할 가능성도 높아 효율적이지 않다. 하지만 패턴을 인식하면 문제를 더 쉽게 해결할 수 있다. 1과 100을 더하면 101이 되고, 2와 99를 더해도 101이 되며, 3과 98을 더해도 101이 된다. 이런 식으로 양 끝부터 안쪽으로 하나씩 옮기면서 두 수를 더하면 모두 101이 된다. 이 패턴을 적용하면 두 수의 합인 101이 총 50개 있으므로 5,050이라는 답을 쉽게 구할 수 있다. 이처럼 관련성이 없어 보이는 정보로부터 패턴을 찾음으로써 자연현상을 과학적으로 설명하고, 사회·경제적 변화를 미리 예측하며 독창적인 예술작품을 만들 수 있다.

셋째, 추상화는 복잡한 시스템의 가장 중요한 부분에만 집중하고 그 외 세부 사항은 무시하는 것을 의미한다. 피카소의 〈황소〉는 추상화 과정을 보여 주는 대표적인 작품이다. 이 작품은 총 11장의 그림으로 구성되어 있는데, 첫 번째 그림은 황소의 골격·근육·털을 매우 상세하고 사실적으로 묘사한다. 그다음 그림부터는 황소의 본질적인 특징만 남기고 점차 세부 사항을 삭제해 나가는데, 마지막 그림에서는 황소를 몇 개의 선으로 추상화해 제시한다. 추상화가 되더라도 본질적인 특성은 남아 있으므로 황소 그림이라는 것을 쉽게 알 수 있다.

복잡한 문제는 추상화함으로써 효과적으로 해결할 수 있다. 문제의 핵심에 주의를 집중하고 세부 사항에는 주의를 기울이지 않아도 되기 때문이다. 예를 들어 학생의 성취도는 다양한 요소에 의해

서울대 석학이 알려주는 자녀교육법 AI·디지털 리터러시

결정되므로 성적이 왜 낮게 나왔는지 설명하기 어렵다. 존 캐럴John Carroll은 이 문제를 추상화해 학습의 정도를 필요한 시간과 사용한 시간의 함수로 표시했다(Carroll, 1963). 학생의 지적 능력, 사전 지식, 수업의 질 등에 따라 학습에 필요한 시간이 결정되는데, 해당 시간과 비교해 얼마나 많은 시간을 학습에 사용했는지에 따라 성취도가 달라진다. 이 과정에 따라 성취도를 높이기 위해서는 학습에 필요한 시간을 줄이거나 학습에 사용한 시간을 높이는 전략이 필요하다는 결론이 도출된다.

마지막으로 알고리즘 사고에 대해 살펴보자. 알고리즘은 문제를 해결하거나 목표를 달성하기 위한 일련의 절차나 방법을 논리적이고 명확하게 표현한다. 잘 작성된 알고리즘은 반복되는 문제를 해결하는 데 효과적이지만, 오류가 발생하면 원하는 결과를 얻지 못한다. 알고리즘은 다양한 방식으로 표현된다. 단계별로 어떤 활동을 해야 하는지 말할 수도 있고, 순서도를 이용해 시각적으로 표현할 수도 있으며, 프로그래밍 언어를 사용해 컴퓨터의 작동 방식을 지정하기도 한다.

순서도는 알고리즘을 직관적으로 이해하도록 돕는다는 점에서 학생들에게 유용하다. 다음 그림은 차를 준비하는 과정을 순서도로 시각화한 것이다. 차 준비가 시작되면 티백을 컵에 넣고 전기 주전자에 물을 붓고, 전원을 켜 물이 끓기를 기다린다. 마름모 도형은 판단을 나타내는 기호인데 '물이 끓는가?'라는 질문에 '네'라고 응답하면

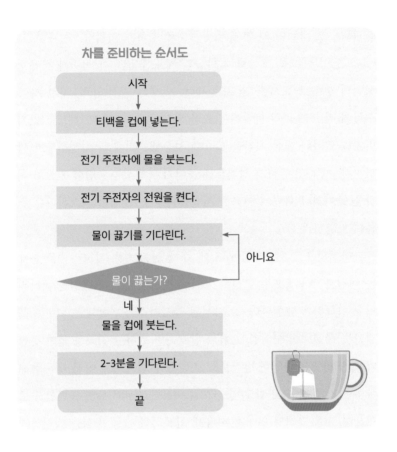

차를 준비하는 순서도

시작

티백을 컵에 넣는다.

전기 주전자에 물을 붓는다.

전기 주전자의 전원을 켠다.

물이 끓기를 기다린다.

물이 끓는가?

아니요

네

물을 컵에 붓는다.

2-3분을 기다린다.

끝

다음 단계로 진행하고, '아니요'라고 응답하면 이전 단계로 돌아가
물이 끓기를 계속 기다린다. 물이 다 끓으면 컵에 물을 붓고 2-3분
기다림으로써 차를 준비하는 과정이 종료된다.

　　이처럼 순서도를 만들 때는 입력과 출력을 명확히 정해야 한다.
어떤 자원을 입력할지, 출력으로 어떤 산출물이 나오는지 구체적으

서울대 석학이 알려주는 자녀교육법 AI·디지털 리터러시

로 정할 필요가 있다. 앞의 예시에서 입력은 티백과 물이고 출력은 차가 된다. 그리고 알고리즘에는 명확한 시작과 끝이 있어야 한다. 그렇지 않으면 특정 과정이 계속해서 반복될 수 있다. 그다음 각 단계의 활동을 명확히 정의하고 실행 가능한지 점검해야 한다. 다른 사람이나 컴퓨터가 순서도에 따라 의도된 행동을 할 수 있도록 구체적으로 작성해야 한다. 예상하지 못한 오류가 발생한다면 추가적인 수정·보완이 필요하다.

컴퓨팅 사고력을 향상하는 코딩교육법

컴퓨팅 사고력을 향상하기 위한 방법은 다양하다. 대표적으로 컴퓨터를 사용하지 않는 언플러그드 코딩, 센서로 주변 사물을 인식하고 물리적으로 반응하도록 하는 피지컬 컴퓨팅, 블록 형태의 명령어를 사용하는 블록 코딩, 파이썬과 같은 프로그래밍 언어를 이용하는 텍스트 코딩이 있다. 최근에는 이러한 활동을 지원하는 다양한 교구와 무료 웹사이트가 있으므로 가정에서도 자녀의 컴퓨팅 사고력을 향상하기 위한 활동을 할 수 있다. 각 활동의 특성에 대해 살펴보면서 자녀의 연령과 사전 지식에 어떤 활동이 적합한지 생각해 보자.

첫째, 언플러그드 코딩에서 언플러그드Unplugged는 '전원이 뽑혀 있다'는 뜻으로, 컴퓨터 없이 카드 게임이나 신체 활동을 통해 컴퓨

컴퓨팅 사고력을 높이기 위한 교육 활동

언플러그드 코딩 카드 게임, 신체 활동 등으로 컴퓨팅 사고를 배운다.

피지컬 컴퓨팅 센서와 모터 등을 이용해 물리적으로 반응하는 시스템을 개발한다.

블록 코딩 블록 형태의 명령어를 조립해서 직관적으로 프로그래밍을 한다.

텍스트 코딩 파이썬과 같은 프로그래밍 언어를 이용해 프로젝트를 실시한다.

터 과학의 개념과 원리를 학습하는 것을 의미한다. 컴퓨터를 사용하지 않아 일상에서 적은 비용으로 자녀와 함께할 수 있다. 자녀의 연령이 어리거나 컴퓨터에 대한 접근성이 낮은 경우에도 언플러그드 코딩을 할 수 있다. 이는 본격적으로 코딩을 배우기 전에 어떠한 원리로 컴퓨터가 작동하는지 개념을 이해하는 데 도움이 된다. 언플러그드 활동으로 아이에게 이진수 개념을 가르친다고 하면, 부모가 십진수를 제시할 때 아이가 1, 2, 4, 8, 16개의 동그라미가 그려진 카드를 조합해 이진수로 표현하는 게임을 할 수 있다.

또 다른 예로 컵 쌓기 로봇 활동이 있다. 한 사람은 프로그래머 역할을 하고 다른 사람은 로봇 역할을 하는데, 프로그래머가 명령하면 로봇은 명령에 따라 행동한다. 부모와 자녀가 프로그래머와 로봇

서울대 석학이 알려주는 자녀교육법 AI·디지털 리터러시

의 역할을 번갈아 할 수도 있다. 이때 다양한 모양으로 컵이 쌓여 있는 그림을 하나씩 보여 주면서 해당 그림처럼 컵을 쌓으려면 어떻게 해야 할지 화살표를 이용해 명령어를 만들도록 한다. 프로그래머는 '컵 올리기', '컵 내려놓기', '오른쪽으로 1/2만큼 옮기기', '왼쪽으로 1/2만큼 옮기기'라는 4개의 명령어만 사용할 수 있다. 각 명령어에 해당하는 화살표를 한 줄로 배열하면 로봇 역할을 하는 사람이 화살표의 순서대로 컵을 쌓는다. 로봇이 처음에 보여 준 그림처럼 컵을 쌓지 못할 경우에는 명령어에서 어떤 부분이 잘못되었는지 자녀와 함께 이야기한다. 이러한 언플러그드 활동은 앞서 살펴본 알고리즘 사고를 배우는 데 유용하다.

둘째, 피지컬 컴퓨팅은 센서를 통해 정보를 수집하고, 모터와 같은 액추에이터를 통해 실제 세계에 영향을 미치는 마이크로컨트롤러 기반의 시스템을 사용하는 활동이다. 피지컬 컴퓨팅의 주요 구성 요소에는 물리적 환경에서 소리·온도·빛·움직임 등을 감지하는 센서, 컴퓨터 명령에 따라 움직이는 모터·스피커·LED 스크린 등의 액추에이터, 센서로부터 수집된 데이터를 처리하고 액추에이터를 제어하는 마이크로컨트롤러가 있다. 학생 연령에 따라 다양한 피지컬 컴퓨팅 교구가 개발되어 있으므로 미취학 아동이나 초등학생도 피지컬 컴퓨팅을 할 수 있다.

앞서 12장에서 코딩교육의 몇 가지 사례를 살펴보았는데, 명령어가 적혀 있는 나무 블록을 연결해 코딩하는 KIBO 로봇 키트와 센서와 모터로 자동문을 만드는 데 사용된 레고 마인드스톰은 피지컬 컴퓨팅의 예다. 자신이 만든 명령어에 따라 로봇이 움직이거나, LED 스크린에 글자가 나오고 스피커에서 소리가 난다는 점에서 자녀들의 흥미를 유발하는 데 효과적이다.

메이키 메이키Makey Makey라는 전자 키트는 일상의 다양한 물체를 컴퓨터의 키보드나 마우스처럼 작동하게 만들 수 있다는 점에서 흥미롭다. 예를 들어 여러 개의 바나나를 메이키 메이키 보드와 연결해 블록 코딩을 하면 바나나를 피아노 건반으로 바꿀 수 있다. 각각의 바나나를 손가락으로 만질 때마다 다른 음의 소리가 나도록 할 수도 있다. 자녀에게 메이키 메이키를 활용해 일상에서 쉽게 접하는 물건과 컴퓨터를 연결하고, 독창적인 창작물을 만들도록 안내해 보자.

자녀가 기본적인 코딩 능력을 갖추고 있다면 아두이노Arduino, 마이크로비트Micro:bit, 라즈베리파이Raspberry Pi 등 마이크로컨트롤러를 이용해 좀 더 수준 높은 피지컬 컴퓨팅을 하도록 시도해 보자. 미세 먼지 농도가 높아지면 자동으로 환기팬이 돌아가거나, 사람의 목소리를 듣고 자동으로 문이 열리거나, 조명이 켜지도록 코딩해 보는 것도 좋다.

셋째, 블록 모양의 명령어를 조합해 직관적으로 프로그래밍하는 것을 블록 코딩이라고 부른다. 코딩의 장벽을 낮추고 쉽게 접근할 수 있어, 초등학교와 중학교에서 코딩교육을 시작할 때 블록 코딩을 자주 사용한다. 대표적인 블록 코딩 프로그램으로는 스크래치Scratch

서울대 석학이 알려주는 자녀교육법 AI·디지털 리터러시

와 엔트리Entry가 있는데, 스크래치는 MIT 미디어랩에서 개발한 것이고 엔트리는 네이버 커넥트 재단에서 만든 것이다. 둘 다 무료고 기능도 유사한데, 우리나라 학교에서는 엔트리를 자주 사용하므로 엔트리의 기능을 중심으로 살펴보겠다.

엔트리를 시작하면 강아지 모양의 캐릭터가 나오는데, 이는 엔트리봇이라고 불리는 오브젝트다. 캐릭터 외에도 컴퓨터 화면에서 명령에 따라 움직이는 사물, 글 상자, 배경 등을 오브젝트라고 부른다. 엔트리에는 사전에 만들어진 블록 형태의 명령어들이 있는데, 필요한 명령어를 찾아 끌어 놓기Drag and Drop 방식으로 가져올 수 있다. 화면의 왼쪽에 있는 블록 꾸러미에서 오른쪽에 위치한 블록 조립소로 원하는 블록을 가져와 위에서 아래로 조립할 수도 있다. 블록 코딩을 끝마친 다음에는 실행 화면에서 시작하기 버튼을 눌러, 오브젝트가 명령대로 움직이는지 확인하는 것도 가능하다. 처음에 생각한 것과 다르게 움직인다면 블록 조립소로 돌아가 블록을 수정할 수 있다.

엔트리를 가지고 무엇을 할 수 있을까? 블록 코딩으로는 게임·애니메이션·미디어아트 등을 만들 수 있다. 예를 들어 방에 있는 다양한 단서를 활용해 추리하는 방탈출 게임을 만들거나, 직접 만든 이야기를 바탕으로 애니메이션을 제작할 수 있다. 수준 높은 코딩 실력을 갖추지 않더라도 간단한 프로젝트를 수행할 수 있으므로 초보자들이 컴퓨팅 사고를 기르는 데 유용하다. 블록 코딩을 통해 복잡하고 다양한 작품을 만들 수도 있어 계속해서 흥미를 유발한다.

온라인에서는 엔트리로 만든 작품을 공유하거나, 다른 사람이 만든 작품을 실행하기도 한다. 다른 사람과 작품을 공유하는 것은 창의적인 작업에 도움이 되기 때문에, 다른 사람이 만든 작품의 블록 코드를 엔트리에서 확인한 후 원작품을 수정해 리메이크 버전을 만드는 경우도 있다. 이러한 활동은 컴퓨터 프로그래머들이 기술을 혁신하기 위해 자신이 만든 소프트웨어의 소스 코드를 공개하는 오픈소스 운동Open Source Software Movement과 유사한 맥락에서 이루어진다.

마지막으로, 자녀가 블록 코딩을 능숙하게 한다면 수준을 높여 텍스트 코딩을 가르칠 필요가 있다. 실제 프로그래머가 하는 것처럼 문자를 타이핑해 코딩함으로써 더 복잡하고 어려운 프로젝트를 수행해 보는 것이다. 대표적인 프로그래밍 언어에는 파이썬이 있다. 다른 프로그래밍 언어에 비해 인간이 사용하는 자연어와 비슷한 구조로 이루어져 있고 간결하고 명확해서 초보자가 배우기 쉽다.

파이썬의 주요한 장점 중 하나는 다양한 라이브러리를 지원해 웹 개발부터 머신러닝 모델 개발까지 여러 가지 작업을 수행할 수 있다는 것이다. 라이브러리는 특정 작업을 위해 미리 작성된 파이썬 코드의 집합인데, 개발자가 필요한 기능을 효율적으로 구현하도록 돕는다. 파이썬 외에도 자바, 자바스크립트, C++, C#, 루비, PHP, SQL 등 다양한 프로그래밍 언어가 있으며, 각 언어의 장단점을 고려해 목

서울대 석학이 알려주는 자녀교육법 AI·디지털 리터러시

적에 맞게 사용할 수 있다. 프로그래밍 언어 자체를 배우는 것도 중요하지만, 컴퓨팅 사고력을 기르기 위해서는 텍스트 코딩을 통해 실제 프로젝트에 참여해 보는 경험이 중요하다. 프로젝트를 통해 앞서 소개한 분해, 패턴 인식, 추상화, 알고리즘 사고 등 컴퓨팅 사고력을 기를 수 있다.

블록 코딩이나 텍스트 코딩을 가정에서 실시하는 데 도움이 되는 웹사이트가 있다. 코딩교육이 생소한 부모들은 다음 웹사이트에서 자녀교육에 필요한 정보를 확인해 보자. 먼저 '소프트웨어야 놀자' 웹사이트(https://www.playsw.or.kr)는 엔트리와 연동해 다양한 코딩 활동을 지원한다. 네이버 커넥트 재단에서 초등학생에게 프로그래밍의 기본 개념과 원리를 가르치기 위해 만든 교육 프로그램이다. 미국의 비영리 단체가 운영하는 '코드CODE' 웹사이트(https://code.org/)는 컴퓨터 과학에 대한 접근성과 소외계층의 참여를 높이기 위해 개발되었다. 학년, 소요 시간, 주제, 기기, 교육과정에 따라 다양한 학습자료를 검색할 수 있으므로 전 세계 많은 교사와 학생이 사용한다. 프로그래밍 언어를 배우고 웹 개발, 데이터 베이스 등의 주제에 대해 학습하고 싶을 때는 '생활 코딩' 웹사이트(https://www.opentutorials.org/course/1)를 추천한다. 초급부터 심화 수준까지 다양한 온라인 강의를 무료로 제공하며, 프로그래밍을 하고 싶어 하는 일반인과 프로그래머들이 만나 기술에 대해 토론하고 질의응답하는 커뮤니티를 운영한다.

문제해결을 통해 배우는 컴퓨팅 사고력

이 장에서는 코딩교육을 컴퓨터 프로그래머가 되기 위해서가 아니라, 누구에게나 필요한 컴퓨팅 사고력을 기르기 위해 실시해야 한다는 점을 강조했다. 애플의 공동 창업자 스티브 잡스는 한 방송 매체와의 인터뷰에서 "이 나라의 모든 사람이 컴퓨터 프로그래밍 방법과 컴퓨터 언어를 배워야 한다고 생각합니다. 생각하는 방법을 가르쳐 주기 때문입니다."라고 했다. 컴퓨팅 사고력은 프로그래밍을 넘어 다양한 분야에서 문제를 해결하는 데 유용하게 사용된다.

코딩교육이라고 할 때는 기계적으로 프로그래밍 언어를 외워서 사용하는 기술을 가르치는 것이 아니라는 점을 명심해야 한다. 자녀가 스스로 컴퓨터 과학의 기본 개념을 적용해 문제를 정의하고 해결 방안을 만들며, 그 과정에서 시행착오를 겪으면서 배우는 것이 필요하다. 이를 위해 일상의 소재를 가지고 자녀와 함께 컴퓨팅 사고를 연습해 보는 것도 좋다.

예를 들어 자녀에게 세탁기로 빨래하는 법, 빵에 잼을 발라 먹는 법, 집안 청소를 하는 법 등에 대해 문제 상황을 제시하고, 각 문제를 해결하기 위한 알고리즘을 만들도록 해보자. 말이나 글로 알고리즘을 표현할 수도 있고 순서도를 그릴 수도 있다. 그다음 자녀에게 중간에 빠뜨린 단계가 있으면 원하는 결과를 얻을 수 없다는 점을 알려주고, 오류를 수정하는 방법에 대해 같이 이야기를 나눠 보자. 이런

서울대 석학이 알려주는 자녀교육법 AI·디지털 리터러시

경험은 컴퓨팅 사고를 배우고 코딩에 대한 긍정적인 태도를 기르는 데 효과적이다.

AI 융합교육은 미래 교육의 대세

인공지능 시대에 창의적으로 문제를 해결하기 위해서는 다양한 영역의 지식을 연결해 새로운 가치를 창출하는 융합형 인재가 필요하다. 따라서 AI 융합교육에 대한 관심이 높아지고 있다. AI 융합교육이 무엇이며 융합형 인재로 성장하기 위해 무엇이 필요한지 살펴보자.

인공지능 시대의 융합형 인재

자녀가 인공지능 전문가가 되고자 할 때 코딩 공부만 열심히 하면 될까? 코딩 능력은 인공지능 전문가가 되는 데 필수 조건이기는 하지만 충분 조건은 아니다. 인공지능 시대에는 단순히 코딩을 잘하는 사람보다 인공지능 도구를 창의적으로 개발하는 인재가 필요하다. 이러한 취지에서 2011년 아이패드2를 발표하는 자리에서 스티브 잡스는 "기술만으로는 충분하지 않다는 것이 애플의 DNA에 새겨져 있다. 기술은 교양과 인문학과 결합함으로써 우리의 마음을 뛰게 만드는 결과를 가져다 준다."라고 말했다. 스티브 잡스는 리드 칼리지Reed College라는 리버럴 아츠 칼리지Liberal Arts College를 다니는 동안 서체 디자인 수업에 많은 흥미를 가졌다. 당시에는 서체 디자인 지식이 향후 어떻게 활용될지 몰랐지만, 시간이 지나 매킨토시의 다양한 글꼴을 만드는 데 큰 도움이 되었다고 한다. 인공지능 시대에는 이처럼 관련성이 없어 보이는 것을 연결해 창의적인 제품을 개발하는 능력이 필요하다.

스티브 잡스와 같은 사람을 융합형 인재라고 한다. 융합형 인재는 특정 분야의 깊은 지식과 함께 폭넓은 분야에 대한 이해를 갖고 있어, 일반인이 생각하지 못하는 독창적인 아이디어를 생성해 낸다. 세계에서 가장 혁신적인 기업 중 하나로 알려진 IDEO는 융합형 인재를 선발하고 교육하는 데 관심을 가지고 있다. 일반적으로 한 분야의 지식만 깊이 있게 이해하는 사람을 I자 형 인재라고 하는데, 혁신적인 기업일수록 I자 형 인재보다 T자 형과 M자 형의 인재를 더 선호한다. 이때 T자 형 인재는 한 가지 분야의 전문성을 가지면서 다른 분야에 대한 이해를 바탕으로 협업이 가능한 사람을 말하며, M자 형 인재는 두 개 이상의 영역에서 깊이 있는 지식과 기술을 가진 사람을 의미한다. 학교 교육에서는 각 교과를 독립적으로 배우고 교과 간 관련성에 주의를 기울이지 않지만, 실세계에서 복잡하고 정답이 없는 문제를 해결할 때는 다양한 분야의 지식을 서로 융합할 필요가 있다.

해외에서 융합형 인재 양성에 많은 관심을 갖고 있는 나라 중 하나는 핀란드다. 2016년부터 핀란드는 모든 학교에서 공통 주제에 대해 여러 교과의 내용을 통합해 공부하는 현상 기반 학습Phenomenon-Based Learning을 실시하고 있다(류선정, 2017). 예를 들어 학교 급식이라는 주제에 대해 수학 시간에는 식재료의 가격 변화를 공부하고, 역사 시간에는 음식의 기원과 변천사를 공부한다. 가정 시간에는 균형 잡힌 식단을 구성해 보는 활동을 하고, 사회 시간에는 무상급식이 교육 복지에 미치는 영향에 대해 토론한다. 이처럼 한 가지 현상을 다양한 분야의 지식을 적용해 통합적으로 이해하면 융합적 사고를 기르는 데 도움이 된다.

우리나라에서도 2015 개정 교육과정 이후 학교 교육에서 융합적 사고를 강조하고 있다. 특히 인공지능의 중요성이 증가하면서 인공지능과 다른 교과의 내용을 통합한 인공지능 융합교육(AI 융합교육)에 관심이 높아지고 있다. 인공지능 기술만 잘 아는 사람이 아니라, 인공지능을 다른 분야의 지식과 통합해 실세계의 문제를 해결하는 인재를 양성하기 위한 교육이 필요하다. 어떻게 하면 인공지능 시대에 필요한 융합형 인재를 양성할 수 있을지 살펴보자.

서울대 석학이 알려주는 자녀교육법 AI·디지털 리터러시

인공지능 기반 교육

인공지능을 교육에 활용하는 다양한 방법을 포괄해 인공지능 기반 교육이라고 부른다. 인공지능 기반 교육에는 인공지능의 개념과 원리를 이해하는 데 초점을 두는 인공지능 이해 교육과 인공지능 시스템을 개발하는 데 필요한 프로그래밍 기술을 배우는 인공지능 개발 교육이 있다. 두 유형의 교육은 앞서 13장에서 살펴본 코딩교육과 밀접한 관련이 있고, 주로 정보 교과에서 이루어진다는 점에서 다른 교과와의 통합을 강조하지는 않는다.

반면 인공지능 활용 교육과 AI 융합교육은 교과교육과 밀접한 관련성을 가진다는 점에서 융합형 인재 양성에 기여한다. 인공지능 활용 교육은 교과 지식과 역량 개발을 위해 인공지능을 도구로 활용한다. 이를테면 수학 교과에서는 문제해결을 맞춤형으로 지원하기 위해 지능형 튜터링 시스템Intelligent Tutoring System, ITS을 활용할 수 있다. 다양한 교과 활동을 하기 위해 인공지능 도구의 사용법을 배우고 숨겨져 있는 원리를 학습할 수 있다. 그렇지만 인공지능 활용 교육에서는 인공지능에 대한 내용을 직접적으로 다루지 않는 경우가 많다.

그에 반해 AI 융합교육은 인공지능과 다른 분야의 지식을 융합해 실제 문제를 해결하거나 창의적으로 과제를 수행하도록 한다. 인공지능 활용 교육에서 인공지능 도구가 교과 지식을 학습하기 위한 수단이라면, AI 융합교육에서는 인공지능이 다른 교과 지식과 동등

인공지능 기반 교육

인공지능 이해 교육	인공지능 개념·원리·윤리에 대한 교육
인공지능 개발 교육	인공지능 모형과 시스템 개발을 위한 프로그래밍 교육
인공지능 활용 교육	교과지식과 역량 개발을 위해 인공지능을 활용하는 교육(예: 지능형 튜터링 시스템)
AI 융합교육	인공지능과 다른 교과 지식을 융합해 창의적으로 문제를 해결하는 교육(예: 기후 위기 극복 프로젝트)

한 위치에서 교육 목적에 포함된다. 예를 들어 기후 위기라는 글로벌 문제를 해결하기 위해서는 기후 위기 발생 원인에 대한 과학적 지식과 기후 위기를 둘러싼 국가 간의 갈등에 관한 정치적 지식이 필요하다. 동시에 기후 데이터를 바탕으로 향후 10년 동안 기온 변화를 예측하는 인공지능 시스템을 개발하는 역량도 필요하다. 기온 변화에 대한 예측을 바탕으로 현재 우리가 해야 할 일을 토의할 수 있다.

인공지능이 다른 분야에서 어떻게 활용되는지 혹은 다른 분야의 지식과 어떻게 통합될 수 있는지 이해하는 것은 인공지능 시대의 융합형 인재를 양성하는 데 중요하다. 모든 사람이 인공지능을 배워야 하는 이유는 이처럼 다른 분야와 결합해 실제적인 문제를 해결하는 데 사용될 수 있기 때문이다. 다음에서 인공지능 활용 교육과 AI

서울대 석학이 알려주는 자녀교육법 AI·디지털 리터러시

융합교육에 대해 더 자세히 살펴보자.

인공지능 활용 교육

교육부는 인공지능 활용 교육을 적극적으로 추진하기 위해 다양한 플랫폼을 개발했다. 영어 말하기를 돕는 'AI 펭톡', 수학 문제 해결을 돕는 '똑똑! 수학 탐험대', 독서교육을 지원하는 '책 열매'라는 플랫폼이 교육부 주도로 개발되었다. 초등학생 자녀를 둔 부모들은 이러한 플랫폼에 대해 한 번쯤 들어 보았을 것이다. 학교 교육과 연계해 어떤 인공지능 활용 교육을 할 수 있는지 각 플랫폼의 특징을 살펴보자.

첫째, 교육부와 EBS는 공동으로 초등학생 영어 말하기를 지원하는 AI 펭톡을 개발해 2021년부터 초등학교에서 사용하고 있다. 언제 어디서나 스마트폰을 활용해 AI 펭톡을 사용하고, 영어 발음·억양·강세 등에 대한 즉각적인 피드백을 받을 수 있다. 원어민이 말하는 단어나 문장을 따라 말하면 해당 내용을 녹음해 발음의 파형을 원어민과 비교하고 분석해 준다. 그래프를 보면서 자신의 발음이 원어민과 어떻게 다른지 파악하고, 반복 연습을 통해 발음이 얼마나 향상되었는지 가시적으로 알 수 있다.

챗봇과 1대1로 자유 대화를 할 수도 있다. 예를 들어 펭수라는 캐릭터가 "오늘은 펭수가 엄마예요. 학교 갔다 와서 배가 고파요. 피자를 달라고 한번 말해 보세요."와 같은 미션을 준다. 학생이 미션 수행에 어려움이 있다면 힌트를 주면서 계속해서 영어로 말하도록 동기를 부여한다. 평소 원어민을 만날 기회가 부족한 초등학생에게 AI 펭톡은 영어 말하기를 반복적으로 연습하고 피드백을 자동으로 받을 수 있는 유용한 도구다.

둘째, 교육부와 한국과학창의재단은 '똑똑! 수학 탐험대'라는 플랫폼을 개발해 2020년부터 초등학교 저학년을 중심으로 활용하고 있다. 이 플랫폼은 인공지능 알고리즘을 활용해 학생의 현재 수학 수준을 진단하고 그 결과에 기반해 문제를 추천한다. 인공지능이 문제를 추천하면 학습의 효율성이 향상되고 교육 격차를 줄이는 데 기여한다. 교과서에 나오는 모든 문제를 해결하는 것이 아니라, 너무 쉽거나 어려운 문제를 제외하고 실력에 적합한 문제를 해결하도록 돕기 때문이다. 만약 자녀가 초등학교 2학년이라 하더라도 기초 개념을 이해하지 못한다면 1학년 수준의 문제를 추천받을 수 있다. 이를 통해 많은 학생이 수학을 포기하는 주요 원인인 누적된 학습 결손을 예방할 수 있다. 이 외에도 수학 문제 해결에 대한 동기를 높여 주기 위해 게이미피케이션 원리를 적용한 부분도 있고, 초등학교 수업 시간에 활용되는 수 막대, 수 모형, 시계 등의 온라인 교구도 있다.

셋째, 독서교육을 지원하기 위해 교육부와 한국교육과정평가원에서 '책 열매'라는 플랫폼을 개발했다. 책 열매는 2021년부터 학생

서울대 석학이 알려주는 자녀교육법 AI·디지털 리터러시

의 독서 이력을 인공지능으로 분석해 맞춤형 도서를 추천하는 서비스를 제공하고 있다. 이는 초등학교 3학년에서 6학년까지 국어 교육과정에 있는 '한 학기 한 권 읽기'라는 독서 단원을 지원하는 데 유용하게 활용된다.

이미 학교 밖에서는 인공지능 알고리즘을 활용해 영화·드라마·도서·음식점 등을 추천해 주는 서비스가 운영되고 있다. 인공지능은 사용자에 대한 데이터를 바탕으로 사용자가 좋다고 평가한 상품과 유사한 상품을 추천하거나, 유사한 특성을 지닌 다른 사용자가 구매한 상품을 추천한다. 그러나 학생에게 도서를 추천할 때는 상업적인 목적으로 개발된 시스템과 다른 원리를 적용할 필요가 있다. 학생이 좋아하는 책만 읽도록 하는 것이 아니라, 균형 있는 독서를 할 수 있도록 해야 한다. 추천 기능 외에도 독서를 지원하는 다양한 기능이 있다. 책을 읽다가 어려운 단어가 나오면 의미를 검색할 수 있고, 어휘력을 높이기 위해 낱말 퀴즈를 풀 수 있으며, 책을 읽은 뒤 생각이나 느낌을 다른 친구와 공유할 수도 있다.

앞서 살펴본 세 가지 예시에서 알 수 있듯이 인공지능 시스템을 활용해 교과교육을 지원하고 맞춤형 학습을 촉진할 수 있다. 벤저민 블룸Benjamin Bloom은 학교에서 한 명의 교사는 1대 1보다 다수의 학생을 가르칠 때 통계적으로 유의미한 차이가 발생한다는 것을 발견했다. 이에, 격차를 줄이기 위해 형성평가를 통해 학생의 지식수준을 점검하고, 맞춤형 피드백과 학습지원을 제공하는 완전 학습

Mastery Learning을 제안했다(Bloom, 1984). 또한 여러 연구를 통해 완전 학습이 전통적인 수업보다 더 효과적이라는 것을 발견했다. 인공지능 활용 교육에서는 인공지능이 교사를 대신해서 학생에게 형성평가와 맞춤형 지원을 제공한다.

두불라이Du Boulay(2016)는 여러 선행연구의 결과를 종합하는 메타 연구를 통해 인공지능 활용 교육이 교사의 1대 1 튜터링Tutoring보다는 덜 효과적이지만, 전통적인 교실 수업보다 더 효과적이라는 것을 발견했다. 이 연구는 인공지능 활용 교육을 다양한 교과에서 실시함으로써 획일적이고 표준화된 학교 교육의 한계를 극복할 수 있다는 시사점을 준다.

인공지능 활용 교육은 인공지능과 교육학 지식이 서로 융합된 결과다. 아무리 인공지능 관련 전문성이 뛰어난 연구자라고 하더라도 교과목과 교육 방법에 대한 지식이 부족하면 효과적인 인공지능 기반 교육 시스템을 개발할 수 없다. 두 분야의 융합적인 연구를 통해 창의적으로 교육 문제를 해결할 수 있는 인공지능 시스템을 개발할 수 있을 것이다.

자녀들이 인공지능 활용 교육을 받을 때 다음과 같은 질문을 통해 융합적 사고를 촉진할 수 있다. 어떤 인공지능 기술이 사용되었는가? 해당 기술은 교육 문제를 해결하는 데 어떤 도움을 주는가? 교육 분야의 인공지능 기술을 개발하기 위해서는 무엇을 알아야 하는가? 인공지능과 교육학 분야의 전문가들이 서로 협력하기 위해서는 어떤 능력이 필요한가?

AI 융합교육

AI 융합교육은 인공지능에 대한 지식을 다른 분야의 지식과 결합해 실제적인 문제를 해결하는 데 초점을 둔다. AI 융합교육을 이해하기 위해서는 기존에 실시되었던 STEAM 교육을 이해할 필요가 있다. STEAM 교육은 과학Science, 기술Technology, 공학Engineering, 인문·예술Arts, 수학Mathematics을 융합한 교육을 의미한다. 과학기술 분야의 융합적 소양과 실생활의 문제해결력을 기르는 것을 목적으로 하며, 각 교과 지식을 물리적으로 결합하는 것이 아니라 화학적으로 결합하는 것을 추구한다. 즉, 공통 주제에 대한 교과 지식을 개별적으로 가르치는 것이 아니라, 문제를 해결하기 위한 STEAM 지식을 하나로 통합하는 것이다. AI 융합교육은 기존에 있던 STEAM 교육의 연장선에 있으며, 인공지능을 중심으로 하는 STEAM 교육이라고 할 수 있다.

한국과학창의재단(2019)은 STEAM 교수학습의 준거로서 상황 제시, 창의적 설계, 성공 경험을 제시했다. 이러한 준거를 AI 융합교육에도 적용할 수 있을 것이다. 먼저, 학생들이 해결의 필요성을 느끼는 구체적이고 실제적인 문제를 제공한다. 기후 위기, 자연재해,

인구 감소, 전염병, 허위 정보와 같은 주제 중에서 학생의 삶과 밀접한 문제를 선택한다. 그리고 학생이 스스로 문제를 해결하는 과정에서 창의적으로 해결안을 찾도록 돕는다. 인공지능을 포함해 다양한 분야의 지식을 통합해서 문제를 해결하는 데 활용한다. 이를 위해 소그룹에서 다양한 의견을 공유하고 협력적으로 문제를 해결하면 효과적이다. 마지막으로 문제를 해결하기 위해 열정적으로 도전하고, 실패를 극복하는 과정에서 기쁨을 느끼도록 지원한다. 이러한 감정적 체험은 학생이 AI 융합교육에 지속적으로 참여하도록 동기를 부여할 것이다.

AI 융합교육에 대한 관심은 우리나라뿐 아니라 해외에서도 높은 편이다. 미국 노스캐롤라이나 주립대학교와 인디애나 대학교에서는 초등학교 고학년을 대상으로 인공지능과 생명과학을 융합한 문제 중심 학습 프로그램을 개발했다(Park et al., 2021). 초등학교 학생들은 게임 기반의 학습환경에서 생태학자가 되어, 최근 뉴질랜드 남섬에서 감소하고 있는 노랑눈 펭귄의 개체 수를 조사했다.

구체적으로 3개의 탐구 활동이 주어졌다. 첫째, 노랑눈 펭귄은 사람을 경계하는 특성이 있으니, 관찰을 위해 사람 대신 로봇 펭귄을 이용해 데이터를 수집하는 계획을 수립해야 한다. 둘째, 수집된 사진 데이터에 레이블을 달아 로봇 펭귄이 다른 야생동물과 펭귄을 구분하도록 머신러닝을 실시한다. 마지막으로 컴퓨터 비전 기술을 이용해 로봇 펭귄에게 새로운 사진을 보여 줬을 때 노랑눈 펭귄을 구분할 수 있는지 테스트하고, 계속해서 성능을 향상시킨다. 이러한 문제를 해결하는 과정에서 인공지능에 대한 지식과 뉴질랜드 남섬에 사는 생물에 대한 지식을 서로 융합해 해결안을 마련하고 평가할 수 있다.

우리나라에서도 유사한 AI 융합교육 사례가 있다. 한 중학생 그룹은 인공지능을 활용해서 제주도의 해양생태계 보호를 위해 유해 해양생물 및 생태계 교란 생물을 분류하는 모델을 개발하는 프로젝트에 참여했다(한국교육학술정보원, 2022). 1차시에는 제주도를 위협하는 해양생물에 대한 동영상을 보고, 유해 해양생물, 해양생태계 교란 생물, 생물 다양성 등을 조사했다. 2차시에는 해양생물 이미지 데이터를 수집해 라벨링을 하고 엔트리를 이용해 인공지능 모델을 개발했다. 3차시에는 인공지능 모델의 성능을 테스트한 다음 프로그램을 개발했다. 마지막으로 4차시에는 완성된 프로그램을 활용한 캠페인을 구상하고 탐구보고서를 작성했다. 이러한 활동을 통해 해양생물 및 생물 다양성에 대한 지식과 인공지능 및 프로그래밍 지식을 융합적으로 학습할 수 있다.

인공지능 기반 교육에 성공하는 법

사회 전 분야에서 인공지능을 활용하는 경우가 점차 증가하고 있다.

교육도 예외는 아니다. 인공지능 활용 교육은 인공지능과 교육학 지식을 융합해 개별 학생에게 최적화된 학습 경험을 제공하는 것이 목표다. 인공지능 활용 교육이 성공하기 위해서는 첨단 기술을 사용하는 것만으로 부족하고, 교육 내용과 방법에 대한 전문 지식을 활용해야 한다. 더욱이 아무리 잘 개발된 교육용 인공지능 시스템이라고 하더라도, 학생이 적극적으로 사용하지 않으면 효과는 미미할 것이다. 그러니 자녀가 어떤 인공지능 시스템을 활용하는지와 함께 어떻게 활용하는지에도 관심을 가져야 한다. 아이가 학습에 인공지능 시스템을 효과적으로 활용하지 못한다면, 언제 어떻게 사용해야 하는지 대화를 나눠 보자.

AI 융합교육은 자녀를 인공지능 시대에 필요한 융합형 인재로 기르는 데 유용하다. 아이는 인공지능과 다른 분야의 지식을 직접 융합하면서 창의적으로 문제를 해결하는 경험을 해볼 수 있다. AI 융합교육을 위해서는 교사의 전문적인 지식이 필요하지만, 가정에서도 자녀와 함께 AI 융합에 대한 사례를 찾아 이야기를 나누면 더욱 효과적이다.

예를 들어 의료 분야에서 인공지능을 활용해 영상을 판독함으로써 질병을 조기에 진단할 수 있다. 이와 관련된 뉴스를 보면서 인공지능 외에 어떤 분야의 지식이 필요한지, 어떻게 융합을 촉진할 수 있는지, 왜 융합이 필요한지 등에 대해 자녀와 이야기를 나눠 보자. 이러한 대화를 통해 자연스럽게 인공지능의 가치를 인식하고 AI 융합교육에 더 적극적으로 참여할 것이다. 일상에서 자녀가 융합형 인재로 성장할 수 있도록 다양한 기회를 제공해 보자.

15장

인공지능 시대, 어떤 아이로 키울 것인가?

인공지능 시대에 자녀에게 필요한 역량에는 어떤 것이 있을까? 사회가 점차 복잡하고 불확실해지면서 창의성, 자기 조절 학습, 협력 역량 등이 더욱 중요해지고 있다. 단순한 지식 암기로는 이러한 역량을 개발하기 어렵다. 자녀에게 필요한 역량을 키우려면 어떻게 해야 하는지 살펴보자.

4차 산업 혁명과 교육혁신

4차 산업 혁명이라는 용어는 2016년 개최된 다보스포럼을 통해 널리 알려졌다. 1차 산업 혁명은 18세기 말부터 19세기 초 증기기관의 발명으로, 수공업이 기계화된 대량생산 체제로 전환된 것을 의미한다. 2차 산업 혁명은 19세기 말에서 20세기 초 전기와 내연기관이 발전하고, 표준화와 분업화가 이루어지면서 인류가 대규모 산업화를 달성한 것을 뜻한다. 20세기 중반부터 21세기 초까지 이어진 3차 산업 혁명에서는 컴퓨터와 인터넷의 발달로 공장이 자동화되고 글로벌화가 이루어졌다.

현재 우리가 살아가고 있는 21세기는 4차 산업 혁명의 시작점으로서 인공지능·빅데이터·로봇·사물인터넷 등의 발달로 초연결 지능정보 사회가 도래하고 있다. 4차 산업 혁명 시대에는 디지털 기기가 물리적 세계와 융합되면서 인공지능 시스템을 통해 생산성이 크게 향상된다. 예를 들어 자율주행 자동차는 인공지능 시스템을 통해 주변 자동차와 도로 상황을 파악하고 속도와 방향을 조정한다. 자율주행 자동차가 더 발전한다면, 교통사고 건수를 획기적으로 줄이고 모든 사람이 운전을 하는 부담감에서 벗어날 수 있을 것이다. 이처럼 기술혁신은 우리 삶에 다방면으로 영향을 미칠 것으로 예상된다.

4차 산업 혁명은 학교 교육에 어떤 영향을 미칠까? 18세기와 19세기에는 유럽을 중심으로 근대 교육 시스템이 도입되었다. 산업 혁명으로 숙련된 노동력에 대한 수요가 증가하면서 학교에서는 노동자를 대상으로 읽기·쓰기·셈하기와 같은 기본적인 문해력 교육을 실시했다. 그 후 학교의 근본적인 모습은 변하지 않았지만, 20세기에는 정보통신기술을 활용한 원격 교육이 활발하게 이루어졌다. 최근에는 코로나-19 팬데믹으로 인해 디지털 전환이 가속화되었으며, 원격 교육에 대한 인식도 개선되었다.

4차 산업 혁명이 미래 교육에 어떤 영향을 미칠지에 대해서는 다양한 예측이 있다. OECD(2020)는 2040년 미래 학교가 어떤 모습일지 네 가지 시나리오를 제시했다. 첫째, 학교 교육 확대 시나리오는 전통적인 학교의 틀이 유지되고 형식 교육에 참여가 계속 확대되며, 국제적인 협업과 테크놀로지의 발전으로 개별화된 학습이 증가할 것이라고 예측했다. 둘째, 교육의 외주화 시나리오는 전통적인 학교 교육이 사라지고 디지털 테크놀로지의 발달로 인해 학습 양상이 다양해지고 유연해지며, 민간이 주도하는 교육이 증가할 것이라고 예측했다. 셋째, 학습 허브로서 학교 시나리오는 학교 제도가 존속하지만 지역 사회와의 협력을 통해 다양하고 실험적인 교육 방법이 시도될 것이라고 예측했다. 마지막으로, 학습의 상시화 시나리오는 인공지능을 포함한 디지털 테크놀로지의 발전으로 언제 어디서나 교육이 이루어지며, 형식과 비형식 교육에 대한 구분이 더 이상 의미 없을 것이라고 예측했다.

그중에서 교육의 외주화와 학습의 상시화 시나리오는 기존의 학교 제도가 사라질 것으로 가정하고 있다는 점에서 충격적이다. 인공지능 기술이 급속히 발달하고 있어 어떤 시나리오가 더 타당한지 판단하기 어렵지만, 4차 산업 혁명으로 인해 기존 학교 교육의 획일적이고 표준화된 교육을 개선하려는 노력이 본격적으로 이루어질 것으로 예상된다.

전통적인 학교 교육에서는 지필 시험을 통해 얼마나 많은 지식을 획득했는지 평가했으므로 깊이 있는 학습이 제대로 이루어지지 않았다. 그로 인해 지식을 알면서도 실제 맥락에 적용해 문제를 해결하지 못하는 비활성 지식Inert Knowledge의 문제가 나타났다. 예를 들어 영어 단어와 문법 점수가 높은 학생이 외국인을 만나면 아무 말도 하지 못하는 경우가 종종 있었다. 하지만 인공지능의 발달로 지식이 기하급수적으로 증가하는 상황에서 학교에서 배운 얕은 수준의 지식은 성인이 되었을 때 더 이상 유용하지 않을 수 있다. 초연결 지능 정보 사회에서는 언제 어디서나 디지털 기기로 필요한 정보를 얻을 수 있기에 지식을 암기할 필요성이 크게 줄어든다.

기존 학교 교육의 문제점을 극복하고 미래 사회에 대비하기 위해 우리나라에서는 역량 중심 교육을 추구하고 있다. 역량은 특정 목표를 달성하고 과업을 수행하기 위해 필요한 능력으로 지식·기술·태도를 포함한다. 역량 중심 교육은 '무엇을 아는지'보다 '무엇을 할 수 있는지'에 더 중점을 둔다.

2022 개정 교육과정은 자기 관리, 지식정보 처리, 창의적 사고, 심미적 감성, 협력적 소통, 공동체 역량을 강조한다. 역량 중심 교육을 통해 자기 주도적인 사람, 창의적인 사람, 교양 있는 사람, 더불어 사는 사람을 기르고자 한다. 인공지능 시대에 자녀를 어떤 사람으로 길러야 할지, 어떤 역량을 개발해야 할지 등을 고민한다면 교육과정에 제시되어 있는 인간상과 핵심 역량을 참고하는 것이 좋다.

다음에서는 인공지능 시대에 필요한 핵심 역량 중에서 창의성, 자기 조절 학습, 협력 역량의 의미와 자녀의 역량 개발에 도움을 주는 방법을 살펴보자.

창의성, 인공지능으로 대체되지 않는 것

인간이 가진 능력 중에서 인공지능으로 쉽게 대체되지 않는 것은 바로 창의성이다. 따라서 창의성은 인공지능 시대에 인간에게 꼭 필요한 역량으로 자주 언급된다. 창의성은 새롭고 독창적이며, 사회적으로 유용하고 가치 있는 것을 만드는 활동을 의미한다. 과거에 없던 새로운 음악·그림·글·소프트웨어·건물 등을 만들 때 창의적이라고 한다. 예를 들어 빈센트 반 고흐나 파블로 피카소Pablo Picasso는 동시대 화가들이 전혀 생각하지 못한 독창적인 그림을 그렸다. 창의적이기 위해서는 문제를 해결하는 데 유용하거나 사회적으로 가치가 있는 아이디어를 제시해야 한다. 아무리 독창적이더라도 유용성이 부족하면 창의적이라고 하기 힘들다.

어린이가 어른보다 더 창의적일까? 가끔 어린 자녀가 부모보다 더 창의적인 생각을 한다고 느껴질 때가 있다. 제한 조건을 고려하지 않고 자유롭게 생각하기 때문이다. 하지만 어린이가 어른보다 더 독창적인 생각한다고 해서 사회적으로 더 가치 있거나 유용한 아이디어를 만드는 것은 아니다. 유용한 아이디어를 생성하기 위해서는 문제와 관련된 다양한 경험과 지식이 필요하기 때문이다.

애플의 공동 창업자 스티브 잡스는 1996년 잡지 『와이어드Wired』와의 인터뷰에서 많은 경험을 바탕으로 그 경험들을 서로 연결하고 종합해 창의적인 아이디어를 만든다고 했다. 스티브 잡스가 휴대폰·

인터넷·아이팟(휴대용 음악 플레이어)에 대한 경험이 부족하고 멀티 터치스크린에 대한 지식이 모자랐다면, 세 가지 기능을 한 기기에 모아 아이폰이라는 창의적인 제품을 만들지 못했을 것이다.

스티브 잡스처럼 역사적으로 기억될 만한 창의적인 제품을 만들 수 있는 사람은 매우 드물다. 그렇다면 대부분의 사람은 창의성이 없는 것일까? 이 질문에 답하기 위해서는 창의성의 수준이 다양하다는 것을 이해해야 한다. 창의성은 발달 수준에 따라 '빅Big-C', '프로Pro-C', '리틀Little-C', '미니Mini-C'로 구분할 수 있다(Kaufman & Beghetto, 2009).

역사적으로 중요하고 인류 발전에 지대한 영향을 미치는 창의적인 업적을 남긴 경우 빅-C 수준의 창의성이 있다. 자신이 속한 전문 분야에 창의적인 기여를 하고, 다른 사람의 인정을 받을 경우 프로-C 수준의 창의성이 있다. 일상에서 마주치는 작은 문제를 창의적으로 해결할 수 있다면 리틀-C 수준의 창의성이 있다고 부른다. 마지막으로 모든 학습은 학생에게 새롭고 유의미하기에 창의성을 내포하고 있는데, 이를 미니-C 수준의 창의성이라고 한다. 미니-C 창의성은 다른 사람에게 창의적으로 보이지 않을 수 있지만, 학습자 본인에게는 창의적인 학습 경험이다. 이러한 구분은 창의성이 소수의 사람에게만 허락된 특별한 역량이 아니라, 누구든지 일상생활에서 경험할 수 있는 일반적인 역량이라는 것을 의미한다.

창의적 사고는 준비·부화·조명·증명이라는 네 단계를 거쳐 일어난다(Wallas, 1926). 먼저, 준비Preparation 단계에서는 문제와 관련된 다양한 자료를 찾고 학습한다. 창의적 사고를 하기 위해 필요한 지식을 학습하는 단계로서 다양한 방식으로 문제에 접근할 필요가 있다. 다음으로 부화Incubation 단계에서는 문제에서 잠시 떨어져 휴식을 취하거나 다른 일을 한다. 그러는 동안 무의식적으로 생각과 느낌이 서로 연결되고 풀어지기를 반복한다. 조명Illumination 단계에서는 머릿속을 떠돌아다니던 생각이 어느 순간 깨달음으로 나타난다. 아르키메데스가 목욕을 하면서 부력의 원리를 깨닫고 "유레카!"라고 외친 이야기는 조명 단계를 보여 주는 유명한 일화다. 마지막으로 증명Verification 단계에서는 독창적인 아이디어가 타당한지 의식적으로 점검한다. 타당하지 않다면 그 전 단계들로 되돌아갈 필요가 있다. 창의적인 예술가·과학자·기술자도 한번에 창의적인 결과물을 만들지 않고, 반복적인 과정을 통해 창의적인 아이디어를 생성하고 검증한다.

창의성은 선천적으로 결정되기보다 부모와 교사의 도움을 받아 길러진다. 앞서 살펴본 창의적 사고의 네 단계를 자녀에게 가르쳐 주고 연습할 기회를 제공하면 창의성을 개발하는 데 도움이 될 것이다. 또한 브레인스토밍Brainstorming과 브레인라이팅Brainwriting 활동도 창의적 사고를 촉진하는 데 도움이 된다. 브레인스토밍은 소그룹에서 모든 구성원이 자유롭게 아이디어를 내도록 비판을 금지하고, 최대한 많은 아이디어를 생성하도록 한다. 브레인라이팅은 브레인스토

서울대 석학이 알려주는 자녀교육법 AI·디지털 리터러시

밍과 유사한데, 아이디어를 말로 하지 않고 글로 작성한다는 점이 다르다. 종이에 익명으로 아이디어를 적고, 모든 참가자가 동시에 작성할 수 있다는 점에서 유용하다.

부모의 양육 태도도 창의성을 촉진하는 데 중요하다. 자녀의 호기심을 자극하는 이야기를 자주 나누고, 정해진 규칙을 강요하기보다 자녀의 말을 경청하는 자세로 대하면 창의성 개발에 도움이 된다. 자녀가 관심 있는 일을 포기하지 않고 열정적으로 할 수 있도록 지원하고 믿어 주는 것도 자녀가 창의적인 사람으로 성장하는 데 중요하다.

자기 조절 학습 역량

인공지능 시대를 맞아 기술이 발달하면서 지식이 빠른 속도로 증가하고, 그로 인해 새로운 지식을 향한 지속적인 배움, 자기 조절 학습에 대한 요구가 증가하고 있다. 자기 조절 학습은 학습자가 스스로 학습 목표를 설정하고, 학습 과정에서 자신의 인지·동기·행동을 점검하고 조절하며 통제하려는 능동적이고 구성적인 활동을 의미한다 (Pintrich, 2000). 인공지능은 스스로 목표를 세우거나 자신의 활동을 점검할 수 없으므로, 자기 조절 학습은 창의성과 마찬가지로 인간의 고유한 능력이다. 자기 조절 학습 역량이 뛰어날수록 불확실한 미래에 적극적으로 대응하며 개인과 사회의 발전에 기여할 수 있다.

자기 조절 학습 역량을 인지·동기·행동 조절로 나누어 살펴보자. 첫째, 인지 조절 역량이 우수한 학습자는 어떻게 학습하는 것이 효과적인지 안다. 수업 시간에 교사의 설명을 수동적으로 듣는 학생은 능동적으로 노트 필기를 하는 학생에 비해 인지 조절 역량이 부족하다. 노트 필기를 할 때는 교사의 말을 그대로 옮겨 적기보다 새로운 정보를 사전 지식과 연결하고, 자신이 이해하기 쉬운 방식으로 재구성하는 것이 효과적이다. 학습한 내용을 자신에게 설명하는 활동도 지식을 구성하고 부족한 지식을 확인하는 데 효과적인 전략이다.

또한 인지 조절 역량을 갖추고 있다면 자신이 무엇을 알고 무엇을 모르는지 정확히 알고, 학습 계획을 효과적으로 수립할 수 있다. 자신의 지식과 학습 과정을 점검하고 조절하는 것을 '생각에 대한 생각'이라는 의미에서 메타인지라고 하는데, 메타인지 능력은 문제를 해결할 때 매우 중요한 역할을 한다. 예를 들어 전문가는 수학 문제를 해결할 때 문제의 답을 구하기 전 문제를 분석하고 풀이 계획을 세우며 문제해결 과정을 수시로 점검하지만, 초보자는 문제를 읽자마자 답을 탐색하기 시작하고 메타인지 활동이 매우 적게 나타난다(Schoenfeld, 2016). 메타인지 능력이 뛰어난 학생일수록 계획적으로 학습하고, 자신에게 부족한 점을 찾아 개선하기 때문에 학업 성취도가 높다.

둘째, 학습을 시작하고 지속하기 위해서는 동기를 조절하는 것

서울대 석학이 알려주는 자녀교육법 AI·디지털 리터러시

이 필요하다. 학습 동기가 높은 사람일수록 학습 내용이 어렵더라도 오랜 시간 집중할 수 있다. 학습 동기가 낮은 이유는 학습 내용이 가치 있다고 생각하지 않거나, 학습을 잘할 수 있을 것이라는 자신감이 부족하기 때문이다. 학습 동기를 높이기 위해서는 스스로 달성할 수 있는 구체적인 학습 목표를 세우고, 학습 내용을 개인적인 관심과 연결해 생각하며, 과거에 성공적으로 학습한 경험을 회상하면서 자신감을 고취하는 것이 좋다. 학습 목표를 달성하면 스스로에게 보상을 주는 것도 학습 동기를 유지하고 증진하는 데 도움이 된다.

마지막으로, 규칙적이고 지속적으로 학습에 참여하기 위해 자신의 행동을 조절할 필요가 있다. 이때 행동 조절 전략으로 꾸준하게 학습하는 습관을 들이는 것이 중요하다. 이를테면 매일 아침 6시에 일어나 오늘 학습할 내용에 대한 계획을 세운다거나, 학교에서 돌아오면 과제를 끝마친 다음에 취미 활동을 한다거나, 매일 영어 단어를 10개씩 외우는 습관을 만들 수 있다. 매일 계획한 활동이 이루어졌는지 ○, ×로 달력에 표시하면 습관화하는 데 효과적일 것이다. 달력에 ○가 늘어날수록 자신에게 긍정적인 보상을 주고, × 표시가 많다면 그 이유를 찾아 행동을 수정하도록 노력해야 한다.

최적의 학습 환경을 만들기 위해 방해 요소를 제거하는 것도 주요한 행동 조절 전략이다. 책상 위에 스마트폰을 두고 SNS나 게임을 하고 싶은 욕구를 참는 것은 바람직하지 않다. 학습 시간 동안 스마트폰을 사용하지 않도록 전원을 끄고, 눈에 보이지 않는 곳에 두는 것이 바람직하다. 또한 학습 장소 주변에 소음이 발생하거나, 옆에 있는 사람이 계속해서 잡담을 한다면 다른 곳으로 이동하는 것이 필요하다. 학습이 가장 잘 일어나는 장소가 어디인지 확인하고 최적의 학습 환경을 만들기 위해 노력해야 한다.

협력 역량 강화

인공지능 시대에는 혼자서 해결하기 힘든 복잡하고 역동적인 문제가 증가하고 있다. 따라서 자녀의 협력 역량을 강화할 필요가 있다. 개인적으로 해결하기 어려운 문제도 여러 사람이 힘을 합하면 효과적으로 해결할 수 있기 때문이다.

협력은 둘 이상의 사람이 공동의 목적을 성취하기 위해 함께 작업하는 것을 의미한다. 협력과 협동이 자주 혼동되는데, 영어로 협력은 Collaboration이고 협동은 Cooperation이다. 두 단어는 서로 다른 의미를 지닌다. 협력할 때는 모든 사람이 과제에 대한 책임을 공유하지만, 협동하면 분업이 이루어지기 때문에 각자 맡은 부분에 대해서만 책임진다. 일을 효율적으로 수행하기 위해서는 협동이 필요하지만, 협동은 상호작용이 부족하므로 공동으로 지식을 구성하거나 창의적으로 문제를 해결할 때는 협력이 더 효과적이다.

협력이 잘 이루어지기 위해서는 어떤 역량이 필요할까? 가장 먼

서울대 석학이 알려주는 자녀교육법 AI·디지털 리터러시

저 다른 사람의 생각과 감정을 이해하고 공감해야 한다. 다른 사람이 자신과 다른 의견을 가질 수 있다는 것을 이해하고, 입장을 바꿔 생각할 때 협력이 잘 이루어진다. 다른 사람의 언어적 표현과 비언어적 표현으로부터 그 사람의 감정 상태와 의도를 파악하는 능력을 사회적 감수성Social Sensitivity이라고 하는데, 사회적 감수성이 높을수록 협력이 효과적으로 이루어진다. 협력적 문제해결의 성과를 예측하는 데는 그룹에 우수한 지능을 가진 사람이 얼마나 있는지보다 사회적 감수성이 높은 사람이 얼마나 있는지가 더 중요하다는 연구 결과가 있다(Woolley et al., 2010).

둘째, 협력이 효과적으로 이루어지기 위해서는 모든 구성원이 적극적으로 참여해야 한다. 한 명이 협력 활동을 주도하거나 무임승차자가 발생한다면 협력이 효과적으로 이루어지지 못한다. 모든 구성원의 균등한 참여를 촉진하기 위해 사전에 함께 협력 활동 계획을 세우고, 협력 과정을 점검하고 조절해야 한다. 이를 사회적으로 공유된 학습 조절Socially Shared Regulation of Learning이라고 부른다. 개인 차원에서 자기 조절 학습이 필요한 것처럼 협력 학습을 할 때는 그룹 차원에서 사회적으로 공유된 학습 조절이 필요하다.

셋째, 협력할 때는 다른 사람의 의견을 보완하거나 반대 의견을 제시하는 것이 필요하다. 단순히 의견을 공유하는 것만으로는 협력이 효과적으로 이루어지지 못한다. 상호보완하거나 상반되는 의견을 활발하게 제시하는 과정에서 다양한 관점을 고려할 수 있으므로 협력 결과가 향상된다. 상대방의 의견을 무시하거나 깊이 있는 대화를 나누지 않는다면 협력의 효과가 감소할 것이다. 초등학교에서 수학 문제를 해결하는 데 발생하는 집단 간 차이를 비교한 연구에서 성공적인 그룹은 다른 사람의 타당한 제안을 수용(48%)하거나 토론(22%)하는 비율이 높았으나, 문제해결에 실패한 그룹은 타당한 제안을 무시하거나 거부(76%)한 비율이 매우 높게 나타났다(Barron, 2003).

핵심 역량 개발하기

자녀의 역량을 향상하는 방법에는 무엇이 있을까? 물에 들어가지 않고는 수영을 배울 수 없는 것처럼 역량이 필요한 활동에 적극적으로 참여하지 않고는 역량을 개발할 수 없다. 말로 설명할 수 있는 명시적 지식보다 말로 전달할 수 없는 암묵적 지식이 역량을 개발하는 데 더 큰 비중을 차지한다. 그러니 실제적인 경험이 중요하다. 처음에는 다양한 시행착오를 겪지만, 그 과정에서 다른 사람의 피드백과 지원을 받고 스스로 실패 경험을 성찰함으로써 역량을 개발할 수 있다.

코딩교육은 앞서 설명한 창의성, 자기 조절 학습, 협력 역량을 향상하는데 유용하다. 그룹으로 코딩 프로젝트를 수행하는 과정에서는 창의적인 아이디어를 생성하고, 프로젝트를 계획·점검·조절하며, 다른 사람과 지속적으로 의견을 공유해야 한다. 블록 코딩 도구

서울대 석학이 알려주는 자녀교육법 AI·디지털 리터러시

인 스크래치를 개발한 미첼 레스닉은 코딩교육에서 영어 알파벳 P로 시작하는 네 가지 요소를 강조했다(미첼 레스닉, 2018). 레스닉이 강조한 4P는 프로젝트Project, 열정Passion, 동료Peer, 놀이Play로 구성된다.

첫째, 스크래치를 이용해서 애니메이션, 게임, 미디어아트, 과학 시뮬레이션 등의 창작물을 만드는 프로젝트를 수행한다. 스크래치는 13장에서 살펴본 엔트리와 유사한 기능을 가지고 있으며, 다양한 프로젝트를 수행하도록 도구와 자원을 제공해 준다. 프로젝트는 개별적으로 이루어질 수 있으나, 복잡한 프로젝트인 경우 다른 사람과 협력해야 한다.

둘째, 자녀가 좋아하는 주제를 선정함으로써 열정을 가지고 참여하도록 지원한다. 부모가 특정 주제를 강요하면 자녀의 흥미가 줄어들 것이다. 프로젝트 주제와 방법을 자유롭게 정하도록 하면 자율성이 높아지고 더 열정적으로 참여할 것이다. 프로젝트 주제를 정하는 것이 어렵다면 다른 사람이 만든 작품을 온라인 커뮤니티에서 탐색하면서 흥미 있는 주제를 발견하도록 한다.

셋째, 블록 코딩으로 만든 창작물을 온라인 커뮤니티에 공유하고 다른 사람과 의견을 주고받는다. 동료와 함께 질의응답을 하고 피드백을 주고받으면 코딩 문제를 해결하고 창작물의 아이디어를 개선하는 데 도움이 된다. 스크래치에서는 다른 사람이 만든 작품의 블록 코드를 확인하고, 리믹스Remix를 통해 여러 사람의 작품을 자신의 아이디어와 통합해 새로운 작품을 만들 수 있다. 그리고 온라인 커뮤니티에서 관심이 유사한 사람들을 만나면 개인 프로젝트로 시작했던 것이 그룹 프로젝트로 발전하는 경우도 있다.

마지막으로, 놀이하는 것처럼 다양한 내용과 형식을 실험적으로 적용하고 새로운 프로젝트를 도전적으로 시도한다. 아이들은 유치원에서 놀이를 통해 새로운 아이디어를 생각하고 도전적으로 시도하며, 대안을 실험하고 다른 사람과 의견을 주고받는 데 익숙해진다. 이러한 경험을 바탕으로 창의적 사고를 할 수 있다. 미첼 레스닉은 MIT 미디어랩의 연구실 이름을 '평생유치원Lifelong Kindergarten'이라고 지었는데, 창의적인 활동은 유치원에서만 일어나는 것이 아니라 평생에 걸쳐 모든 사람에게 필요하다는 의미를 갖는다.

미래 인재로 키우기

4차 산업 혁명 시대에 인공지능과 함께 살아갈 자녀에게 어떤 역량이 필요한지 살펴보았다. 인공지능 시대에는 새로운 지식이 기하급수적으로 증가하고, 불확실성이 확대될 것이라는 전망이 많다. 이처럼 시대가 급속히 변함에 따라 학교 교육도 지금과 다른 모습의 변화가 필요하다. 현재 학교 교육은 지식 중심에서 역량 중심으로 전환하기 위해 교육과정을 개편하는 등 다양한 노력을 기울이고 있다. 미래에는 교과서에 나오는 지식을 넘어 실제적인 문제 해결에 필요한 역

서울대 석학이 알려주는 자녀교육법 AI·디지털 리터러시

량을 개발하는 데 더 많은 지원이 이루어질 것이다.

　이 장에서는 인공지능 시대에 필요한 능력으로 창의성, 자기 조절 학습, 협력 역량을 살펴보았는데, 그 밖에도 비판적 사고, 의사소통, 디지털 리터러시 등과 관련된 다양한 역량이 요구된다. 이러한 역량을 개발할 수 있도록 학교 교육의 내용·방법·평가·문화·제도를 변화시키는 것이 시급한 과제다.

　부모에게는 단기적으로 자녀의 시험 성적이 더 중요하겠지만, 중장기적으로 보았을 때 자녀의 역량을 향상시키는 데 더 많은 노력을 기울여야 한다. 인공지능의 발달로 인해 기존의 단순 반복 작업뿐 아니라, 전문적이고 복잡한 작업도 인공지능으로 대체될 가능성이 있다. 대신 프롬프트 엔지니어처럼 인공지능과의 협력이 강조되는 직업들이 새로 등장할 것이다. 새로운 변화가 끊임없이 발생하는 미래 사회에 자녀가 주도적인 삶을 살아가고, 사회의 발전에 기여할 수 있도록 역량 개발을 지원해야 한다. 인공지능 시대에는 지필 시험 성적이 높은 학생보다 창의적인 학생이 더 성공적인 삶을 살아갈 것이다.

AI·디지털 리터러시, 무엇이든 물어보세요

Q AI 시대, 디지털 리터러시는 왜 중요한가요?

A 인공지능 시대의 특징 중 하나는 인간의 많은 활동이 아날로그가 아닌 디지털 세상에서 이루어지고, 기계가 인간처럼 똑똑해진다는 것입니다. 디지털 세상에서 지혜롭게 살아가기 위해서는 아날로그 세상과 다른 능력이 필요해요. 예컨대 챗GPT와 같은 생성형 인공지능을 어떻게 사용해야 할지, 소셜 미디어를 통한 개인정보 유출을 어떻게 방지할지, 인터넷에서 유포되는 가짜뉴스를 어떻게 구분할지 등에 대한 지식을 가져야 해요. 개인의 자아실현을 위해 책을 읽고 글을 쓰는 능력이 중요한 것처럼, 디지털 세상에서는 기기를 활용해 문제를 해결하고 다른 사람과 의사소통하며 콘텐츠를 창작하는 능력이 점점 더 중요해지고 있어요.

디지털 리터러시는 사회 공동체의 발전을 위해서도 매우 중요합니다. 시민들의 디지털 리터러시가 높을수록 정보통신기기를 활용한 범죄를 예방하고 프라이버시를 안전하게 보호할 수 있어요. 더욱이 미래에는 인공지능이 경제발전에 중요한 역할을 할 것이기 때문에 인공지능과 함께 일할 수 있는 디지털 리터러시를 꼭 길러야 해요.

Q 인공지능 시대, 자녀에게 필요한 (미래) 역량은 무엇이고, 그 역량을 어떻게 키울 수 있을까요?

A 인공지능 시대에는 자녀가 인공지능을 잘 이해하고 효과적으로 활용하는 능력을 길러야 합니다. 자동차를 잘 운전하기 위해 교통법규를 공부하고 운전 연습을 하는 것처럼 인공지능을 잘 활용하는 방법을 배워야 해요. 이러한 능력을 인공지능 리터러시라고 부르는데, 디지털 리터러시의 한 종류라고 할 수 있어요. 인공지능 리터러시가 높을수록 인공지능을 더 효과적으로 활용해서 혼자 할 수 없는 일을 잘 해내지요.

그 밖에 창의성, 자기 조절 학습, 협력 역량 등을 길러야 합니다. 이것들은 미래에 복잡하고 불확실한 문제를 해결하는 데 꼭 필요한 역량인데, 인공지능으로 쉽게 대체될 수 없어요. 그러니 자녀가 미래 역량과 관련된 활동에 참여해 새로운 지식·기술·태도를 배울 수 있도록 안내하는 것이 필요합니다. 예컨대 자녀의 창의성을 키우기 위해 블록 코딩 도구를 이용해서 좋아하는 주제에 대한 애니메이션, 게임, 미디어아트 등을 만들도록 돕는 것도 좋아요. 창작물을 만드는 과정에서 친구와 협력하고, 그 결과를 다른 사람과 공유한다면 역량을 더 효과적으로 개발할 수 있어요.

Q AI에 의해 대체될 직업과 절대 대체될 수 없는 직업에는 어떤 것들이 있나요?

A 인공지능으로 인해 인간의 일자리가 사라질 것이라는 우려가 있습니다. 과거 산업혁명 이후에 육체 노동자의 일자리가 많이 사

라졌다면, 최근에는 인공지능의 발달로 지적 노동자의 일자리가 위협받고 있어요. 예를 들어 생성형 인공지능은 세무사, 회계사, 작가, 웹디자이너, 기자, 법무사 등이 하는 지적 노동의 일부를 대체할 것으로 예상돼요. 전 세계 영화와 드라마 대본을 학습한 생성형 인공지능은 시나리오 작가가 하던 일의 많은 부분을 대체할 수 있어요.

인공지능의 발전 속도가 빠르기는 하지만 인공지능으로 대체되기 어려운 분야도 있습니다. 인공지능이 하지 못하는 일이나 인간이 더 잘하는 분야를 생각해 보세요. 인공지능은 주어진 일은 잘하지만 메타인지가 없어서 스스로 계획을 세우고 의사결정을 내리지 못해요. 그러니 다양한 가치와 사회적 맥락을 고려해서 의사결정을 내리는 정치인, 판사, 기업가, 종교인 등은 인공지능으로 대체되기 어렵습니다.

그리고 인간은 다른 사람의 감정을 진심으로 이해하고 정서적으로 소통하는 데 인공지능보다 뛰어난 능력을 가지고 있어요. 사회복지사, 상담사, 간호사, 교사, 예술가 등은 인공지능보다 인간이 더 잘 할 수 있는 직업이기 때문에 쉽게 대체되지 않을 것이라고 생각해요.

Q 미래에는 많은 직업이 생기고, 또 사라진다고 하는데 인공지능과 관련된 직업에는 무엇이 있나요?

A 인공지능 시대에는 기존에 있던 직업이 사라지고 새로운 직업이 생길 거예요. 대표적인 예로 프롬프트 엔지니어가 있어요. 생성형 인공지능은 어떻게 질문하는지에 따라 답변이 크게 달라지는데, 최상의 답변을 얻기 위해서는 인공지능에 프롬프트를 잘 작성해

서울대 석학이 알려주는 자녀교육법 AI·디지털 리터러시

서 입력하는 능력을 갖춘 인재가 필요해요.

인공지능이 사회에 미치는 영향이 커지고, 다양한 부작용이 발생할 수 있다는 점에서 인공지능의 윤리적·사회적 영향을 연구하고, 관련 정책을 수립하는 전문가도 필요해요. 인공지능에 사용할 훈련 데이터를 구축하기 위해 이미지, 텍스트 등의 데이터에 태그나 범주를 지정하는 데이터 레이블러라는 새로운 직업도 등장하고 있어요.

이 외에도 인공지능과 관련된 다양한 직업이 있습니다. 한국직업능력연구원에서 운영하는 커리어넷(https://www.career.go.kr)에서 인공지능 전문가, 블록체인 전문가, 빅데이터 전문가, 사물인터넷 전문가, 정보보호 전문가 등에 대한 구체적인 정보를 얻을 수 있어요. 이 분야의 전문가가 되려면 인공지능에 대한 이해와 컴퓨터 프로그래밍 능력을 갖추고 있어야 해요.

Q 일상에서 인공지능을 활용할 수 있는 방법은 무엇인가요?

A 일상에서 인공지능이 활용된 도구와 장비를 쉽게 발견할 수 있어요. 인공지능 스피커에 질문을 해서 필요한 정보를 얻고, 인공지능 번역기를 활용해 외국어를 번역하고, 음성인식 소프트웨어를 활용해 녹음 파일을 텍스트로 자동 변환할 수 있어요. 생성형 인공지능을 이용해 문서를 요약하거나 보고서를 작성하고, 텍스트를 입력하여 새로운 이미지를 생성할 수도 있어요. 자율 주행 자동차는 인공지능 기술을 이용해 주변 자동차와 도로 상황을 파악하고 속도와 방향을 조정해 주기도 합니다.

이 외에도 우리가 인지하지 못하지만, 인공지능 기술이 사용되는 경우가 많아요. 온라인 쇼핑몰에서 소비자의 구매 이력과 선호도를 분석해 자동으로 상품을 추천할 때도 인공지능 기술이 사용되죠. 이처럼 인공지능은 다양한 방식으로 일상에서 활용되고 있고, 코딩 기술 없이도 누구나 쉽게 사용할 수 있도록 개발되고 있어요.

한편으로 인공지능 도구를 잘 활용하기 위해서는 인공지능에 부족한 메타인지 능력이 필요합니다. 인공지능과 공동으로 과제를 수행하기 위해 계획을 세우고, 그 과정을 점검하고 조정하는 능력이 중요하기 때문이에요. 이때 자신에게 필요한 인공지능 도구를 선택하고, 인공지능의 반응을 스스로 평가할 수 있어야 해요. 챗GPT와 같은 생성형 인공지능은 참과 거짓을 섞어서 이야기하는 환각 현상을 보이기도 합니다. 그러니 인공지능에 전적으로 의존하기보다 인공지능과 함께 일을 한다고 생각하는 것이 더 바람직해요.

Q 아이에게 인공지능은 안전한가요?

A 인간의 삶에 필수적인 불을 잘못 사용하면 큰 화재로 이어질 수 있는 것처럼, 인공지능을 잘못 사용하면 부작용이 발생할 수 있어요. 어떤 부작용이 생길 수 있는지 이해한다면 자녀가 안전하게 인공지능을 사용할 수 있도록 안내할 수 있겠죠.

첫째, 인공지능은 공정한 결정을 내리지 못할 수 있습니다. 훈련데이터와 알고리즘에 문제가 있다면 인종·성별·연령 등에 따라 편향된 결정을 내릴 수 있어요. 얼굴 인식 프로그램에서는 백인보다 유색인종, 남성보다 여성의 얼굴을 인식하는 데 더 많은 오류가 나타나는 경향이 있어요.

서울대 석학이 알려주는 자녀교육법 AI·디지털 리터러시

둘째, 인공지능이 잘못된 결정을 내리더라도 사용자는 그 이유를 알기 어렵습니다. 최근에 많이 활용되고 있는 딥러닝 기술은 정확도가 높은 대신 투명성이 낮아요. 그렇기에 인공지능이 자녀에게 특정 문제를 추천했을 때, 왜 그 문제를 추천했는지 이유를 모르는 경우가 많아요.

셋째, 생성형 인공지능에서 거짓을 진짜처럼 이야기하는 환각 현상이 나타날 수 있습니다. 비판력이 부족한 자녀가 생성형 인공지능을 사용한다면 각별한 주의가 필요해요.

넷째, 인공지능 추천 알고리즘으로 인해 확증 편향적 사고가 강화될 수 있습니다. 소셜 미디어에서 자녀가 선호하는 콘텐츠를 계속 추천한다면, 편견이나 고정관념이 강화될 우려가 있어요.

마지막으로, 자녀가 인공지능에 의존해서 깊이 생각하지 않는다면 학습에 방해가 될 수 있습니다. 인공지능이 자녀의 과제물을 대신하는 일이 없도록 주의를 기울이고, 인공지능을 활용해서 자녀의 고차적 사고를 촉진하는 방법을 생각해 보세요.

Q 코딩이 중요하다고 하는데, 왜 배워야 하나요?

A 4차 산업혁명 시대에는 인공지능·로봇·빅데이터와 관련된 분야의 일자리가 더 많이 생길 것으로 예상됩니다. 이러한 분야에서 일을 하기 위해서는 우수한 컴퓨터 프로그래밍 실력을 가지고 있어야 하지요. 그렇기에 전 세계적으로 코딩교육에 관심이 커지고 있어요. 우리나라에서도 2015 개정 교육과정에서 소프트웨어 교육을 의무화하고, 2022 개정 교육과정에서 초중등학교 정보(실과) 교과의

시수를 두 배로 늘리면서 코딩교육을 강화했어요.

정부는 코딩을 잘하는 사람이 많을수록 경제가 발전할 것이라고 예상하고, 학부모는 자녀가 코딩을 잘할수록 좋은 직업을 가질 수 있을 것이라고 생각하는 경향이 있어요. 그런데 이러한 믿음은 얼마나 타당할까요? 그리고 코딩에 흥미를 느끼지 못하는 학생도 코딩을 배워야 할까요? 이 질문에 답하기 위해서는 코딩교육의 목적이 무엇인지 생각해 볼 필요가 있어요.

누군가의 명령을 받아 단순한 코딩 업무를 반복적으로 실시하는 능력은 인공지능으로 쉽게 대체될 수 있습니다. 현재 챗GPT도 다양한 프로그래밍 언어로 간단한 코딩을 할 수 있어요. 그러니 컴퓨터 과학자처럼 논리적으로 생각하고 문제를 해결하는 방법을 배우는 것이 더 중요해요.

즉, 코딩교육의 목적은 컴퓨팅 사고력을 기르는 데 있습니다. 복잡한 문제를 작은 문제로 분해하고, 문제가 발생하는 패턴을 파악하고, 문제의 핵심 내용을 추상화하고, 문제해결 절차를 알고리즘으로 만드는 데 컴퓨팅 사고력이 필요해요. 컴퓨팅 사고력은 불확실하고 역동적인 인공지능 시대를 살아가는 데 꼭 필요한 역량입니다. 그러니 코딩교육을 통해 모두가 컴퓨팅 사고력을 길러야 해요.

Q **코딩교육, 언제부터 시작해야 하나요?**

A 우리나라에서는 초등학교 고학년부터 놀이와 체험을 중심으로 한 소프트웨어 교육을 의무적으로 실시하고 있어요. 코딩교육의 목적을 컴퓨터 프로그래머 양성이 아니라, 컴퓨팅 사고력 개발에

서울대 석학이 알려주는 자녀교육법 AI·디지털 리터러시

둔다면 더 어린 나이부터 코딩교육을 시작할 수도 있어요. 마치 학교에 입학하기 전에 가정에서 글을 읽고 쓰는 법을 배우는 것처럼 말이죠.

어린 자녀가 코딩을 배울 때는 코딩을 컴퓨터와 소통하기 위한 언어로 생각하게 해서 놀이 중심의 코딩교육을 할 수 있어요. 예컨대 미국 보스턴 칼리지의 마리나 벌스Marina Bers 교수팀은 4-7세 어린이를 위해 키보드와 스크린 없이 나무 블록으로 프로그래밍하는 KIBO 로봇 키트를 개발했어요. 이 키트로 어린이들은 나무 블록을 사용해 명령어를 구성하고, 나무 블록에 있는 바코드를 스캔해 자동차를 움직이거나 소리를 내도록 할 수 있어요. 이러한 경험은 코딩의 기본적인 개념을 이해하고 컴퓨팅 사고력을 기르는 데 효과적이죠.

KIBO 로봇 키트와 같은 장비가 없더라도, 한 사람이 종이에 간단한 명령어를 적고 다른 사람이 명령어에 따라 움직이는 방식으로 놀이 중심의 코딩교육을 가정에서 할 수 있어요. 이처럼 컴퓨터 모니터와 키보드를 사용하지 않고 물리적인 활동이나 게임을 통해 코딩의 기본 원리를 배우는 것을 언플러그드 코딩이라고 불러요.

자녀가 언플러그드 코딩에 익숙해지면 스크래치, 엔트리 등을 활용하여 블록 코딩을 가르치는 것이 좋습니다. 블록 형태의 명령어를 조립해서 직관적으로 프로그래밍을 할 수 있어, 파이썬과 같은 프로그래밍 언어를 배우기 전에 코딩에 흥미를 갖고 컴퓨팅 사고력을 기르는 데 유용해요.

Q 어려서부터 디지털 친화적으로 자란 아이들은 개인주의 성향이 강하다고 하는데, 공감, 팀워크, 의사소통과 같은 사회·정서적 역량을 어떻게 기를 수 있을까요?

A 디지털 친화적으로 자란 아이들이 개인주의 성향이 더 강하다는 주장은 근거가 부족합니다. 디지털 기기 외의 여러 가지 문화적 요인이 개인주의 성향에 영향을 미칠 수 있어요. 사회 전반적으로 집단의 동질성을 강조하기보다, 각자의 개성을 더 중시하는 문화가 형성되고 있어요. 그리고 디지털 기기는 사람 간의 소통을 촉진하는 특성을 가지고 있어요.

과거에는 전화기로 음성 통화만 가능했지만, 스마트폰이 발전하면서 문자를 주고받고 영상 통화도 할 수 있게 됐어요. 해외에 있는 친구나 가족과 영상 통화를 하면 더 생생하게 생각과 감정을 전달할 수 있어요. 비실시간으로 문자, 이미지, 영상 등을 주고받으면서 시간의 제약 없이 소통이 가능해졌고, 그 결과 온라인에서 소통이 증가하고 오프라인에서 만남이 줄어들고 있어요.

이런 점을 고려할 때 자녀에게 온라인에서 예의를 지키면서 다른 사람과 소통하는 방법을 가르칠 필요가 있습니다. 자녀가 대면 상황과 달리 SNS에서는 예의를 지키지 않고 무례하게 행동해도 된다고 생각하지 않도록 주의를 기울여야 해요. 그리고 자녀의 전인적 발달을 위해 운동과 놀이를 통해 대면 활동을 증가시킬 필요가 있어요. 얼굴 표정, 목소리, 제스처와 같은 비언어적 정보를 통해 다른 사람의 감정을 이해하고 공감하는 능력은 대면 활동에서 효과적으로 기를 수 있어요. 자녀의 사회·정서적 역량을 기르기 위해 온라인과 오프라인을 별개로 생각하지 않고 서로 연결된 환경으로 생각해 보아요.

Q 디지털 세대인 자녀와 아날로그 세대인 부모 세대 간의 갭을 어떻게 줄일 수 있을까요?

A 부모 세대보다 디지털 기기를 훨씬 더 친숙하게 생각하고 잘 사용하는 아이들을 디지털 네이티브라고 불러요. 반면에 아날로그 세계에 더 친숙한 부모 세대는 디지털 이민자라고 부릅니다. 두 세대는 서로 다른 방식으로 디지털 기기를 인식하고 사용한다는 주장이 있어요. 하지만 이 주장이 얼마나 타당한지에 대해서는 논란이 있습니다.

어려서부터 디지털 기기에 많이 노출된 디지털 네이티브 세대 중에도 디지털 기기를 목적에 맞게 효과적으로 활용하는 사람과 그렇지 못한 사람이 있어요. 실제로 초등학교에서 스마트폰을 잘 사용하는 학생들이 컴퓨터로 문서를 작성하는 데 많은 어려움을 겪는 경우가 종종 발생해요. 그러니 디지털 네이티브라는 용어를 사용할 때는 자녀 세대를 과도하게 일반화하는 오류를 범할 수 있다는 점에 주의를 기울여야 해요. 이 점을 염두에 두고 디지털 기기에 친숙한 자녀와 그렇지 못한 부모 간의 차이를 줄이는 방법에 대해 생각해 보죠.

먼저, 디지털 기기가 생각과 행동에 미치는 영향에 대해 함께 이야기 나눌 필요가 있습니다. 예컨대 스마트폰이 옆에 있으면 공부가 잘 안 되는 이유가 무엇인지, 소셜 미디어를 자주 사용하면 대면 활동에 어떤 변화가 발생하는지, SNS에서 가짜뉴스로 인해 어떤 피해가 발생하는지 등을 이야기해 보세요. 이러한 대화를 통해 서로에 대한 이해를 향상시키고 서로의 생각에 더 공감할 수 있어요.

디지털 기기로 인해 발생하는 문제를 예방하기 위해 서로 돕는 것도 좋습니다. 스마트폰 과의존을 방지하기 위해 부모가 자녀의 스마트폰 사용 패턴을 점검하거나, 자녀와 함께 스마트폰 없이 활동하는 시간을 늘려 보세요. 자녀가 디지털 기기를 잘 활용할 수 있도록 습관을 만드는 데는 부모의 역할이 중요합니다. 반대로 부모가 디지털 기기 사용에 어려움을 겪으면, 자녀가 사용법을 가르쳐 주거나 디지털 문화에 대해 설명할 수 있어요.

Q **스마트 시대, 디지털 기기를 활용한 육아가 불가피한 상황에서 올바른 활용 방법은 무엇인가요?**

A 많은 부모가 스마트폰을 그리스 신화에 나오는 판도라의 상자처럼 생각합니다. 판도라의 상자를 열었을 때 욕심, 질투, 시기, 질병 등이 순식간에 빠져나온 것처럼, 아이에게 스마트폰을 주면 많은 부작용이 발생할 것이라고 생각해요. 이러한 불안감을 줄이기 위해 스마트폰을 포함한 디지털 기기를 어떻게 사용하는 것이 바람직한지 생각해 볼 필요가 있어요.

첫째, 자녀가 디지털 기기를 사용할 준비가 되었는지 살펴보세요. 자녀의 인지적·정의적 발달에는 결정적 시기가 있어서 너무 어린 나이에 디지털 기기에 노출되는 것은 바람직하지 않습니다. 디지털 기기로 인해 신체 활동이 줄어들거나, 다른 사람과 소통이 줄어들지 않도록 주의하세요.

둘째, 자녀가 메타인지 능력을 기르도록 지원해 주세요. 두뇌에서 메타인지를 담당하는 부위는 천천히 발달합니다. 그러니 자녀가 디지털 기기에 과의존하지 않도록 함께 계획을 세우고 점검을 할 필요가 있어요.

셋째, 자녀와 디지털 기기의 장단점에 대해 이야기하는 시간을 가지세요. 디지털 기기를 통해 개인정보가 유출되고 허위정보가 확산되며 프라이버시가 침해될 수 있다는 점을 자녀에게 알려 주세요. 동시에 디지털 기기를 어떻게 활용하면 효과적인지 대화를 나눠 보세요.

마지막으로, 자녀는 부모의 행동을 관찰하고 따라 한다는 점을 명심하세요. 부모의 말과 행동이 다를 때 자녀는 부모의 행동을 따라 할 가능성이 높습니다. 자녀가 디지털 기기를 바람직하게 사용하길 원한다면, 부모 역시 하루에 디지털 기기를 얼마나 사용하는지, 식사 시간에 스마트폰을 자주 보는지, 폭력적인 디지털 게임을 하는지 등을 스스로 점검해 보는 것이 좋습니다.

참고문헌

과학기술정보통신부·한국지능정보사회진흥원(2022). 「2022년 스마트폰 과의존 실태조사 보고서」.

교육부(2022). 「인공지능, 교육현장에서 안전하게 활용해요!」.

기획재정부(2023). 「2022년 초·중·고 학생 경제이해력 조사」.

김나연(2023). 「SNS 이용시간이 삶의 만족도와 자아존중감에 미치는 영향」. 『KISDI STAT Report』 23(3): 1-7.

김민경·권효원·문찬주·박나실·방혜진·황승록(2022). 「2022 초·중·등 진로교육 현황조사」. 교육부·한국직업능력연구원.

김수환·김주훈·김해영·이운지·박일준·김묘은·이은환·계보경(2017). 「디지털 리터러시의 교육과정 적용 방안 연구」. 한국교육학술정보원.

김윤화(2019). 「어린이와 청소년의 휴대폰 보유 및 이용행태 분석」. 『KISDI STAT REPORT』 19(18): 1-7.

김진형(2020). 『AI 최강의 수업』. 매일경제신문사.

김창숙(2021). 「어린이 동영상 콘텐츠 장르 분류: YouTube 어린이 동영상 콘텐츠의 내용, 형식, 제작자 특성을 중심으로」. 『사회과학연구논총』 37(2): 183-213.

김혜은·조영환·박지희(2023). 「영어 작문에서 학습자와 인공지능 번역기 간 상호작용 유형 탐색」. 『교육정보미디어연구』 29(1): 201-228.

류선정(2017). 「미래를 대비하는 핀란드 교육의 새로운 시도 현상 기반 학습 그 의의와 사례」. 『서울교육』 229.

미첼 레스닉. 최두환 역(2018). 『미첼 레스닉의 평생유치원』. 다산사이언스.

박세진·조영환·한예진(2021). 「초등학생의 디지털 역량과 디지털 격차에 대한 교사의 인식」. 『학습자 중심 교과교육연구』 21(16): 479-492.

박일준·김묘은(2020). 『디지털 리터러시 교실』. 북스토리.

방송통신위원회·한국지능정보사회진흥원(2023). 「2022년 사이버폭력 실태조사 보고서」.

서울대 석학이 알려주는 자녀교육법 AI·디지털 리터러시

송혜빈·조영환(2023).「인간-AI 협력 역량 향상을 위한 활동 중심 수업 설계원리 개발」. 『교육정보미디어연구』 29(1): 145-173.

양정애(2019).「일반 시민들이 생각하는 '뉴스'와 '가짜뉴스'」.『Media Issue』 5(1): 1-15.

이어령(2006).『디지로그: 선언편』. 생각의 나무.

정병호·신영옥·김어진·손미현·민재식·박현주(2019).『STEAM 교육으로 채우는 즐거운 수업』. 한국과학창의재단.

조선일보(2023).「"세종대왕의 맥북 던짐 사건에 대해 알려줘" 했더니 챗GPT가 내놓은 답변은?」. (3. 5). https://www.chosun.com/national/weekend/2023/03/04/HR457QM36JFTXDUVAMMNG23MHQ.

조수경·조영환·김혜은·김형조(2022).「초등학생의 인공지능 의인화가 인공지능에 대한 태도와 진로희망에 미치는 영향」.『학습자 중심 교과교육연구』 22(17): 165-181.

한국교육학술정보원(2022).「사례를 통해 체험하는 기계학습과 AI 융합교육」.

한국교육학술정보원(2020).「OECD PISA 2018을 통해 본 한국의 교육정보화 수준과 시사점」.

한국언론진흥재단(2022). 〈2022 10대 청소년 미디어 이용 조사〉 주요 결과 발표. https://www.kpf.or.kr/front/board/boardContentsView.do?board_id=246&contents_id=29ff236264724e3fbe02e544185aac03.

한국콘텐츠진흥원(2022).「2021 게임 과몰입 종합 실태조사」.

한국콘텐츠진흥원(2023).「2023 게임 이용자 실태조사」.

Asch, S. E. (1951). "Effects of Group Pressure on the Modification and Distortion of Judgments." *Groups, Leadership and Men*. Carnegie Press.

Ayers, J. W., Poliak, A., Dredze, M., Leas, E. C., Zhu, Z., Kelley, J. B., & Smith, D. M. (2023). "Comparing Physician and Artificial Intelligence Chatbot Responses to Patient Questions Posted to a Public Social Media Forum." *JAMA Internal Medicine* 183(6): 589-596.

Bandura, A., Ross, D., & Ross, S. A. (1961). "Transmission of Aggression through Imitation of Aggressive Models." *The Journal of Abnormal and Social Psychologym* 63(3): 575-582.

Barron, B. (2003). "When Smart Groups Fail." *The Journal of the Learning Sciences* 12(3): 307-359.

Bloom, B. S. (1984). "The 2 Sigma Problem: The Search for Methods of Group Instruction as Effective as One-to-One Tutoring." *Educational Researcher* 13(6):

4-16.

Buolamwini, J., & Gebru, T. (2018). "Gender Shades: Intersectional Accuracy Disparities in Commercial Gender Classification." *Conference on Fairness, Accountability and Transparency* 81: 77-91.

Carroll, J. B. (1963). "A Model for School Learning." *Teachers College Record* 64: 723-733.

Csikszentmihalyi, M. (1990). *Flow: The Psychology of Optimal Experience*. Harper and Row.

Deci, E. L., & Ryan, R. M. (2008). "Self-Determination Theory: A Macrotheory of Human Motivation, Development, and Health." *Canadian Psychology* 49(3): 182-185.

Du Boulay, B. (2016). "Artificial Intelligence as an Effective Classroom Assistant." *IEEE Intelligent Systems* 31(6): 76-81.

Elkin, M., Sullivan, A., & Bers, M. U. (2016). "Programming with the KIBO Robotics Kit in Preschool Classrooms." *Computers in the Schools* 33(3): 169-186.

Gibson, J. J. (1979). *The Ecological Approach to Visual Perception*. Houghton Mifflin and Company.

Gilster, P. (1997). *Digital Literacy*. John Wiley & Sons.

Hobbs, R. (2017). *Create to Learn: Introduction to Digital Literacy*. Wiley-Blackwell.

Howland, J., Jonassen, D., & Marra, R. (2011). *Meaningful Learning with Technology* (4th Edition). Pearson College Div.

Jo, S. J., Yim, H. W., Lee, H. K., Lee, H. C., Choi, J. S., & Baek, K. Y. (2018). "The Internet Game Use-Elicited Symptom Screen Proved to be a Valid Tool for Adolescents Aged 10-19 Years." *Acta Paediatrica* 107(3): 511-516.

Kafai, Y., Fields, D., & Searle, K. (2014). "Electronic Textiles as Disruptive Designs: Supporting and Challenging Maker Activities in Schools." *Harvard Educational Review* 84(4): 532-556.

Kaufman, J. C., & Beghetto, R. A. (2009). "Beyond Big and Little: The Four C Model of Creativity." *Review of General Psychology* 13(1): 1-12.

Long, D., & Magerko, B. (2020). "What is AI Literacy? Competencies and Design Considerations." *Proceedings of the 2020 CHI Conference on Human Factors in Computing Systems*: 1-16.

Martineau, K. (2020). "Shrinking Deep Learning's Carbon Footprint." *MIT News*.

서울대 석학이 알려주는 자녀교육법 AI·디지털 리터러시

Norman, D. A. (1999). "Affordance, Conventions, and Design." *Interactions* 6(3): 38–43.

OECD. (2020). "Back to the Future of Education: Four OECD Scenarios for Schooling." *Educational Research and Innovation*. OECD Publishing.

OECD. (2021). *Bridging Digital Divides in G20 Countries*. OECD Publishing.

Orben, A., Przybylski, A. K., Blakemore, S. J., & Kievit, R. A. (2022). "Windows of Developmental Sensitivity to Social Media." *Nature Communications* 13. https://doi.org/10.1038/s41467-022-29296-3.

Park, H. S., Kim, S. H., Bang, S. A., Yoon, E. J., Cho, S. S., & Kim, S. E. (2010). "Altered Regional Cerebral Glucose Metabolism in Internet Game Overusers: A 18F-Fluorodeoxyglucose Positron Emission Tomography Study." *CNS Spectrums* 15(3): 159–166.

Park, K., Mott, B., Lee, S., Glazewski, K., Scribner, J. A., Ottenbreit-Leftwich, A., Hmelo-Silver, C. E., & Lester, J. (2021). "Designing a Visual Interface for Elementary Students to Formulate AI Planning Tasks." *IEEE Symposium on Visual Languages and Human-Centric Computing (VL/HCC)*: 1–9.

Pintrich, P. R. (2000). "The Role of Goal Orientation in Self-Regulated Learning." Boekaerts, M., Zeidner, M., & Pintrich, P. R. (Eds.), *Handbook of Self-Regulation*: 451–502. Academic Press.

Reich, J., Murnane, R., & Willett, J. (2012). "The State of Wiki Usage in US K-12 Schools: Leveraging Web 2.0 Data Warehouses to Assess Quality and Equity in Online Learning Environments." *Educational Researcher* 41(1): 7–15.

Schoenfeld, A. H. (2016). "Learning to Think Mathematically: Problem Solving, Meta-cognition, and Sense Making in Mathematics." *Journal of Education* 196(2): 1–38.

Searle, J. (2009). "Chinese Room Argument." *Scholarpedia* 4(8): 3100.

Shea, V. (1994). *Netiquette*. Albion Books.

Siemens, G. (2005). "Connectivism: A Learning Theory for the Digital Age." *International Journal of Instructional Technology and Distance Learning* 2(1): 3–10.

UNESCO (2021). *One year into COVID-19 education discruption: Where do we stand?*.

Vlieghe, J. (2019). "Education and World Disclosure in the Age of the Screen: On Screens, Hands and Owning the Now." N. Vansieleghen, J. Vlieghe, & M. Zahn (Eds.). *Education in the Age of the Screen*: 23–35. Routledge.

Vosoughi, S., Roy, D., & Aral, S. (2018). "The Spread of True and False News Online."

Science 359(6380): 1146-1151.

Vygotsky, L. S. (1978). *Mind in Society: Development of Higher Psychological Processes*. Harvard University Press.

Wallas, G. (1926). *The Art of Thought*. Harcourt, Brace, and Company.

Wing, J. M. (2006). "Computational Thinking." *Communications of the ACM* 49(3): 33-35.

Woolley, A. W., Chabris, C. F., Pentland, A., Hashmi, N., & Malone, T. W. (2010). "Evidence for a Collective Intelligence Factor in the Performance of Human Groups." *Science* 330(6004): 686-688.

World Economic Forum (2018). *The Global Gender Gap Report*. https://www3. weforum.org/docs/WEF_GGGR_2018.pdf.

World Economic Forum (2023). *Future of jops report 2023*. https://www3.weforum. org/docs/WEF_Future_of_Jobs_2023.pdf.

서울대 석학이 알려주는 자녀교육법 AI·디지털 리터러시